O SANGUE DAS ALMAS

O SANGUE DAS ALMAS

© Publicado em julho de 2012 pela Editora Isis Ltda.

Supervisor geral: Gustavo L. Caballero
Capa: Equipe tecnica editora Isis
Revisão de textos: Gabriela Edel Mei
Diagramação: Décio Lopes

CIP-Brasil. Catalogação na Fonte
Sindicato Nacional dos Editores de Livros, RJ

Almeida, Jane Soares de

O Sangue das Almas / Jane Soares de Almeida – São Paulo: Editora Isis, 2012. – 1ª Edição – 243 págs.

ISBN 978-85-88886-97-1

1. Ficção Brasileira 2. Romance I. Título.

Proibida a reprodução total ou parcial desta obra, de qualquer forma ou por qualquer meio seja eletrônico ou mecânico, inclusive por meio de processos xerográficos, incluindo ainda o uso da internet sem a permissão expressa da Editora Isis, na pessoa de seu editor (Lei nº 9.610, de 19.02.1998).

Direitos exclusivos reservados para Editora Isis

EDITORA ISIS LTDA
www.editoraisis.com.br
contato@editoraisis.com.br

Para Arthur Estevão Holtz de Almeida,
com amor

Prefácio

O sangue das almas vertendo lentamente das veias exaustas de nossas almas.

Entre a realidade e a ficção uma questão recorrente em torno da literatura se resume na pergunta: o que é narrado por Jane Soares de Almeida aconteceu na realidade? Para desenvolver essa ideia trago do ensaísta francês Roland Barthes a concepção da morte do autor, defendendo a primazia do leitor em relação ao escritor. Ele tem razão e muita. No entanto é preciso saber como Barthes com seus companheiros Maurice Blanchot e Michel Foucault pensam como reação à crítica literária da época, que buscava explicação para a obra na vida do autor, traçando paralelos sedutores entre acontecimentos narrados e os fatos vividos.

Hoje já não é possível continuar a repetir a asserção – é necessário matar o autor. Aquele que escreve existe e tem a ver com o texto. Está sempre em estado de vigília, como se nunca pudesse adormecer, observador inquieto, assistente de sua própria vida. Encontrando-se dentro e fora dos acontecimentos, ao mesmo tempo, quer transformar a vida.

Mas, a obra começa antes e termina depois do autor. Começa com a própria vida e termina em cada leitor. Jane, digo Laura, no texto de Jane, se expande, se alarga por 240 páginas, desde a afirmação de que sentimentos são como Lâminas, cortam e fazem doer...até o verso de Augusto dos Anjos: "a cor do sangue é a cor que me impressiona, é a que mais neste mundo me persegue".

Afinal, o que é mais verdadeiro: o que se escreve ou o que se vive? A resposta, se houver, faz parte do próprio fazer literário. Entretanto, por mais que o escritor se transforme o texto passa sempre pelo seu campo de conhecimento com força, com potência, com fulgor.

Na verdade O Sangue das Almas é uma tentativa de chegar perto do real, da vida em seu arcabouço. Em suma, de tudo aquilo que, por ser grande demais, leva alguém a escrever. Num pequeno livro chamado Escrever, Marguerite Duras afirma: "sem sangue o autor não reconhece mais o seu texto". Uma experiência quase mística que nos coloca frente ao inexplicável e provoca o susto de estar vivo, como a obra de Jane, um clarão que suspende o tempo e faz tudo ganhar sentido: até a morte!

Maria Lúcia Amorim Soares
Inverno de 2012

Índice

Prefácio 7

1. São Paulo – julho de 2010 13
2. Manduri, dezembro de 2010 17
3. As abelhas silvestres 24
4. Manduri – 1964 35
5. A noite dos gatos – 1948 48
6. O túmulo de granito marrom 55
7. Cléo 59
8. As moças-flores 87
9. Rosa 96
10. Violeta 107
11. Açucena 113
12. O prefeito poeta 126
13. Sentimentos são como lâminas 140
14. Margarida 146
15. Dália 154
16. Maria Clara 159
17. Um túmulo branco 165
18. A festa de noivado 169
19. A menina que brincou com os sentimentos 178
20. Murcham as flores 189
21. A solidão dos mortos 197
22. Mortos sem luz 207
23. O relato de Maria Clara: 232
24. Um retrato na sarjeta 238
25. Epílogo 244

Nossas almas, como as flores, necessitam de muita luz; assim se abrem em cor e permitem que todos possam desfrutar de sua beleza; depois dão sementes que se tornarão novas flores. É um ciclo contínuo e velho como o mundo. No entanto, há almas e flores que inadvertidamente surgem entre a névoa. A essas só resta se extinguir, pois, sentimentos são como lâminas afiadas, são como espinhos; cortam fundo, rasgam a carne e fazem doer... No fim, somos apenas faces em velhas molduras presas nas paredes da vida, onde empalidecemos enquanto o sangue verte lentamente das veias exaustas de nossas almas.

1. São Paulo – julho de 2010

O homem levanta-se com esforço da mesa onde afoga as lembranças de uma existência que já durava demasiadamente. Dá um arroto que lhe azeda a boca e tira do bolso umas notas de dinheiro ensebadas, atirando-as sobre a superfície manchada e queimada de cigarro. Sai cambaleando no princípio da madrugada que se abre para sua costumeira solidão, ao encontro do nada. A névoa paulistana bate em seu rosto como uma carícia do passado. Passa por uma mulher loura que anda rapidamente, as mechas de cabelos flutuando ao redor do rosto carregado de maquiagem; uma dama da noite que volta para um apartamento solitário com a féria dos seus embates noturnos. Os cabelos são lindos, de um tom dourado escuro que brilha sob as lâmpadas da avenida; os olhos são amargos e a boca ressentida, apesar de ainda jovem. Ele a olha com um ar aflito, enquanto uma lembrança surge traiçoeiramente, uma mulher, quase uma criança, também loura, nua e dourada, fitando seu rosto com olhos tão verdes que pareciam lagos sob as encostas das montanhas. Água e luz, elementos que se misturam em seu cérebro destruído por horas perdidas em mesas de bar, entre cinzeiros sujos e copos vazios. Junto com essa lembrança, esmaecido pelo tempo, mais um rosto de mulher impregnado de doçura e seus olhos tristes o fitam – ainda hoje, com incredulidade e mágoa. Um rosto que há anos procura esquecer nos bares enfumaçados onde almas vazias andam pela noite como em sonho. A dor é tão intensa que precisa se apoiar na parede urinada e fedorenta da esquina para aliviar a tontura que o acomete. De seu passado, surge nitidamente uma frase jamais esquecida: *sentimentos são como lâminas afiadas, cortam e fazem doer...*

A madrugada coloca seus dedos gelados na avenida, envergonhada perante a miséria humana. A névoa cobre os vultos que passam e os transforma em fantasmas apagados. Seres irreais flutuando no vazio e não lançam sequer um olhar para o homem que ofega ao subir os poucos degraus da porta da frente do prédio esmolambado, as calças flutuando em torno das pernas como bandeiras desfraldadas. Embrutecido pelo álcool, o homem se mantém atento para que os meninos das ruas não lhe tomem os últimos trocados. Necessita deles para mais uns goles que consigam fazê-lo dormir e assim fugir da vida. Quando se dorme, se pode sonhar e esquecer, nem que seja por algumas horas. Acordado, a vida é um pesadelo e ele precisa afogar o cérebro para não lembrar que tudo é uma tragédia sem fim; não lembrar a chuva, da enxurrada, a terra amarela que se transforma em lama, de rostos que parecem perdidos no tempo, mas que veem todas as noites assombrá-lo, seus fantasmas particulares, que colocam os dedos gelados das lembranças onde ainda persistem sons e cheiros, cores e vozes. Os fantasmas lhe sopram nos ouvidos o quanto viver é doloroso, e o como os sentimentos ferem com força. Encostado na parede sente as pernas vergarem de fraqueza alcoolizada e, como sempre acontece, há tanto tempo que nem lembra mais, começa a soluçar. Nas pessoas que passam, não desperta pena, apenas asco. Os vultos apressados fogem do frio e nunca querem saber por que um bêbado chora esparramado na sarjeta. Perto dali a prostituta discute com seu protetor que lhe aplica uma bofetada. Os cabelos louros flutuam na umidade da noite. O bêbado grita para o homem uma série de palavrões engrolados e este o manda calar-se. Gostaria de ajudá-la, porém suas pernas não mais lhe obedecem e desaba sobre a calçada enquanto a mulher faz as pazes com o homem. Dois meninos da rua passam perto dele que lhes faz um gesto de ameaça. Os dois lhe atiram obscenidades que ele não revida. A única coisa que quer agora é dormir, dormir sem sonhar, sufocar as lembranças sob os vapores do álcool e mergulhar nos únicos momentos de paz da sua vida. Agarra com força a garrafa quase vazia, ainda tem forças para mais alguns goles, que descem rápido para o estômago que se contrai em rejeição. Despeja o conteúdo da garrafa na boca flácida e o arroto sonoro estala na noite como o bofetão do homem na prostituta loura. Agora falta pouco para a tão almejada inconsciência. Tem sido assim durante tantos anos que não consegue lembrar se teve outra vida que não essa. Começa a cantarolar uma canção obscena e dizer palavrões aos retardatários que saem dos bares. Não foram poucas as noites nas quais acabou na delegacia de polícia levado por homens mal humorados que não hesitavam em lhe dar uns tabefes bem aplicados para não deixar marcas. Chega ao prédio decadente no cruzamento da Ipiranga com a Consolação, onde moram os desgarrados da vida, as putas, os travestis, os drogados, gente como ele, que desistiu de viver. Amontoados nos cubículos infectos, molduras pobres para suas almas podres, morrem lentamente, envoltos em lençóis imundos como antigos sudários. Com dificuldade abre a porta do quarto miserável e se atira sobre um leito encharcado de agonia e solidão. Dos lençóis se desprende um cheiro acre de amoníaco, não foram poucas as vezes que esvaziou a bexiga sobre o escalavrado colchão, refugo de algum asilo, onde um velho como ele despejou rios amargos de tristeza. Dorme o dia inteiro e acorda no final da tarde tomado de urgência e corre para o bar quando o sol começa a deixar a avenida preparada para a festa noturna. No bar permanece até que os primeiros raios da manhã o encontram deitado no chão ou largado na porta do seu edifício, quando é recolhido pelos policiais com olhar de desprezo. Nas vezes que tentou deixar a bebida, seu passado o atingiu com tanta força que não conseguiu suportar e voltou a ela com maior avidez que antes, como voltam os amantes rejeitados. Pois, sentimentos são como lâminas, cortam fundo, doem demais e há que se fazer de tudo para suportá-los, se não for possível esquecer...

Após essa última noite, que foi como a morte de cada dia, acordou para a tarde nublada e seu rosto no espelho partido do quarto se assemelhava ao de um fantasma do passado. Junho deixa na avenida uma neblina intensa, *quarenta anos de agonia é tempo demasiado*. Nesse momento decide em definitivo o que deve fazer, aquilo que vem adiando há longos anos. Sobe lentamente as escadas carcomidas do velho edifício, não há porque comer ou se vestir, pois disso os mortos não precisam. No alto dos doze andares abre os braços para um sol pálido que tenta furar o bloqueio das nuvens. Um Cristo sofredor sem fé nem esperança. O trânsito já despertou os adormecidos debaixo de seus pés. Desce velozmente rumo ao asfalto, na mente um último pensamento para um rosto pálido de desencantamento e um fugaz, mas intenso, brilho verde de olhos jamais esquecidos. Morrer é como dormir. Fecha os olhos serenamente enquanto o corpo cai em velocidade de vertigem e um sorriso se espalha sobre as rugas e a barba grisalha. *"Não adianta fugir da dor antiga!"* Os espectros do passado gritam enquanto voa com os braços abertos em cruz. E os rostos dos que ficaram vivos nas suas lembranças se aproximam e lhe orvalham os olhos com seus beijos de lágrimas, antes de voltarem para os seus túmulos frios, com cruzes pregadas como espinhos na terra nua.

Na avenida, o pessoal da limpeza joga jatos de água no sangue empoçado no asfalto que corre em direção ao bueiro; o corpo foi encaminhado ao necrotério e como, certamente, não seria reclamado, em breve jazeria em um túmulo sem nome. Apenas uma cruz pregada por uma mão caridosa. O homem, antes mesmo de jazer na sepultura, já pertence ao passado. E quando chegar o verão, seus ossos brancos já não terão nenhuma lembrança da vida que viveu.

2. Manduri, dezembro de 2010

O pequeno povoado perdido entre pés de eucaliptos, na infância de Laura lhe parecia maior do que o mundo. Hoje lhe dá a impressão de ser apenas um lugar sonolento que está imerso no marasmo do calor e da poeira, com um presente estacionário e um futuro incerto, erodido entre suas lembranças como um intervalo que se diluiu no passado. O carro passa lentamente entre as poças transbordantes de água barrenta. Evita com cuidado sujar os raros passantes daquela manhã cinzenta, com um céu de verão escondido por nuvens pesadas e escuras. *"Voltar é como nascer de novo e sinto um desconforto a me apertar o estômago, como acontecia quando era menina."*

Suas mãos, apesar do ar condicionado dentro do carro manter a temperatura fresca, transpiram. *"Voltar para a moldura da infância, para a inconsútil paisagem da minha curta vida de então, quando árvores eram gigantes que ofertavam mangas amarelas e a noite escondia morcegos que vinham chupar o sangue. Voltar é espremer do tempo o que nos roubou quando ainda havia fé e sonhos, é sentir a dor pungente de quando meu sangue ficou ácido e corroeu minhas entranhas a fogo e dor. Voltar para a praça onde as azaleias floriam na primavera em cores tão vivas e continuaram florindo mesmo quando uma névoa cinza cobriu de luto meus dias e nunca mais ouvi pássaros cantando, nem sonhei com anjos e fadas. Não volto abatida, mas sinto que a vida é um sopro fugaz. Saí daqui uma menina de treze anos, agarrada a uma mão estranha e mergulhei em décadas de esquecimento até que decidi voltar. Voltar para exorcizar os demônios ferozes que rugiram dentro de mim durante trinta anos e para o encontro sempre adiado e temido com os fantasmas do meu passado que ainda atormentam meus sonhos e me despertam todas as noites ao frio toque de seus dedos. Voltar para os túmulos silenciosos onde dormem seu sono eterno os que um dia amei. E que ainda amo tanto, que deixa meu coração aturdido de saudades."*

Nas janelas das casas sonolentas, as lagartixas espiam e lá dentro há mulheres de rostos sombrios, com cabelos verdes de mofo, cujas unhas crescem sem parar. *"Como nos assustavam com essas histórias na hora de dormir! Nós corríamos ao passar por perto dessas casas de telhados escuros, onde florescem samambaias até nas paredes de tanta umidade. Será que estou me tornando uma mulher de rosto sombrio com unhas que crescem sem parar? Sobrevivi, mas não consigo achar sentido em minha vida e estou constantemente atormentada pelas lembranças da infância que me marcaram para sempre, sou o fruto de desatinos cometidos que deixaram um saldo impossível de ser anulado. Estarei me tornando melancólica como o apito de um trem dando adeus para sempre? Mulheres de cabelos verdes e mãos sufocadas sob unhas inquietas que crescem e se enroscam nas pontas, prontas a sentirem o ultraje da dor imponderável que asfixia como fumaça de incêndio. Sou uma dessas mulheres mergulhadas em fluidos crepusculares que lutam sonhadora-mente, reverberando a luz de assim terem nascido. Como desatar os nós dos meus sonhos enquanto tento resistir ao galope dos anos?"*

Laura sente um breve sopro de reconhecimento quando olha o jardim molhado da praça e recorda que após as chuvas de verão e um outono e inverno por demais curtos, quando a primavera se inicia em Manduri o céu fica azul, como que parado no tempo. Todas as flores se abrem e um vento vindo do sul areja as ruas perpetuamente cobertas de uma fina poeira amarela que se encrespa em ondas ao entardecer. Conforme a estação vai avançando ao encontro do calor do verão que atinge sua plenitude em dezembro, as manduris, pequenas abelhas silvestres que dão um mel claro e ligeiramente ácido, começam a se reunir sob os beirais e formar seus ninhos, zumbindo e se enroscando nos cabelos de quem passa. Continuam abundantes como nos tempos dos antigos. Homens rudes, que deram o nome das abelhas silvestres para batizar a vila que começou a se erguer na planície, longe de qual-quer rio, o que garante um outono seco e invernos mais secos ainda.

As chuvas começam a aparecer no final do ano. No início caem pequenas gotas que se tornam cascatas e crescem em força conforme o calor aumenta. Em dezembro, janeiro e fevereiro chove todos os dias e as pessoas sentem que o ar permanentemente úmido se infiltra em seus corpos e suas roupas, embora deixem seus pulmões mais leves para respirar. O verão difere da excessiva aridez das outras estações que fustigam a terra como chicotes ardentes, ressecam as plantas e elevam rolos de poeira dourada que encobrem o sol e deixam o dia amarelado. Antes das chuvas os raios carregados de eletricidade já fizeram seu estrago ao atear fogo na grama seca dos pastos, nos rolos de capim que correm pelas estradas arenosas, nas velhas árvores solitárias que nunca sabem se é seu último tempo nessa terra. As casas ficam com a mesma cor, como escolares de uniforme e, sobre os móveis, uma camada fina e dourada permanece durante a maior parte do ano, para desespero das mulheres sempre munidas de um espanador ou de um pano seco. Mulheres que limpam eternamente, atarefadas em faxinas intermináveis, como se seu destino fosse nada mais que tirar o pó que se acumula. Mulheres que parecem nunca saber qual é seu lugar nos planos do universo e só se sentem seguras se colocam ordem na casa, lustram, lavam, enceram, como se a vida se resumisse nesse espaço restrito, aonde os homens chegam com as botas sujas e cospem no chão a saliva negra do tabaco.

Quando Laura entra na avenida marcada pela presença centenária de uma jaqueira carregada de enormes frutas amarelas, de pele áspera e com centenas de ninhos de pássaros em seus galhos, chove como sempre acontece em dezembro. A água desce em uma cortina prateada e leva torrões de terra e folhas secas, curva os caules das plantas, inunda formigueiros e as tocas dos preás que, com o pêlo molhado carregam os filhotes para lugares mais altos. Às vezes alguns aparecem mortos, os focinhos cheios de insetos, a barriga inchada, os filhotes ainda agarrados às costas como pequenos vermes retorcidos. O lugarejo pouco mudou nos anos em que Laura esteve ausente. Parece um velhinho que se recusa a morrer. É um lugar entre o começo e o fim do mundo. Um lugar onde a poeira faz parte da vida e a umidade se concentra e faz da existência das pessoas algo tão absurdamente molhado que depois de duas semanas de chuva intermitente passam a desejar de novo o calor, a seca, a poeira, o mormaço eterno. Através do vidro embaçado do carro, Laura nota que na praça em frente à igreja a velha jaqueira centenária ainda abriga aves barulhentas que chegam ao limiar quase noite do crepúsculo para seu pouso noturno e se agasalham nos ninhos presos aos galhos. Enquanto ensurdecem a todos com seus gorjeios, uma copiosa porção de excrementos cai sobre o banco de madeira que há anos foi colocado ao pé da árvore e que, milagrosamente, continua ali, desbotado pelo sol e com marcas de canivete a lhe retalharem a madeira antiga. Os corações entrelaçados dizem, *"eu te amo"*, os palavrões fazem corar de pejo as carolas a caminho da missa e querem acertar suas contas com Deus antes da morte que, como um carro negro, se aproxima cada dia mais rápido. A familiar poeira amarela está dominada por algum tempo sob as pancadas da chuva. O cheiro de eucalipto continua intenso, principalmente nesse mês em que o céu se escurece repentinamente como um semblante preocupado e despeja suas torrentes ininterruptas de água e raios sobre a terra.

Laura abre a janela do carro alguns centímetros e sente na pele a terrível umidade. As gotículas penetram pelas roupas, encharcam o corpo com suor pegajoso e fazem os cabelos ficarem arrepiados como tufos de capim, os seus lindos cabelos crespos que fizeram seu tormento em menina, em uma época em que os lisos estavam na moda e envaideciam suas possuidoras. Os cabelos de Laura e de sua irmã Serena eram encaracolados como os da mãe e formavam caracóis nas frontes, na nuca, enroscando-se como cipós em um tronco de árvore. Eram abundantes, fartos, escuros com toques acobreados. No futuro seriam seu orgulho e sua maior beleza, mas na infância deixavam as duas meninas desesperadas, a desejarem os cabelos escorridos como os das moças que moravam na casa em frente e que os mantinham permanentemente presos em rolinhos feitos com grampos e cobertos com um lenço estampado. As moças que, como todas as mulheres do lugar, varriam e espanavam eternamente na luta inglória contra a poeira e possuíam nomes de flores como se a sua casa fosse um jardim. Moças que bordaram um enxoval infinito durante todos os dias de sua vida e deixaram nas toalhas, nos lençóis, nos panos, as marcas das lágrimas como nódoas escurecidas de sangue. Dirige lentamente o carro pela avenida transformada em lama. A chuva quente que cai sobre o lugarejo tamborila na lataria e quase a impede de ouvir as árias de La Traviata que escuta no rádio desde que saiu de São Paulo. Seu amor pela ópera foi herdado do pai nos tempos em que era menina. Ele cantava na sua voz forte de barítono quando não conseguia dormir com dor de ouvido. Sente saudades dos braços aconchegantes envolvendo seu corpo minúsculo e do calor que saía da camisa branca penetrando sua pele e isso fazia a dor passar. Enquanto a embalava, cantava óperas, árias que falavam de amor e morte. Canções que acompanharam para sempre as recordações da sua infância. Uma infância que parecia ser feliz até que ela a perdeu. O cheiro dele era forte, de tabaco com a brilhantina que usava para alisar firmemente os cabelos negros que ficavam com as finas marcas do pente e nos quais ela tinha vontade de afundar os dedos e enrolar as mechas em cachinhos, mas nunca se atrevia. Quando ele chegava cansado pedia para que as duas meninas lhe tirassem os sapatos e, rindo excitadas de tanto prazer, competiam uma com a outra, pois sabiam que iam ganhar balas de hortelã vindas misteriosamente de um bolso de paletó onde parecia caber de tudo. Mas, às vezes ele chegava com os olhos em fúria, alucinado por um sentimento que Laura não compreendia e arrasava seus dias como um furacão, destruindo, envenenando, corrompendo horas que deveriam ser de risos descuidados. O rosto da mãe parecia um camafeu desbotado, os olhos ficavam vazios e as mãos desamparadas como pássaros caídos do ninho antes de saberem voar. Estremece e procura afugentar a lembrança que dói como um espinho a rasgar a carne. Passa pela praça em frente à igreja, onde tantas vezes parou para apreciar as flores do jardim, suas mãos presas nas mãos macias da mãe. Laura se embala com a lembrança da voz de doçura que sussurrava, "*Veja filhinha, estes são amores-perfeitos, observe que cores lindas e como voltam suas pétalas para o sol, estas aqui se chamam margaridas e aquelas outras são açucenas. Veja como as dálias são grandes e parecem repolhos coloridos, as violetas são tímidas e se escondem sob as folhas, tem que procurar para vê-las. Mas as rosas são as mais lindas, suas pétalas se abrem ao sol, elas precisam de muita luz senão morrem rapidamente. Os espinhos são para protegê-las, pois sua beleza é um risco. Beleza demais faz sofrer!"*

A voz ressoa em seu peito com um eco de saudade que faz seus olhos ainda hoje se encherem de lágrimas e tenta desviar a atenção para a cidadezinha que se afoga na chuva cada vez mais forte.

As antigas casas de alvenaria se erguem diretamente do calçamento, as janelas e portas se abrem para a rua como olhos arregalados. As pessoas costumavam pintá-las sempre de verde, nunca se soube o motivo. Talvez quisessem colocar uma cor diferente do eterno amarelo empoeirado que deixava todas as casas iguais. As janelas estão sempre abertas, mesmo quando chove. Os passantes podem espiar para dentro, ver as pessoas, seus móveis, as camas onde dormem, a vida que levam, a quem amam ou odeiam, numa promiscuidade sem paralelo em nenhum lugar que Laura veio a conhecer quando adulta, depois de tantos acontecimentos que marcaram sua vida. Em Manduri os vizinhos sempre sabem o que os outros falam, o que jantam ou almoçam, as brigas entre os casais, os que se amaram durante a noite, as mulheres que choraram de solidão ou de mágoa. *Como mamãe chorava,* pensa e novamente seus olhos se escurecessem e um nó faz sua garganta doer. Recorda a voz de doçura e que os sentimentos são como lâminas afiadas que cortam fundo e fazem doer. Lembra também que ali as pessoas acreditavam que havia um Deus amoroso que as livrava de toda a dor se lhe pedissem com humildade e fé. Laura tem vontade de rir. Buscou por anos respostas, acendeu velas em altares ao redor do mundo, cobriu de incenso seus cabelos e rezou fervorosamente até que suas preces secaram, nunca obteve um sinal de Sua existência. Agora, nada mais espera, quer apenas acertar contas com um passado em vigília há quatro décadas, como um cadáver insepulto. Um passado que recorda como uma velha arca de madeira fechada, povoada de rostos pálidos que anseiam pelo esquecimento, e que finalmente irá abrir. Depois, deseja viver os anos que tem pela frente sem mais o tormento das recordações. Andou por lugares distantes, atravessou oceanos, enfrentou tempestades, frio e neve, mas nunca sentiu o medo que sente enquanto dirige seu belo carro pela rua lamacenta que começa a se afundar em buracos abertos pela chuva quando sai da avenida principal rumo ao seu destino, onde mortos órfãos esperam.

3. As abelhas silvestres

As abelhas silvestres que deram o nome a Manduri fazem seus ninhos nas árvores e nos beirais dos telhados vermelhos, nos postes, nos buracos dos muros e nunca são incomodadas. O mel que produzem tem gosto de laranja e cura tosse, gripe, asma e até doença dos pulmões. A avenida continua a mesma, duas ruas paralelas, separadas por canteiros plantados de hibiscos vermelhos e amarelos, sempre floridos e os caminhos convergem para a igreja, como se todos devessem prestar contas a Deus ao final do dia.

Os primeiros moradores do povoado deram às ruas retas como postes, nomes de animais, como viela da onça, caminho das capivaras, beco dos sapos. Com o tempo erigiram casinholas que ficaram ali plantadas sobre a poeira, nas ruas descalças, enfileiradas como carolas numa procissão e aumentaram lentamente ao longo das gerações que ali se juntavam e pariam. O bisavô de Laura foi um dos primeiros que chegou, foragido, com uma morte nas costas, de honra lavada em sangue, que assombrou as várias gerações. Histórias foram sussurradas em família e jamais provadas. Estava em um rodeio, nos lados da serra de Botucatu, bebia com os peões e fazia gracejos. Perto dele, Agostinho, baiano que gostava de bebedeiras e piadas pesadas, apontou para uma vaca que ia ser leiloada, um belo exemplar que caminhava devagar ao peso das tetas repletas de leite, e disse: *gostosa como a patroa,* sem perceber a presença de Laércio Gonçalvez, talvez o homem mais ciumento que surgiu na face da terra. O punhal vibrou no ar em segundos. Sem chance de defesa, o baiano caiu no chão com um gemido de dor rapidamente sufocado por golfadas de sangue e morreu ali mesmo, no meio do barro amarelo enquanto corujas piavam sentadas sobre tocos de árvores. As histórias sussurradas contam que o sangue jorrou tão alto que manchou a camisa branca de Laércio e fez uma marca semelhante a uma caveira de olhos sanguinolentos.

O filho de Laércio, de nome Latércio, o avô de Laura, nasceu com essa marca, emblema de um ciúme doentio e sua vítima não foi um rival, mas uma jovem de olhar melancólico como o de uma cotovia numa gaiola, perpetuada em uma rara fotografia que a mãe escondeu no fundo de um baú por longos anos. Laura a levou escondida entre suas coisas após a terrível noite em que sua infância morreu como morrem as cotovias. Era a sua avó querida, e morreu quando ainda não era sua hora de morrer. Às perguntas curiosas de Laura, respondia naquela voz de doçura, *"...a beleza pode ser uma maldição, principalmente nesta família".* E olhava para Laura com um suspiro utranquilo, desejando que o rostinho fino e moreno nunca fosse capaz de despertar o monstro que habita o coração dos homens quando querem possuir o corpo e a alma de uma mulher. No entanto, estremecia ao observar Serena que era alta para a idade, possuía uma pele macia e rosada, um rosto encantador enfeitado pelos encaracolados cabelos escuros com tons vermelhos. Quando isso acontecia entrava no quarto, onde tinha um pequeno altar com Nossa Senhora, o coração compassivo aberto no peito e os mesmos olhos doces e melancólicos. Ajoelhada, rezava baixinho, as lindas mãos postas em súplica, até que as badaladas do relógio da sala avisavam que estava na hora do marido chegar e a comida deveria estar pronta. Muitos anos depois, Laura iria descobrir que aquele que pensava ser seu avô nunca o foi e que seu medo da maldição de sangue era infundado.

Com o aumento das casas e o crescimento do povoado, os nomes das ruas foram trocados pelos nomes dos estados brasileiros, rua Mato Grosso, rua Minas Gerais, rua Goiás, avenida Brasil e assim por diante. A praça chamava-se Praça D. João XXIII em homenagem a um papa que morreu bem velho e de quem todos pareciam gostar muito, essas era outra das lembranças de Laura, que agora a atingem com dor maior. *Lembrar dói*, pensa, enquanto o nó na garganta se aperta e alarga em direção aos olhos. Em uma das paredes externas da igreja havia uma imagem dele em alto relevo, a mão direita erguida para abençoar a população. Laura costumava ficar parada olhando para ela por longos minutos, às vezes rezava baixinho como se fosse um santo e foi para ali que correu quando amanheceu o dia chuvoso após a Noite do Terror, "a *noite em que minha infância foi embora para sempre, quando conheci a dor na sua forma mais profunda e que colocou suas garras no meu peito e me fez conhecer o ódio".*

A igreja matriz está erguida no meio de um bem cuidado jardim que é o maior orgulho de todos os mandurienses. Na primavera as rosas e azaleias florescem e pintam a praça de cores vivas. Ao meio dia os sinos costumam tocar alegremente ao anunciar a hora do almoço. O cheiro que sai pelas janelas chama os poucos retardatários. Cheiro de feijão e arroz cozido e temperado com alho e cebola, o odor apetitoso de bife, batatas fritas, tomates frescos, mandioca assada, torresmo, frango em pedaços com bastante limão. Ao entardecer os sons são melancólicos; tocam a Ave Maria, e tristes como uma despedida para nunca mais. Os pássaros, como sob as ordens de um maestro, principiam a algazarra do crepúsculo e todos evitam passar debaixo da jaqueira com medo da chuva de excrementos, que não raras vezes atinge alguns forasteiros incautos que cometem a imprudência de ocupar o banco, vazio àquela hora.

Na infância de Laura, o lugar tinha pouco mais de três mil habitantes que ali nasciam, viviam, casavam, tinham filhos e depois morriam, sem nunca sair de lá. Um ou outro mais aventureiro, na maioria rapazes, esporadicamente ia tentar a sorte em São Paulo, mas voltavam logo, saudosos e infelizes. Na escola, as professoras ensinavam a origem do lugar. Os fundadores haviam chegado em busca de madeira e animais. Eram homens rudes marcados pela vida e pelo tempo e as mãos calosas acostumadas a manejar a enxada e o facão. Acamparam na planície amarelada pela poeira, morriam de malária e fome, tinham para comer a carne de preás que abundavam e perdiam o tom moreno da pele sob o calor implacável para se tornarem homens feios e pálidos, a poeira eterna entranhada em definitivo na pele e nos cabelos. Os que não morreram se juntaram com algumas caboclas piolhentas que rondavam o acampamento. Vindas dos fundos do sertão eram mulheres sem atrativos e dentes podres, com seios pendentes até a barriga e que abriam as pernas em troca de um naco de carne ou um pedaço de pano para enrolar no corpo. Na única escola do lugar, as professoras nunca haviam contado essas histórias. Laura costumava escutar atrás da porta quando os vizinhos vinham visitar o pai e conversavam até mais tarde enquanto fumavam seus cigarros de palha e tomavam o café que a mãe servia em pequenas xícaras pintadas com flores minúsculas presente de casamento de sua avó. Uma avó cujas mãos cheiravam a baunilha, e de quem pouco se lembrava, que a punha no colo e lhe dava beijos nas faces antes que conseguisse escapar. Uma lembrança impregnada de cheiros e uma face de pele translúcida, perdida entre as brumas de sua infância, tão linda como a Madona do quadro. Um dia ela ouviu a mãe chorar sozinha no escuro silencioso do quarto. Abraçou-se a ela chorando também, sem entender o motivo de tanta tristeza:

– A *vovó se foi, filhinha, nunca mais a veremos.*

À noite, o pai calado comia a carne salgada de lágrimas e seu rosto era como pedra.

Quando os homens começavam a contar as histórias obscenas, embalados pela cachaça e pelo calor da noite, a mãe se retirava discretamente, não sem antes perguntar se queriam mais café. Se eles recusavam, dava boa noite na sua voz doce e baixa, e saía sem levantar os olhos, encolhida ante o olhar vigilante do marido. O quarto de Laura era ao lado da sala de visitas e ela fechava os olhos e fingia dormir quando a mãe entrava para ajeitar os cobertores. Com os ouvidos atentos às vozes conseguia ouvir mesmo quando elas se abaixavam em algum detalhe mais picante, embora nem sempre entendesse seu significado. Escutava as histórias e aos poucos transformava as feias caboclas em moças lindas de pele morena e olhos negros que sumiam em florestas enquanto pássaros pousavam em seus ombros e peixes punham as cabeças para fora da água para falar com elas. Isso foi no tempo em que podia sonhar, nos anos antes daquela noite em que perdeu a infância para sempre.

Laura percebe que chegou ao seu destino. Embalada em suas lembranças dirigia mecanicamente rumo a um caminho por diversas vezes palmilhado em sua alma e que há anos manteve escondido no mais remoto lugar de sua mente, para deixar de sofrer. Sua alma precisou de um descanso antes de decidir voltar a esse lugar e enfrentar uma parte de sua vida que em vão tentou esquecer, pois, como é possível esquecer a infância? As pessoas gostam de lembrar os verdes anos da infância, o aconchego do lar, as fantasias e as brincadeiras. Laura gostaria de nunca mais lembrar. O cemitério que avista da janela do carro é perfeitamente organizado e os túmulos estão arrumados como fósforos em uma caixa. Fica no final da alameda rodeada de eucaliptos, sobre uma ligeira elevação e possui túmulos tão antigos que datam do século passado, *"aqui jaz um anjo morto aos cinco anos de idade, saudades de seus pais e irmãos; aqui repousa em paz uma esposa e mãe amorosa, saudades de seu marido e filhos; aqui descansa nosso querido pai que foi para os braços de Jesus, saudades de seus filhos e de sua esposa inconsolável.* Laura pensa, *aqui jaz mamãe que possuía uma voz tão doce, cabelos negros e olhos tristes que marcaram minha infância, também sinto tantas saudades."*

Os túmulos dentro do cemitério mostram um ar desamparado, como crianças em camas de hospital. Dentro deles, mortos tristes esperavam ser lembrados. Mamãe dizia que os mortos sempre ficam órfãos, relembra com um agudo pulsar de saudade. Na época não conseguiu apreender o sentido da frase. Após tantos anos ainda ecoa em sua mente a voz de doçura que sussurra, como se tivesse medo de seus pensamentos, explicando para ela porque os mortos acabavam sendo esquecidos. Sempre!

"Quando a morte é recente as pessoas vão ao cemitério todos os dias para chorar de saudade e lamentar a partida de quem se foi. Com o tempo e o apelo da vida, essas visitas rareiam, as flores murcham nos vasos, as velas esparramam sua cera derretida ao redor de pavios apagados e os mortos dormem seu sono sem serem lembrados. E um dia, ficam órfãos, pois ninguém mais vai vê-los ou chorar por eles, sua lembrança se torna pó junto com seus corpos, é assim a vida e a morte, filhinha."

A voz ecoa em seus ouvidos enquanto a água escorre em fios prateados e se infiltra pela terra, molha sepulturas recém-abertas, dissolve torrões e as flores recentes, ainda ensopadas de lágrimas. As velas sob a chuva estão apagadas, os tocos caídos sobre as lajes parecem dizer nunca mais, nunca mais, como no poema de Poe. Um pássaro, pousado no galho do eucalipto, solta um pio rouco como se estivesse com dor de garganta e se encolhe ainda mais, solitário como um cão sem dono. Laura olha para ele com pena, por que não voa para um lugar mais alegre?

Ao descer do carro abre um guarda-chuva colorido. Sua irmã, que está ao seu lado e veio dormindo a maior parte do caminho, boceja e diz que Laura continua a mesma, ainda gosta de muitas cores como quando era menina e coloria as paredes da casa com giz de cera levando puxões de orelha do pai, nunca da mãe. Aída jamais as castigava, por mais travessas que fossem e agora está ali dormindo sozinha. Serena desce do carro e acende rapidamente um cigarro, o primeiro daquela manhã. Dá um sorriso feliz para Laura, os cabelos negros se esparramam pelas costas como rebanhos descendo colinas, como um rio à noite fugindo pela planície. Sua bela irmã que compartilhou com ela a perda de sua infância e esculpiu no rosto e na alma as dores da tragédia que marcou suas vidas. Os olhos são escuros, como mansões desabitadas. O rosto é melancólico como uma gravura antiga e fuma compulsivamente, hábito que Laura abomina. O cheiro de eucalipto disfarça o detestável cheiro do cigarro. Os piados melancólicos do pássaro molhado abafam a voz de doçura que ainda sussurra de mansinho em seus sonhos. A visão de olhos negros como noites sem lua impregna as lembranças de um tempo em que a esperança pareceu perdida. A dor da ausência ainda ressoa no peito de Laura e ela tem de fazer um esforço para corresponder ao sorriso da irmã,

– *Não posso fraquejar, não posso me permitir mergulhar na minha tristeza e minha saudade.*

Caminha com Serena como se flutuasse no tempo e na sua frente estivesse a garotinha triste sempre agarrada às suas mãos, lhe pedindo para contar histórias, talvez a única lembrança boa que sobrou do tempo de sua infância perdida. Do tempo em que ficaram sem mãe, sem amor, em um abandono comparável ao dos cães vadios que percorrem as vielas do cemitério, também em busca de afetos perdidos. *"Abandonadas como os mortos órfãos"*. A velha frase ecoa novamente em sua memória: *"Sentimentos são como lâminas, cortam fundo e fazem doer"*.

Em suas lembranças surge também a figura dourada de uma jovem, quase uma menina que brincou com sentimentos e pagou um preço alto demais. Seus olhos eram verdes como a água do mar e seu sorriso iluminava a tarde, por mais que a chuva caísse. Era como um raio de sol que se perdeu na mesma noite em que Laura se despediu de sua infância.

A chuva passa por alguns instantes e a terra solta um suspiro afogado de alívio. No ar, os zumbidos zangados das manduris reclamam da invasão de seu espaço e saem em busca das flores de laranjeira antes que a água comece novamente a cair do céu com sua força destruidora. Laura retribui o sorriso da irmã com os mesmos dentes de outrora, um pouco mais frágeis. Há dor em seus olhos quando entram no cemitério. Há flores em suas mãos que serão ofertadas sem prazer para quem não mais pode vê-las e sentir seu perfume. Sobre os galhos da árvore que pinga gotas infelizes a ave olha para elas com seu ar de desamparo. As duas andam sem dizer uma palavra. Têm os olhos molhados como grama após a chuva. Não falam sobre quanto tempo planejaram vir até o túmulo de granito marrom. Disfarçam a dor que pulsa há muitos anos. Cabelos negros brilhantes e olhos de doçura perdidos para sempre. A voz calada macia como seda. *"Nunca mais, nunca mais"*. No cemitério, afetos perdidos, mortos órfãos esquecidos sofrendo da solidão da vida deixada de viver. Por que nos apegamos assim à vida? Cada dia é uma espera do que virá e nunca sabemos em que momento a dor pode nos saltar em cima com seus olhos doentes e vermelhos vomitando chamas para nos tornar a alma em cinzas. Almas cinzentas e álgidas, imoladas em existências fragmentadas, tragicamente fenecidas, emboladas em gigantescos redemoinhos de sentimentos e fragilidades.

Naquele ano, quando o longo intervalo do tempo sepultou fragmentos do passado e pareceu amenizar a dor, decidiram voltar para dizer adeus. Quarenta anos se passaram e agora duas mulheres adultas, com suas vidas perfeitamente organizadas, maridos, filhos e carreiras de sucesso, voltavam para o lugar de sua infância. As duas meninas desamparadas que um dia saíram dali levadas por parentes contrafeitos, haviam obtido êxito, ultrapassaram as barreiras temíveis de uma infância destroçada e adolescência cheia de temores, e tomaram a difícil decisão de acertar as contas com seu passado, quarenta anos depois. Foi uma decisão difícil e longamente combinada. A enxurrada desce em borbotões pela alameda do cemitério, a água escura carrega folhas secas como pequenos cadáveres. Como outro cadáver anos atrás, as formigas grudadas nos cabelos, os besouros saindo das narinas, os olhos apagados fitando o céu, espantados, incrédulos. Há um túmulo de granito marrom sob a chuva que devem encontrar. As flores pesam em suas mãos, são oferendas a contragosto para quem amava as flores frescas eclodindo de caules verdes e folhas mimosas. Os túmulos resplandecem sob a chuva e sob o sol, onde mortos órfãos estão ali para sempre, desafiando o tempo e a vida dos que ficaram. *"Manduri é o único lugar no mundo onde a chuva, em vez de refrescar consegue esquentar ainda mais"*. Resmungam enquanto recordam da mãe andando na chuva, *"parecia pato para gostar tanto de água!"* Ela ria aquele riso de dentes brancos, pérolas perfeitas e seus olhos pareciam poças d'água onde se refletia a luz de suas vidas, poças que se apagaram e deixaram uma lama ressequida a cobrir sua infância. Os cabelos se encaracolavam pela umidade enquanto ela revolvia a terra dos seus canteiros de flores. A chuva molhava suas costas e ela ria nos seus raros momentos felizes, com as mãos cheias de terra e os cabelos molhados, rodopiando no jardim, abrindo os braços para o alto como se recitasse um poema à liberdade. Ela, uma mulher acostumada aos rios, aos riachos cristalinos, era feliz no tempo das chuvas que a faziam se esquecer dessa terra inóspita, permanentemente enclausurada em um halo de poeira amarela. E pulava descalça nas poças que se formavam, ajudava Laura a apanhar caracóis para alimentar seu cágado, afagava as flores como quem afaga o rosto do homem amado. Ria seu riso de dentes perfeitos, os cabelos negros escorriam fios d'água, o pano fino do vestido colado ao corpo. As meninas ficavam encantadas quando ela ria e iam pular as poças junto com ela, sujavam de barro os vestidinhos de babados e a chuva desatava alegremente os laços de seus cabelos. Ela levantava o rosto e a água parecia lavar seus pensamentos e diluir sua tristeza. Hoje Laura sabe que ela dançava na chuva para não morrer. *Nunca mais seu riso, nunca mais a luz de sua presença, nunca mais as histórias contadas naquela voz de doçura que as fazia adormecer, enlaçadas em seu regaço, por braços tão aconchegantes como um ninho...* Nunca mais, nunca mais, a chuva canta alto.

– Ela se foi pouco antes do Natal, lembra?

A voz de Serena sacode seus pensamentos como um cachorro sacudindo a água do pelo. Laura continua absorta, *por que decidi rever minha infância perdida, tentar descobrir os ecos de um tempo para sempre enterrado? Por que estou aqui a procurar vestígios de dias amenos, que pudessem me fazer lembrar que um dia eu posso ter sorrido e cantado em cima de árvores, ou pulado em poças d'água, ou assobiado para um cachorrinho muito amado? Ah, se hoje eu pudesse me presentear com lembranças que não fosse a voz sussurrada nas madrugadas insones, os olhos negros profundos mergulhados em melancolia a cada manhã em que a vida se tornava insuportável somente pelo fato de ter de ser vivida! Se eu pudesse apagar os dias como se estes fossem um longo caminho a ser percorrido, uma vez mais, uma vez mais...* As abelhas aproveitam uma pausa na chuva para reiniciar seu zumbido irritante, como crianças jogando bola. *No tempo da minha infância perdida nunca joguei bola.* Laura sente vontade de chorar. *É sempre assim, basta me ver perante as lembranças para que meus olhos naveguem em águas de dor. Houve um tempo em que pensei que éramos felizes. Um tempo curto demais, mas deixou suas marcas e hoje minha melancolia nele tem suas origens.*

Juntas contemplam o túmulo de granito marrom, *marrom como fica o coração da gente quando a melancolia o invade.* Os mortos ali dentro no escuro, no frio, recebem as gotas geladas que escorrem pelas frestas, insinuando caminhos molhados com o ar fresco do exterior. *Ela odiava lugares fechados.* As flores, oferendas a contragosto, escorrem água. O silêncio da voz de doçura as atinge como um golpe de vento frio, como o abrir repentino de uma porta no negrume da noite. E abre janelas da infância perdida entre vozes, uma de acusação, outra de súplica, *as meninas vão ouvir.* Murmúrios noturnos, pios de coruja, ladrar de um cão que se cala sob uma voz zangada. Mais adiante, também sob a chuva, um túmulo abandonado e erodido pelo tempo. Não irão até lá nem colocarão flores, isso seria demais para que pudessem suportar! Desviam os olhos da pintura descascada, elas sabem quem ali jaz. Poucas fileiras à frente, outro túmulo. Está pintado de branco e se mantém limpo e fresco sob a chuva. Ali dorme Cléo, uma menina do passado, de cabelos de ouro e olhos da cor do passado, que não gostava de aranhas porque tinham muitas pernas e amava os vagalumes porque brilhavam. Uma menina que parou de crescer e com quem ela compartilhava segredos sob a luz da lua de São Jorge alumiando mãos viajantes. E que provou a Laura o quanto o amor dói.

Serena pega a mão de Laura, a mão dela está fria e com cheiro de cigarro. Ficam alguns minutos contemplando o túmulo de granito marrom. Laura acaricia a placa com o nome de Aída, os números com as datas de seu nascimento e morte. Encosta a testa na lápide molhada, encolhida sob a chuva; a mesma chuva que molhou os cabelos dourados de Cléo e inundou de tragédia sua vida por muitos anos. Laura sente uma dor aguda de saudade do riso alto e sacudido, do jeito escandaloso de falar e se mover, de jogar os cabelos e rodopiar pela sala cantando as canções daquele tempo em que ainda havia esperança. *Quinze anos é muito cedo para morrer...*

O pássaro pia tristemente na árvore como se dissesse a Laura que o tempo apaga tudo. *Talvez apagasse se ainda não doesse tanto,* responde a ele com o pensamento. A chuva se torna torrencial, a enxurrada lava a alameda do cemitério e molha seus pés que ficam frios. O cemitério deserto é tétrico sob a chuva. Porém, como costuma acontecer no verão, esta passa em alguns minutos e um sol brilhante surge detrás das nuvens com ar de triunfo. O pássaro voa para o alto, as borboletas ousam sair de seus esconderijos e imediatamente o cemitério se enche de vida, insetos voadores e rastejantes, os mármores polidos dos túmulos deixam ver os nomes gravados nos jazigos. Laura e Serena caminham lentamente enquanto examinam os nomes nas lápides, nomes do passado que agora ressurgem, em cada um a marca não esquecida do tempo da infância, quando estar infeliz era quando chovia e não podiam brincar. Sobre os túmulos, flores encharcadas pendem suas hastes até tocar na pedra fria.

– Você se lembra de quando viemos para cá? Da nossa ansiedade em conhecer Manduri e como ela estava triste sentada ao lado do motorista? Lembra como seus olhos pareciam perdidos e ela fazia força para não chorar? Laura pergunta para Serena, que parece não ter tantas lembranças como ela, mas que leva as mesmas marcas desde a infância.

4. Manduri – 1964

O desconjuntado caminhão sacolejava pela estrada de terra. A poeira se elevava em nuvens sufocantes e subia ao céu como fumaça naquele dia abrasador. O velho motor resfolegava, gemia como um doente catarrento, enquanto expelia óleo e gás carbônico pelo escapamento apodrecido pela ferrugem. Fazia um calor infernal naquele mês de janeiro de 1964. A carga sacudia sob os solavancos a cada buraco e os móveis pobres se chocavam e estremeciam. A mobília consistia de três camas de segunda mão, uma de casal e duas de solteiro, dois guarda-roupas, uma cadeira de balanço de palhinha trançada, mesa e bancos de madeira, colchões, um velho sofá e uma espreguiçadeira dobrável de lona listrada em azul e amarelo, cuidadosamente embrulhada em um velho cobertor. O único aparelho elétrico da família, um antiquado rádio, repousava no regaço da mãe na cabina. Naqueles anos o rádio era o lazer, a distração, ligado todas as noites, religiosamente, na novela interminável, razão de lágrimas e suspiros disfarçados. Após o jantar, a mãe costumava sentar na velha cadeira de balanço, herança da falecida sogra, e pacientemente aguardava a hora da novela, com as duas filhas pequenas debruçadas sobre seus ombros. A hora da novela era a mais esperada do dia, as vozes, os risos, as lágrimas, o silêncio, a emoção adivinhada, os olhares, os beijos que transpareciam na estática do velho rádio. Com o eterno crochê entre os dedos, uma Penélope pobre, porém não menos bela, a mãe abaixava a cabeça emoldurada de negros cabelos encaracolados e mergulhava nas ardentes e pudicas histórias de amor, intrigas e ciúme transmitidas todas as noites. As duas meninas, os olhos ávidos e sorrisos tímidos buscavam entender tudo. Estão se mudando de outro lugarejo, quase igual àquele, por onde passa o rio Tietê, grosso e perigoso no tempo das chuvas, que costuma escalar as margens e avançar sobre as casas ribeirinhas, engolindo tudo o que encontra. No tempo da seca ficava sereno e era possível enxergar os peixes no fundo buscando alimento. O pai saía a pescar em um barco chamado Lambari e voltava com enormes peixes se debatendo no fundo do cesto de palha, ainda vivos com as guelras se movendo desesperadas em busca de água para respirar. *Peixes respiram o ar da água, Laura*, explicava a mãe naquela voz de doçura. Ela ficava pensando como é que faz para respirar o ar da água, se soubesse poderia nadar no fundo do rio e pegar os pitus com a mão, encontrar as sereias e perguntar a elas se era possível viver debaixo d'água, respirar, comer e rir do mundo lá em cima. Se soubesse todas as coisas poderia descobrir como vencer a tristeza de ver o rio ficar para trás e como enxugar as lágrimas dos olhos abaixados da mãe, olhos negros de solidão, as mãos vazias abandonadas no regaço. Na cabina, ao lado da mãe e do motorista, um velho que tinha cheiro de cigarro e de suor, as duas meninas não conseguiam esconder a excitação. Estavam vestidas simplesmente com asseados vestidinhos de pano xadrez em vermelho e branco, com pequenos babados de renda. Olhavam para tudo com curiosidade e quando avistaram as primeiras casas, se remexeram no assento, gotas de suor na testa, os cabelos cheios de poeira, olhando avidamente as habitações que surgiam na elevação da estrada como pequenas cabeças espiando por detrás de um muro. Laura havia comemorado sem festas seus sete anos naquele janeiro. Magra e morena, com um sorriso perene no rosto fino, onde olhos castanhos brilhavam e como a vida corria célere por trás desses olhos! Os cabelos crespos se esticavam em duas tranças duras, arrematadas por laços brancos idênticos aos da irmã, Serena. As pernas finas com joelhos em nó, permanentemente esfolados por tombos e arranhões, terminavam em pés miúdos, calçados com sandálias brancas com solas de borracha, que odiava. Sandálias de sola dura de pneus velhos, solas negras e feias. Quando cresceu e cumpriu sua cota de dores, prometeu a si mesma que nunca mais usaria sapatos com solas de borracha. Todos diziam que era inteligente, mas era principalmente possuidora de certa perspicácia que lhe dava um ar adulto e preocupado. Com tão pouca idade já tinha lembranças demais e estas haviam marcado sua vida como uma sombra por trás de uma janela. Como montanhas de frente para o sol.

A visão proporcionada pelo vidro empoeirado da cabina se alargou e pequenas e humildes casas vieram margeando a estrada. Pintadas inutilmente de branco possuíam marcado um barrado da cor da terra amarela, que salpicava suas paredes por quase um metro na vertical, resultado das chuvas constantes e das enxurradas que levavam para o bairro todos os detritos e sujeira do vilarejo que começava a se delinear à frente. As ruas sem calçamento eram melancólicas e das portas e janelas mulheres esquálidas, sujas e descalças, com crianças enganchadas nos quadris, espiavam curiosas. Moleques corriam no rastro poeirento, gritando e pulando, todos com um inconfundível ar esfaimado, entranhados de sujeira e suor. Do pescoço de alguns pendiam barbantes encardidos sustentando chupetas muitas vezes usadas, principalmente na solidão das noites de barrigas vazias e estômagos famintos. A mãe apertava com força as mãos das meninas. Apesar do calor sua mão estava fria e úmida. Seus olhos pareciam espelhos de escuridão.

– *Filhinhas, estamos chegando à nossa casa nova!*

A menina mais nova, de quatro anos se agitou no assento, o rosto redondo e claro brilhando de antecipação. Diferentemente da irmã mais velha, possuía a pele branca e olhos negros que se harmonizavam perfeitamente com a cor dos cabelos. O caminhão entrou por uma rua melhor cuidada onde as casas eram mais agradáveis. Havia árvores e pequenos jardins plantados com dálias, hibiscos e rosas que colocavam pequenos pontos coloridos entre o amarelo constante. Pingos de cor de uma aquarela pintada de verde e emoldurada de amarelo empoeirado. Nesse dia não estava chovendo e as crianças que brincavam na rua eram mais limpas e não possuíam aquele ar famélico das outras do bairro barrento, cor de bolo de chocolate, só que amargo. As mulheres que varriam as calçadas paravam para olhar, vestiam aventais floridos e tinham chinelos nos pés. Eram diferentes das mulheres solitárias em frente às casas pobres com marcas das enxurradas nas paredes. Mais tarde as meninas souberam que aquele lugar triste por onde passaram na primeira vez, se chamava Beco do Sapo, reduto de trabalhadores itinerantes que vinham para a lavoura de cana e corte de madeira. Às vezes criavam raízes e, como árvores, deixavam sementes que nem sempre germinavam. Os filhos brotavam como cogumelos após a chuva e eram tão pobres que nem tinham o que comer. Às vezes, os homens arrumavam empregos temporários e iam para a roça em caminhões de grades, como gado para o abate. Aos sábados ficavam horas nos botequins se embriagando para compensar os dissabores da vida sem horizontes. As mulheres, sujas e desleixadas, pobres demais para sequer sofrer, enrugadas e sem dentes antes dos trinta anos, ajudavam na sobrevivência da família lavando e passando roupas ou trabalhando como faxineiras, e eram espancadas aos sábados à noite pelos maridos bêbados. Mesmo prenhas o tempo todo, apanhavam como cães vadios. Os rebentos muitas vezes não vingavam por conta da fome e dos maus tratos. Tinham o ar abobalhado e desamparado de quem perdeu todas as esperanças e viviam os dias como montanhas a serem vencidas em uma caminhada sem fim. Algumas não conseguiam e uma dose de veneno para formigas ou para ratos deixava crianças sem mãe que eram distribuídas pelos vizinhos, como gatinhos recém-nascidos. Outras vezes eram os maridos que iam embora, ou levados pela morte nas brigas de bêbados no botequim, ou de fígado arrebentado de tanta cachaça. Às mulheres que ficavam não havia outra saída a não ser abrir a porta e as pernas para os homens necessitados a qualquer hora do dia ou da noite, trabalhadores dos canaviais, madeireiros, caminhoneiros ou caixeiros viajantes de malas surradas e sapatos tortos. As crianças eram mandadas para brincar na rua se fosse dia. Se fosse noite, as mulheres puxavam uma cortina esburacada e pediam aos homens para abafar os gemidos, o que eles não atendiam. Os pequenos ficavam ali sob as cobertas puídas, enrodilhados como bichinhos, olhos arregalados, chorando de medo na escuridão, apavorados com os gemidos, pensando que a mãe estava sofrendo por conta de alguma dor. Uma dor estranha que só aparecia quando homens de diferentes cores e tamanhos batiam em suas portas com impaciência, com urgência de serem atendidos, os corpos famintos prontos para serem saciados. No dia seguinte havia comida na mesa e se esqueciam dos estranhos e apavorantes ruídos noturnos. Quando os meninos cresciam iam embora para não voltar. Levavam pela vida a marca da vergonha como um estigma, uma nódoa para nunca mais, como uma ferida de queimadura. As meninas ficavam por ali no Beco do Sapo e em pouco tempo tinham as barrigas inchadas, fruto de algum namorico fugaz ou da incursão noturna de algum dos homens impacientes que chegavam à época da colheita, às vezes vários em uma noite e que se deixavam encantar por um rostinho jovem e inocente, em vez da cara gasta da mulher deitada sobre o leito à espera. E elas consentiam que eles se deslocassem para o catre menor, ainda com cheiro de inocência que ficava depois para sempre perdida.

As ruas de Manduri em volta da praça da igreja e nos arredores mais próximos eram mais bonitas e arborizadas. O caminhão da mudança, com um estertor final de paquiderme parou em frente da casa que se erguia diretamente da calçada sem nenhum jardim em frente, o que deixou as meninas decepcionadas e colocou sombras no rosto da mãe. A mãe de rosto doce, linda como um camafeu, um rosto triste de quem perdeu as esperanças e de quem Laura nunca ouviu um queixume, nem uma palavra de dor e de tristeza. Apenas sentia a sua solidão e às vezes, em noites caladas ouvia seu pranto baixinho no quarto ao lado, não tão perceptível que a impedisse de dormir. A casa estava pintada recentemente de branco, com as mesmas janelas e portas verdes de todas as outras abertas para a rua em frente como olhos assustados. Lá dentro, uma sala com assoalho de madeira que rangia sob os passos, dois quartos, cozinha de piso de cerâmica vermelha desgastada, com pia e fogão a lenha. O banheiro era um cubículo escuro com um vidro de um metro de largura por trinta centímetros de altura, simplesmente cimentado no alto da parede. Havia um vaso sanitário de um branco encardido, uma pia de igual cor e uma banheira de pés de metal, imensa, estendida em todo o comprimento do banheiro como um preguiçoso lagarto branco. A casa toda era simples, o que arrefeceu um pouco o

40 | O Sangue das Almas

entusiasmo das meninas. Mas, quando correram ao quintal pararam encantadas. O fundo da casa era o Jardim das Delícias, o sonho de qualquer criança. Era grande e cheio de árvores, pássaros e borboletas. Mangueiras carregadas, inchadas pelas chuvas de verão exibiam frutos obscenamente doces, embriagando abelhas que voavam tontas e atraíam sabiás, bem-te-vis, sanhaços e azulões, gordos e destemidos. Abacateiros enormes mostravam as frutas verdes dependuradas dos galhos ou espalhadas pelo chão, bicadas de passarinhos. De noite se escutava um *tum!*, e se ouvia os piados de protesto dos pardais subitamente acordados de seu sono inocente. De manhã o chão amanhecia dadivoso e se podia colher os abacates sem esforço algum. A mãe amassava com açúcar a polpa tenra e pingava limão. Esse era o lanche de todas as manhãs e não havia como negar a delícia que representava. As jabuticabeiras exibiam as bolinhas negras e lustrosas de gosto tão doce que até enjoava; laranjeiras de todas as espécies, desde a baiana de umbigo, até a pequena laranja lima, mel de açúcar! Os limoeiros e mamoeiros davam seus frutos o ano inteiro e a mãe os distribuía pela vizinhança, tão fartos eram. O pomar abria seus braços para Laura e Serena e foi entre suas árvores aconchegantes que passaram a segunda parte da infância que ficara parcialmente enterrada no jardim da casa perto do rio de onde haviam vindo. E era para lá que corriam quando sobressaltos esporádicos perturbavam a rotina de dias sempre iguais. Em um canto do quintal a mãe futuramente plantaria seu jardim de flores onde, nos dias de chuva intermitente, dançaria com os braços levantados para o céu como em busca de liberdade.

As meninas estavam deslumbradas com o quintal quando o pai chegou. Serena correu ao seu encontro saltando para seus braços e Laura foi caminhando naturalmente, embora estivesse louca de saudades. Era um homem de estatura mediana, possuía um rosto severo e os cabelos principiavam a encanecer nas têmporas. Nessa época estava com quarenta e cinco anos e era um homem bem apessoado, sempre vestido com ternos de linho branco quando ia trabalhar na repartição pública, lugar de mistérios para as duas. Sorria raramente e quando o fazia era como uma janela se abrindo ao sol da manhã. Ciumento em excesso fazia da vida de Aída um inferno e Laura aprendeu cedo demais que o amor é como uma lâmina que corta profundamente, que sentimentos são como espinhos que rasgam a carne e atormentam a alma.

Isso foi algum tempo depois de Laura e Serena, vivendo ainda em outro lugarejo terem ido buscá-lo no quartinho de pensão, onde ele soluçava sobre a cama e tinha pedaços de carne assada e pão embrulhados em papel, com formigas andando por cima. As duas agarraram suas mãos e pediram que fosse com elas para casa, *venha com a gente, papai, não queremos que vá embora*, seus olhos imploravam e ele não suportou, abraçou os corpinhos, chorando, elas assustadas por vê-lo chorar. A mãe sempre chorava, era mulher e mulheres choram, mas ele, ele nunca! E choraram juntos com as mãozinhas delas agarradas em suas calças e as formigas passeando sobre o pão e a carne. Quando chegaram em casa, onde ela jazia em desamparo sobre uma velha cadeira de balanço, ele olhou para ela em um misto de piedade e raiva e disse, *vamos sair deste lugar!* Os olhos dela, brilhantes de lágrimas, inchados de pranto acusaram a notícia e as mãos agarraram as dele e as beijaram, sabia que era inútil explicar o que quer que fosse. Amor desatinado que durava demais, que machucava em excesso e fazia doer como lâminas rasgando a carne. Os sete anos de Laura já haviam visto cenas de um homem sofrendo alucinadamente pela sua fantasia de ser traído e a mãe receber sua cota de dores, herdadas de uma primeira esposa que um dia sumiu sem deixar rastros. Aída, desgraçadamente, era linda e isso fazia dela uma mártir, escondendo sob os vestidos largos o corpo bem feito e mantendo o rosto sempre abaixado para que ninguém nele demorasse os olhos por demais. Até então tinham vivido em Anhembi, às margens do rio Tietê, uma cidade pequena e de ruas perenemente molhadas onde o barro vermelho grudava nas solas dos sapatos e dificultavam o caminhar. O pai detestava a repartição, os funcionários, a casa úmida da proximidade com o rio, as pessoas que falavam demais e pediu transferência para um lugar onde brilhasse o sol. Aída nunca reclamou, as mãos que pareciam de fada, sempre ocupadas em uma tessitura eterna para afugentar a melancolia. As duas meninas eram muito pequenas e não podiam entender o olhar vigilante do pai, o eterno retiro da mãe dentro de casa, sem poder sair à rua, sem cumprimentar ou falar com as pessoas. Apenas anos depois iriam entender.

Na casa vizinha havia uma mulher conhecida por Miloca. Feia e magra, as costelas apareciam sob a carne do peito afundado, carregada de filhos que sugavam os seios murchos como frutas pendentes de um galho seco, vivia espiando para dentro da casa de Aída, tentando ver através das cortinas sempre cerradas, ouvir vozes, flagrar conversas, mas em vão. Procurou desesperadamente fazer amizade com ela logo que chegaram, mas não conseguiu, em parte pela discrição natural de Aída, em parte pela aversão de Anselmo em ter pessoas dentro de casa, principalmente uma mulher como aquela. Depois que Serena nasceu ele relaxou um pouco no seu ciúme e vigilância e chegou mesmo a permitir que Aída falasse com algumas vizinhas e recebesse uma ou duas amigas em casa. Uma delas era a esposa do prefeito e a outra, a irmã do pároco, amizades acima de qualquer ressalva, o que acabou por provocar um despeito doentio em Miloca que fazia as mais abjetas manobras para também ser convidada. Possuía seis filhas, hábeis em aprender e ensinar palavrões que eram ouvidos através dos muros. Aída pedia às meninas que nunca os repetissem, no que elas obedeciam. Uma tarde, Aída aguardava as amigas para comerem um bolo de fubá cremoso que ela fazia à perfeição, quando o prefeito bateu à porta para avisar que sua esposa e a irmã do pároco não poderiam vir, pois, uma estava fortemente gripada e a outra ficara cuidando dela. Nesse tempo, as pessoas não possuíam telefones. Ao sentir cheiro de bolo observou que era o seu preferido e Aída, um pouco confusa, porém sempre muito educada, o convidou a entrar e provar um pedaço juntamente com ela e as meninas. Um convite sem maldade para um homem respeitável.

A sempre atenta Miloca se rejubilou com o fato e sua língua pérfida entrou em ação com uma velocidade espantosa. O homem havia se demorado apenas dez minutos quando muito, mas ela fez correr a notícia de que foram horas e que as meninas ficaram no quintal. Em pouco tempo o boato chegou aos ouvidos de Anselmo. Mulheres muito belas costumam ser alvo da inveja e da maledicência das outras e é muito mais fácil acreditar na maldade do que na inocência. Anselmo ficou uma fera, passou dias e noites interrogando a mulher e as meninas a ponto de fazê-las chorar e correr ao regaço da mãe. Quebrou louças, esbofeteou o rosto mergulhado em pranto e negativas e a mandou embora, *vá embora, nunca mais quero ver você, pode levar as meninas que não me importo!* Aída chorou dias a fio, implorou compaixão, disse que o amava, que não fizera nada errado, que não poderia voltar para a casa dos pais com duas filhas e com essa vergonha, mas ele se manteve irredutível, altivo como um juiz, o dedo em riste, o olhar de acusação. Falou que se recusava a deitar ao lado dela e que lhe daria um prazo para arrumar suas coisas e ir embora com as filhas. Aída entrou em desespero, chorando sem parar, as meninas assustadas agarradas à sua saia. A esposa do prefeito intercedeu, a irmã do pároco também e nada. O prefeito, homem íntegro, ficou ofendido demais para lhe oferecer explicações de uma culpa que não tinha. Anselmo foi para um quartinho no fundo da repartição e lá ficou amargando sua miséria. Mergulhado no mais profundo poço do desespero que seu orgulho e ciúme desmedidos o haviam atirado, era uma fera enjaulada, indisposta ao perdão, até que as meninas, por sua própria conta, saíram a procurá-lo, as mãozinhas enlaçadas, caminhando pelas ruas estreitas sentindo atrás de si os olhares de compaixão. Foi assim que foram dar em Manduri, fugindo do passado. Ele se sentiu magnânimo em perdoar a mulher pelo pretenso crime cometido, no fundo não acreditava em nenhum ato leviano de sua parte, apenas o ciúme, a intolerância e o orgulho ferido haviam direcionado suas atitudes e durante o resto da vida nunca deixou de lembrar Aída do deslize cometido. Ele foi uns dias antes para Manduri, onde havia morado os seus avós, que ao morrer lhe deixaram uma casa. Aída foi encarregada de arrumar a mudança e vir depois com as filhas. Ela disse adeus às duas amigas que amava, ao rio que avistava de sua janela e ao verde da serra cercada de nuvens.

44 | O Sangue das Almas

Miloca ficou a olhar na porta da casa, feia e má como o diabo, vendo-a partir, um sorriso desdenhoso nos lábios finos, um olhar carregado de malícia acompanhando a beleza de Aída desaparecer no interior escuro do caminhão, deixando de ofendê-la todos os dias apenas por existir. Semanas após sua partida, um pequeno caroço, como um grão de feijão apareceu em sua garganta, subiu pela boca e em pouco tempo corroeu sua face de forma tão pavorosa que no caixão ela parecia um espectro horrendo, assustando os poucos que se aventuraram a ir ao velório. A língua inchada se projetou para além do perfil e se partiu na ponta em tentáculos, dando-lhe a aparência de uma serpente repleta do mais negro veneno. Mesmo morta ela gemia e dos seus intestinos escapavam gases tremendos, tanto que os poucos abnegados que velavam o corpo precisaram queimar velas e emprestar do padre porções de incenso para suportar o mau cheiro. Colheram todas as moitas de alecrim que cresciam em profusão no povoado para espalhar pela casa e sobre o caixão e a partir daí nunca mais a planta medrou nem deixou sementes, secando desde as raízes em todos os lugares.

Quando Anselmo chegou para recebê-las na nova casa em Manduri para onde fora decidido a enterrar o passado, estava resplandecente no seu terno de linho branco, o sorriso raro emergindo como um raio de sol. As meninas correram a mostrar-lhe o jardim das delícias, as frutas, as abelhas bêbadas de néctar, o ninho de joão-de-barro no galho da mangueira, os beija-flores zumbindo as asas verdes, as formigas carregando cadáveres de borboletas. Anselmo sorria escutando o tagarelar das meninas, aliviado por algum tempo da sua dor ininterrupta.

A escola em Manduri foi uma descoberta que encantou Laura e deixou Serena aos prantos pela separação inesperada. De manhã se agarrava a ela quando se preparava para ir embora, escondia a lancheira, chorava de cortar o coração e ficava na janela chamando até que ela dobrava a esquina. Houve também lembranças felizes, como quando ganhou a bicicleta. Laura esperou anos por ela, queria que fosse azul, com aros cromados, sonhava dia e noite estar sentada no selim macio, apertar o breque, depois soltá-lo, pedalar rumo ao infinito que era a estrada margeada de eucaliptos. Finalmente a ganhou, após anos de espera e a irmã não mais lhe deu sossego e ela tinha de sair escondido para que não fizesse um escândalo. Quando cresceu um pouco mais a bicicleta já tinha mudado de dono. Adulta demais para disputar o brinquedo, Laura deixou que Serena tomasse conta e se devotou àquilo que realmente amava: os livros. A irmã mais nova conseguiu quebrar a bicicleta tantas vezes que o pai se cansou de consertá-la. Na escola, Laura descobriu um mundo a ser explorado. A descoberta de que poderia decifrar aqueles pequenos sinais nos livros, e que eles faziam sentido, a preencheu de uma sensação de encantamento que até então nada havia conseguido despertar, nem mesmo a bicicleta. A partir daí mergulhou definitivamente nos livros e esse amor a acompanhou para sempre. Amor resguardado, refúgio certo. Na escola conheceu Maria Clara, a única das irmãs da casa em frente da rua onde moravam que não tinha nome de flor. Foi sua primeira professora e durante os verdes anos escolares chegou a amá-la quase tanto como amava Aída e Serena. E tanto quanto amava Cléo, a primeira amiga do primeiro dia de aula, que detestava aranhas porque tinham patas peludas e gostava de vagalumes porque brilhavam. Que muito jovem, quase uma menina, descobriu da maneira mais atroz que não se deve brincar com sentimentos.

No primeiro dia de aula, Laura viu Cléo na casa ao lado, uma bela casa com varanda e jardim na frente, com vários quartos e banheiros e se tornou a inseparável companheira de brincadeiras e de sonhos. Diferentemente de Laura, que ao seu lado parecia ainda menor com suas pernas finas e ombros estreitos, era alta e demonstrava ter mais idade. A mãe e o pai devotavam à filha o mais genuíno amor, tratando-a como um vaso de cristal que podia ser quebrado. Dois anos mais velha que Laura, Cléo possuía abundantes cabelos da cor do ouro escurecido pelo tempo. Cabelos sedosos que caíam em cascatas pelos ombros. Tinha um andar harmonioso que mostrava o gingado dos quadris e seios redondos, o que em Laura ainda não mostrava nem sinal. A pele era de um tom dourado e possuía um sorriso que fazia desejar olhar para ela sempre mais e mais, e seus olhos verdes refletiam o céu de verão

46 | O Sangue das Almas

como um espelho. Destacava-se no povoado de pessoas morenas e sua beleza perturbadora fazia os olhos dos homens se pregarem nela como os espinhos de uma planta. Onde passava deixava no ar suspiros que foram se intensificando a medida que cresceu e seu corpo começou a definir formas femininas tão evidentes que era impossível não se deslumbrar com a harmonia de sua figura.

O pai era um italiano da região da Toscana que veio em busca de fortuna e fez um bom casamento com a filha de um dos maiores fazendeiros da região, uma jovem morena como as demais que pululavam no lugar. Com a morte do sogro ficou incumbido de gerenciar a plantação de café e esta prosperou tanto que decidiram deixar o campo e ir viver no povoado que crescia com a vinda dos forasteiros durante o tempo da colheita. Veio com a mulher e a filha ainda um bebê, uma criança linda que destoava da mãe, Olinda, tão avara em beleza como em simpatia. Eram ambos quarentões, permanentemente deslumbrados com a menina e com sua beleza, que fascinava a todos que a conheciam. Eurico Coringrato construiu uma ampla casa para a família, contratou um honesto administrador, filho de um parente distante e passou a receber os lucros da plantação de café. Disso aferia um bom dinheiro que lhe permitia manter a menina acostumada a uma vida sem problemas econômicos. Uma vida diferente de Laura e Serena que só podiam ganhar presentes no Natal e no aniversário e mesmo assim, coisas simples e baratas já que o salário de funcionário público de Anselmo apenas permitia viver com certa frugalidade.

Foi nessa moldura que passei a infância, pensa Laura. *Um pai taciturno, uma mãe melancólica e linda, uma professora que eu amava, minha irmã e minha amiga preenchendo meus dias de amizade e descobertas. Uma moldura inconsútil, de dias plácidos, entre a chuva torrencial e a poeira amarela, alimentados com a fartura do pomar e iluminados pelo verde dos vagalumes que Cléo tanto amava. Dias que desapareceram em uma única noite de chuva que ainda hoje me escurece os dias e me faz acordar com pesadelos nas noites de minha maturidade. Dias que pretendo exorcizar como um fantasma cruel para poder cumprir com meu destino.*

Laura e Cléo formaram uma estranha parceria, a primeira magra, tímida, sempre debruçada sobre livros, a segunda alta, alegre, espalhafatosa, extrovertida, provocante, avessa e leituras e estudos, se tornaram inseparáveis. Passavam os dias juntas, na escola sentavam no mesmo banco, em casa varavam as tardes em conversas que não tinham fim, para ciúme de Serena que logo fez novos amigos e deixou Laura com seus amados livros e sua ainda mais amada Cléo, a menina deslumbrante do povoado, que parecia inconsciente da própria beleza e que em um futuro não muito distante causaria em Laura a dor mais profunda de sua vida.

5. A noite dos gatos – 1948

Para chegar a Manduri, após deixar para trás a estrada asfaltada que chega até Águas de Santa Bárbara, há que se cruzar um caminho arenoso que serpenteia pela planície paulista, rodeado de eucaliptos e mata fechada. Às vezes se escutam uivos e guinchos de animais silvestres, dependurados em galhos de árvores seculares que escondem o povoado do resto do mundo. Conforme o viajante adentra alguns quilômetros a oeste, a estradinha se torna arenosa e precisa ter cuidado para que as rodas do carro não derrapem e o veículo se arrebente de encontro aos mourões da cerca de arame farpado atrás da qual começa uma extensa ondulação de capim gordura e barba-de-bode. É um terreno inóspito onde aos cupinzeiros se elevam como pinceladas marrons num quadro árido e sem vida. Para os incautos que se aventurarem a caminhar nesse terreno pouco acolhedor, os carrapichos grudam nas roupas e a pele começa a arder pelo pólen que paira no ar vindo das bocas de leão. Às vezes, inadvertidamente, podem pisar em mato infestado de micuins, pequenos carrapatos que sobem pelas pernas e se alojam nos pelos púbicos, dando doloridas picadas que inflamam e coçam loucamente. As árvores são espectros retorcidos onde sempre há um lúgubre pássaro negro pousado, como um verme faminto à espera do cadáver. Pouco antes do povoado começam as casas, plantadas na beira da terra batida da via pública. Alguns quilômetros atrás há que se passar ao lado de uma porteira cinzenta pelos anos que se fecha para um sítio abandonado, cercado por riachos transparentes, onde os lambaris só faltam pular para as margens. Na porteira, de tempos em tempos, principalmente às sextas-feiras, um espectro atento costuma apoiar os cotovelos diáfanos nas tábuas carcomidas vigiando para que nem um intruso se aproxime. Os velhos do lugar contam que um antigo proprietário das terras, em vida foi o ser mais avaro e mesquinho que pisou aquelas paragens, desde os primeiros moradores. O homem construiu uma fortuna emprestando dinheiro e explorando os trabalhadores rurais que colhiam o café e cuidavam do gado. Viveu uma existência miserável feita de privações e economias absurdas, até que morreu de morte digna, causada por um infarto imprevisível e rápido. Todos parecem saber da fortuna em ouro enterrada no sítio. E ninguém se atreve a enfrentar a aparição sombria que dardeja raios gelados de olhos perenemente cegos e cujas mãos em garra se aferram ao arame farpado, que impede a invasão de intrusos na choupana onde viveu só e isolado durante décadas.

Os velhos contam as histórias entre cusparadas de fumo negro comprado no único armazém de secos e molhados do lugar, cujo proprietário, havia chegado vindo de São Paulo em um ano de calor forte, com malas recheadas de mercadorias e de sonhos. Abriu o comércio que se destinava a ser uma grande loja, a casa Bella Ragazza, que os piadistas locais logo denominaram Belo Arregaço para desespero de Horacio Longo que, com os anos, viu seus sonhos desmoronar e a pretendida casa de artigos de luxo para endinheirados de bom gosto se ver rebaixada a vender algo tão reles como fumo de corda escuro e de má qualidade para os velhos mascarem e darem cusparadas repugnantes na terra amarela, que eclodiam do chão como feridas pustulentas.

Horacio veio embarcado de Roma, vindo de Siena, uma pequena joia medieval cinzelada pelos séculos na paisagem italiana, fugindo de um amor atormentado e irrealizável que lhe deixou marcas. Passou alguns meses em São Paulo, em casa de parentes e de natural solitário sofreu com a parentalha interrogante. As tias casamenteiras e as primas sensuais, loucas para casar, se imiscuíam em sua vida, pediam conselhos e roçavam seus braços com toques convidativos. O mantiveram tão acuado que quando ouviu falar de Manduri, uma vila perdida entre a poeira a quilômetros infinitos da capital paulista, juntou suas coisas e correu para lá em busca de sossego, para desespero das primas e tias. Horacio Longo montou a loja com luzes e flores, certo de ter um lugar requintado, com a mais seleta freguesia. Não contava com o clima ardente do interior paulista e a umidade do verão. Em pouco tempo, as moscas, atraídas pelo cheiro que se desprendia dos quindins e cocadas trazidos de São Paulo de trem, as rapaduras de Fortaleza vindas de avião, as romãs e pêssegos cultivados em estufas no Rio de Janeiro, as uvas do Chile, as maçãs e peras de Buenos Aires, os cigarros de Montevidéu, os uísques de Assunção e Foz do Iguaçu, os potes de melado, as resmas de carne seca e carne de sol, o queijo coalho de Salvador e dos povoados do sul da Bahia, as ulinguiças de Porto Alegre, as caixas de chocolate de Gramado, os sacos de erva-mate de Curitiba, e mais milhares de coisas miúdas que fazem o prazer das gentes, começaram a chegar aos milhares. Invadiram as prateleiras e as vitrinas decoradas com capricho. Alisavam as asas e defecavam sobre os odores apetitosos, pontilhando de excrementos as caras de porcelana das bonecas vindas de Veneza e os mosaicos trabalhados de Barcelona, soltando ácaros e micróbios invisíveis sobre os finos vinhos portugueses e as colchas bordadas pelas lavadeiras do Tejo. Defecavam em cachos duros, parecidos com uvas passas, pisavam com as patas imundas nos vidros e nas luzes, emporcalharam tudo e transformaram a Bella Ragazza italiana num monturo nojento. Atrás delas vieram as baratas, que comiam com prazer as bolotas de naftalina e engordavam da noite para o dia após se fartarem gulosamente dos doces e de tudo o mais. Nas mantas de carne seca e carne de sol, moscas e baratas punham seus ovos férteis e em poucas horas eles arrebentavam sobre favos de mel e potes de conservas, fervilhando em busca de mais alimento e afastando os raros fregueses que preferiam fazer a própria comida. Nesse quadro de sujeira, movido pelo desespero, Horacio Longo passou a criar lagartixas e sapos para comer os insetos. Apanhava os ovos nos muros e os girinos nos riachos transparentes dos arredores. Com curiosidade, os moradores saíam à rua para vê-lo passar ao sol da tarde, com um chapéu redondo de cortiça sobre os cabelos louros e crespos e um calção folgado de brim cáqui cheio de bolsos onde guardava instrumentos misteriosos para sua caçada vespertina. Em noites de lua cheia vestia um impermeável amarelo comprado nas lojas das pontes de Florença e entrava nos charcos povoados de sapos grandes como bolas de futebol e rãs de pernas tão longas que num pulo saltavam cem metros. Essas incursões renderam tanto que, em breve, a loja era uma réplica dos charcos e os anfíbios e répteis coaxavam do fundo das caixas de linhas de seda ou acocorados dentro de panelas de ágata decoradas com flores e frutas. Estavam gordos, empanturrados de moscas, baratas e aranhas, para horror das mulheres que se recusavam a entrar na loja e se benziam de medo supersticioso.

A população caçada nos brejos se aclimatou e cevada pela comida farta dos insetos engordou e se reproduziu como nunca. Foi preciso que Horacio Longo implorasse aos conhecidos e vizinhos, os filhotes dos gatos rajados de três cores típicos de Manduri para afugentar as rãs, sapos, lagartixas e serpentes não venenosas, que mal podiam se arrastar pelos balcões ou subir pelas paredes à caça de presas fáceis, os ventres estufados e movediços com as criaturas que eram digeridas ainda vivas. Em poucas semanas os gatos exterminaram a coaxante e deslizante população. Satisfeitos, se instalaram comodamente sobre as caixas de especiarias da China e pacotes de arenque defumado da Noruega a lamber os bigodes. Cresceram de uma forma nunca vista e se reproduziram em pouco tempo. Logo eram centenas e seus miados enlouqueciam os vizinhos. O cheiro das fezes ficou tão forte que impregnou as peças da loja Bella Ragazza e transformou as apetitosas iguarias estrangeiras em repulsivas melecas cobertas de merda de gato.

Em uma madrugada, a névoa que se infiltrava pelas frestas das portas e janelas era tão densa que parecia crescer em torno das árvores como esponja. Horacio Longo, sob a luz do luar de novembro, os matou a punhaladas e com o fio de uma espada vinda de Marrocos, que enfeitava a vitrine central. Terminou a noite em uma poça vermelha formada gota a gota pelo sangue dos arranhões nos braços e rosto causados pelos bichos em agonia, misturado com o sangue dos gatos e com os miados de terror enchendo seus ouvidos. Após essa noite, se despediu de seus sonhos em definitivo e se preparou para deixar Manduri para sempre e voltar ao seu amor atormentado de Siena. Ou, até mesmo para a numerosa família de imigrantes em São Paulo e se entregar ao

52 | O Sangue das Almas

destino comum dos homens de casar e gerar filhos, desistindo assim da sorte e da fortuna.

Na noite que ficou conhecida como *A matança dos gatos*, Horacio Longo mergulhou numa inenarrável melancolia que pregou suas marcas em definitivo e a sonhada loja Bella Ragazza se tornou mais um daqueles humildes armazéns em série, com cheiro de fumo de corda e de cachaça, que se multiplicam em cada esquina dos povoados interioranos. As especiarias raras se emboloraram e apodreceram pela evaporação do sangue que grudou indelevelmente nas paredes e no piso. As coloridas mantilhas espanholas, os belos lençóis de seda de Milão, as magníficas toalhas da Ilha da Madeira, os primorosos tecidos marroquinos, se tornaram uma tela empoeirada, marcada pelos velhos excrementos das moscas e baratas. As sedas e tapeçarias foram arruinadas pelo rastro viscoso das lesmas, sapos e caracóis. Contaminados pelas fezes e urinas dos bichanos assassinados, cuja pelagem tricolor era encontrada em cada fresta, por mais que se limpasse e esfregasse, ficaram o piso e as paredes. Após assassinar os bichos que o fitaram com seus olhos dourados na hora da agonia, como se amaldiçoassem a morte dolorosa e as mãos que a causavam, Horacio Longo colocou as carcaças em pilha numa carroça, e fez um lúgubre trajeto na madrugada mergulhada na neblina em direção ao rio. Sem atentar para a nocividade do seu gesto despejou os corpos duros que começavam a apodrecer sob o espantoso calor de novembro nas águas gorgolejantes, envenenando-as por décadas. Horacio Longo, perdido entre os escombros do antigo e utópico esplendor da loja, após passar noites sem fim olhando a lua, desprezado pelos locais, começou a prestar atenção nos grilos e nas cigarras que se instalavam na jaqueira da praça para alegria dos pardais. Desfez-se dos seus bens pouco a pouco, envelhecendo a cada dia enquanto se despedia de seus sonhos, hesitante entre continuar tentando ou desistir. Ao escutar os soluços dos insetos sob a prata da lua, enxergava os olhos dourados dos gatos pairando sobre os galhos da velha jaqueira e seus miados chegavam até ele como uma maldição. Tornou-se solitário, avesso a qualquer contato humano ou animal. De melancolia e solidão o matou uma fria madrugada. O encontraram em uma manhã de domingo, sob a chuva, sentado no banco de madeira, coberto de excrementos dos pássaros sob a jaqueira centenária, os belos olhos azuis abertos para um sol fraco de inverno, as mãos e o rosto cobertos de arranhões e ao seu redor um acolchoado manto de pelos de três cores. Horacio nunca soube que era observado pelos olhos melancólicos de Rosa, a mais velha das irmãs com nome de flor, que cantava versos tristes que ela mesma inventava para atrair o olhar do italiano que envelheceu rapidamente ao abandonar seu sonho de riqueza. Rosa que morava em frente da casa para onde se mudou Laura com sua família e que preencheu os dias das meninas de curiosidade quando seu lamento se elevava acima dos muros e impregnada as ruas desoladas de Manduri de uma melancolia antiga.

Anos depois, quando o corpo do italiano já descansava no cemitério local, o rio ainda continuava venenoso, poluído por pelos rajados de três cores e pela carne decomposta que matou toda a vida aquática. O triste fato obrigou os mandurienses a uma longa peregrinação em busca de minas d'água que pudessem abastecer o povoado. A ingestão da água envenenada, pois só descobriram o acontecido depois de sete dias, provocou os sintomas de uma estranha e atípica doença nunca explicada que se iniciava pela agudeza dos sentidos. Principiava pelo olfato que sofria um genérico e difuso cheiro de sangue, em seguida a mente era invadida pelos miados de agonia dos gatos estrangulados, a língua se espessava em pelos que caíam e nasciam de novo, e os olhos se cobriam de melancolia. Alguns morreram, enfiados em quartos penumbrosos, as cabeças cobertas de cinzas e os farrapos das ilusões agasalhando as noites e absorvendo o suor incessante que lhes drenava toda força vital. Outros sobreviveram e legaram aos descendentes um modo triste de ser e uma forma infeliz de enfrentar a vida. A epidemia de tristeza atingiu a todos que beberam a água contaminada, com uma única exceção, uma jovem que nunca bebia nada líquido e que aplacava a sede com laranjas, limas, melancias e abacaxis. Somente ela escapou da praga melancólica e um dia acabou se matando por não suportar a angústia da própria felicidade e deixou uma absurda carta de adeus. Demoraram dez anos para despoluir o rio e eliminar os últimos vestígios do veneno, após o que a vida seguiu com a fatalidade de sempre, sem lamentos, sem luto, pois é assim que se passa a existência, entre dores e tragédias que vêm e vão como as ondas do mar.

6. O túmulo de granito marrom

Envolvida com as lembranças das histórias contadas nas noites de verão, as cadeiras na calçada, Laura volta ao presente. Durante a viagem, Serena reclamou do tempo, da vontade de fumar, da implicância de Laura de não deixá-la acender cigarros dentro do carro, da infeliz ideia de saírem com esse tempo para esse lugar perdido no fim do mundo e irem diretamente ao cemitério, *só você mesmo para ter essas ideias mórbidas, estou morta de medo, não poderíamos ir primeiro a um bar? Tenho fome e preciso comprar cigarros.* Laura se encheu de paciência, *você sabe que é preciso!* O rosto da irmã se desanuviou, *é verdade, me telefonaram avisando que o túmulo está pronto, é de granito marrom e tem dois vasos grandes.* Não falaram no tempo que demoraram a fazer esse túmulo de granito marrom. Conversaram sobre amenidades para disfarçar a dor da ausência, a saudade da mãe de cabelos negros brilhantes e olhos de doçura perdidos para sempre, a voz calada ao infinito, cálida, macia como seda. Nunca mais, nunca mais. No cemitério, afetos jazem esquecidos e os mortos são os órfãos do cemitério. Naquele ano, quando o longo intervalo do tempo sepultou fragmentos do passado e pareceu amenizar a dor, decidiram ir até Manduri para dizer adeus para sempre e nunca mais voltar. Dirigiu por muitas horas e o cansaço já começava a invadir seu corpo.

– *Não sou mais tão jovem para ficar tanto tempo atrás de um volante. O que mais gostaria neste momento era estar no meu apartamento em Higienópolis, escrevendo meu livro, com uma jarra de água com limão e gelo ao lado, enquanto contemplo o céu de verão em São Paulo e para o oceano de edifícios que se desenham à minha frente como montanhas cobertas de névoa. Talvez a história que tenho para contar esteja bloqueada em minha memória assim como este lugarejo insólito e desconhecido para o qual insisti em voltar depois de tanto tempo. No entanto, agora que estou aqui tenho medo e me sinto desconfortável com os olhos que me espiam por trás das vidraças embaçadas.*

Laura saiu de São Paulo pela manhã bem cedo para ver se conseguia pegar menos trânsito na marginal Tietê. A via estava cheia de carros, ônibus e caminhões que andavam lentamente, o que lhe tomou mais de uma hora até conseguir sair pela Rodovia dos Bandeirantes. Essa foi a parte boa da viagem, a linda paisagem que se descortina a partir do Pico do Jaraguá, os aglomerados de mata nativa, as extensas terras produtivas, os lindos condomínios de luxo que se escondem entre as árvores e conforme a metrópole fica para trás, as humildes casas pintadas de branco que se desenham na paisagem verde e luxuriante por conta das chuvas intensas de verão. Dirigiu por duas horas pela extensa rodovia. A estrada não tem buracos, lisa como um espelho possui três pistas de cada lado separadas por canteiros plantados de grama e pequenos arbustos, abundantemente sinalizada. No km 168 fez a conversão à direita para entrar na Rodovia Washington Luís, onde teve de reduzir a velocidade para 110 quilômetros por hora e os radares pareciam olhos arregalados fitando-a com censura, evidentemente ameaçadores. A paisagem que se descortina nas imediações de Rio Claro e Corumbataí é uma das mais lindas do estado. Os vales profundos adquirem tonalidade azul quando vistos da rodovia e os morros se elevam em desenhos feitos por mãos de artista, recortados sobre um horizonte que se tinge de laranja e que após a chuva esculpiu no céu um belo arco-íris no qual todas as cores estavam claramente definidas. Passou por São Carlos cujas luzes já começavam a acender-se e em breve estava na estrada rumo à Araraquara onde se encontraria com Serena para passar a noite e logo de manhã iriam a Manduri, conforme haviam combinado desde julho. Ao chegar Serena, sua irmã, já estava indo e vindo para o portão da frente, ansiosa por sua chegada, fumando um cigarro e dá um sorriso feliz para Laura. O cheiro de laranja impregna o ar de Araraquara, por conta das indústrias de suco processado.

Na manhã seguinte saíram logo cedo para Manduri. Serena dormiu logo no início da viagem, deixando Laura sozinha com suas lembranças, enquanto ouvia baixinho, os lamentos da pobre Dama das Camélias ao ser abandonada pelo seu amor. Uma vez na estrada de terra, tudo começou a se tornar familiar. Laura lembra que passou os anos de sua infância atormentada pelas histórias que os velhos contavam dos espectros malfazejos. Quando acontecia de passar na estrada pela porteira assombrada fechava os olhos com força, morta de medo de ter de enfrentar a amargura daqueles olhos congelados perpetuamente emitindo raios verdes gelados, que tinham o poder de confranger qualquer coração e deixar árido de sentimentos aquele que os fitasse. A porteira está no mesmo lugar e, apesar de estar dirigindo velozmente na estradinha arenosa, Laura fecha os olhos instintivamente ao passar por ela. O ar está plácido e sereno na manhã que se anuncia quente. Está dirigindo desde cedo e começa a ficar ansiosa por chegar. Os ipês amarelos e roxos formam uma alameda colorida o que a faz lembrar que há pouco tempo era primavera. E foi depois da primavera que seu mundo de menina deixou de fazer sentido. Estremece como se o espectro parado na porteira a tivesse tocado com seus dedos de névoa doentia e sente dentro da garganta o antigo gosto de sal do pranto contido. As mãos ficam úmidas ao volante do potente carro prateado, novíssimo. A cidadezinha se delineia no horizonte, ainda vagamente adormecida. Quando entram na rua principal, abre um pouco o vidro e percebe que o calor é abafado como uma caldeira e o ar, impregnado de umidade, faz o nariz escorrer e joga nos pulmões lufadas de vapor. Laura sentiu um breve sopro de reconhecimento quando olhou o jardim da praça molhado como um pássaro morto. No final da rua, margeado pelos eucaliptos, os muros do cemitério pareciam esperar por elas. Lá dentro, os mortos, pacientemente, também esperavam.

– Em julho um bêbado pulou do prédio e quase caiu em cima do meu carro.

– Que péssima coisa para dizer agora Laura, por que se lembrou disso?

– Não sei, tinha me esquecido e agora veio à minha mente.

– Você se lembra de quando viemos para cá? Da nossa ansiedade em conhecer Manduri e como ela estava triste sentada ao lado do motorista? Lembra como seus olhos pareciam perdidos e ela fazia força para não chorar? Lembra que foi ele que insistiu em voltar para o lugar onde havia nascido e onde estavam enterrados nossos avós? E como ela odiou o lugar no instante em que chegamos. Como empalideceu ao ver a poeira rodopiando pelas ruas amarelas e como fez cara de repugnância quando lhe mostramos o banco sob a jaqueira cheio de excrementos de pássaros?

Serena diz que não lembra e pede a Laura para contar, ela também desejosa de lembranças que não apenas o medo e a solidão de uma infância que foi perdida e nunca mais recuperada. Está se sentindo frágil como a menina que um dia chegou a Manduri com os olhos impregnados de curiosidade. Aos cinquenta anos se mantém jovem e bem cuidada, com longos cabelos negros e brilhantes como o da mãe que lhe deslizam pelas costas, rápidos como pensamentos. Nunca quis se casar ou ter filhos, diferentemente da irmã que tem filhos e netos. Construiu uma vida repleta de coisas a fazer e lugares a conhecer, sempre rodeada de amigos. Trabalhou como atriz de teatro e depois como empresária do ramo da moda e acabou fazendo fortuna com isso. Decidiu viver em Araraquara por conta do clima ameno e pela tranquilidade do interior paulista que também oferecia um bom padrão de vida pela proximidade com grandes centros com São Paulo, Ribeirão Preto e Campinas. Possuía uma linda casa com jardim e piscina, onde brincavam cães, pássaros e tartarugas. Passava metade do tempo viajando pelo exterior, sempre em busca de lugares diferentes e quando retornava dizia que preferia sua casa a qualquer outro lugar no mundo. Ao lado de Laura, os olhos escuros como os de Aída a fitam melancólicos e suas mãos estão inquietas como borboletas sobre flores murchas.

7. Cléo

A lagartixa subiu pela cama da menina adormecida e a fitou com olhinhos curiosos, a cauda fina e mole balançando de um lado para outro. Cléo acordou e se espreguiçou, que bom que era domingo e não havia aula. Depois de fazer sua lição de casa poderia ficar conversando com Laura o dia todo e à noite sairiam para tomar sorvete de chocolate no bar da esquina. Sorriu, nunca entenderia porque um bar com um grupo de irmãs velhuscas e solteironas se chamava Bar das Moças e cada vez que ela perguntava a mãe ficava brava, *não seja mal educada, menina, vá fazer suas lições* e Cléo ria, naquele seu jeito inimitável, dava uma pirueta na ponta dos pés, iria ser bailarina quando crescesse, daquelas que dançam músicas sensuais ao som de batidas e guitarras, iria subir no palco com uma saia imensa vermelha, feita com rendas negras, os lindos cabelos cor de ouro, soltos pelos ombros, dançaria tanto que todos a olhariam e aplaudiriam e naquela noite os homens sonhariam com ela que lhes mandaria beijos soprados entre os lábios rubros e...

– Cléo vá fazer sua lição, amanhã tem aula, está na hora!

A voz da mãe a tirava do devaneio e pulava da cama com um arrepio, *detesto, detesto, detesto escola!*

Aos domingos a vida era um sonho, dormia até mais tarde, depois de fazer a lição ia com Laura à missa das dez horas, onde ficavam cochichando e olhando para os meninos sérios e compenetrados com seus casacos azuis escuros e o missal na mão. Depois da missa, passeavam pela praça de braços dados, falando sobre tudo, com uma alegria invejável. Cada domingo uma almoçava na casa da outra. Hoje a mãe ia fazer frango com macarrão e maionese, o prato preferido das duas meninas. Depois o cinema na sessão da tarde porque à noite era proibido para menores de dezesseis anos e o dia se passaria entre sussurros abafados, explosões de riso, conversas intermináveis.

A lagartixa desceu da cama espantada com os bocejos preguiçosos de Cléo e saiu pela parede como se não entendesse essas garotas de hoje. Cléo não via a hora de contar para Laura que estava apaixonada, descobrira isso durante a noite após um sonho e que sonho! Completamente desperta, sorriu, os olhos verdes faiscavam como gemas, os sedosos cabelos em desalinho e o rosto radiante com uma pele que era como uma seda macia e perfeita. A sua beleza sempre fora surpreendente desde que era um bebê. Na rua as pessoas paravam para vê-la levada no carrinho pela mãe cheia de orgulho e todos ficavam boquiabertos, afinal Olinda era uma mulher sem grandes atrativos, olhos castanhos, cabelos desbotados, rosto comum. O marido, Enrico Coringrato, quando chegou a Manduri provocara suspiros em mais de uma solteirona do povoado e até mesmo de jovens comprometidas, com casamento marcado. Era um homem melancólico sempre às voltas com pescarias, calado, ensimesmado. Embora fosse um homem atraente com sua pele morena e olhos azuis, ele também parecia surpreso com a beldade que havia gerado. Todos pensavam que por uma surpreendente cilada genética ou, quiçá, um amor do passado de bisavôs luxuriosos, a menina era o retrato da perfeição humana. Seu rosto parecia iluminar as ruas enfeitadas com postes de madeira nodosos e se destacava na poeirenta Manduri entre as caras morenas e pardas, alguma mais clara e polvilhada de sardas dos herdeiros dos caboclos de má linhagem, gerados entre os pés de eucaliptos em amores sem presente e sem futuro. O maravilhoso contraste da pele morena com os olhos verdes sombreados por cílios negros e espessos, mais o tom dourado escuro dos cabelos, pareciam saídos do quadro de um pintor enamorado.

Naquele domingo, no mês de janeiro, que estava espessamente molhado pelas chuvas repentinas, quando mal acabava de completar quinze anos, Cléo despertou feliz como nunca, uma felicidade que marcou seu último dia de vida. De manhã sua beleza radiosa fazia estremecer as borboletas. Na madrugada, entre as torrentes grossas da chuva, seus olhos verdes de esmeraldas seriam ninhos de formigas vorazes e os lindos cabelos cor de ouro antigo estariam ensopados e emaranhados entre folhas mortas e caramujos. Cléo bocejou e chamou pelo pai pedindo leite na cama e afagos, era a queridinha de Enrico. O pai chegou e a olhou com adoração, sempre lhe levava o café com leite na cama nas manhãs de domingo. Estava envelhecido e os cabelos, um dia louros e que fizeram suspirar muitas mulheres na sua juventude quando chegou a Manduri em um trem resfolegante pelo esforço nas íngremes carreiras onde repousavam trilhos pouco confiáveis, estavam bastante grisalhos. Veio em criança da Itália em uma leva de imigrantes em busca de uma vida melhor e quando desembarcou no Rio de Janeiro, a mãe não resistiu ao calor e à maleita e morreu um mês após a chegada, sem nem sequer conhecer seu novo lar. O pai casou menos de um ano depois e Enrico recebeu da nova mãe tantos sopapos e humilhações que aos treze anos fugiu de casa. Depois de muitas andanças foi dar no lugarejo onde se empregou no plantio do café e conheceu Olinda. Em pouco tempo, sua fama de trabalhador honesto lhe granjeou a simpatia do dono da plantação que passou ao jovem imigrante mais responsabilidades e logo era seu homem de confiança. O casamento com Olinda foi meio arranjado pelo pai que queria netos para deixar as terras. Eurico se embeveceu com a jovem morena e tímida que lhe foi apresentada e quando as faces pálidas se tingiram de rosa ao tocar de leve sua mão ele prometeu a si mesmo que a faria feliz. Desde o princípio da vida em comum, Eurico percebeu que a natureza reservada de Olinda era um fato imutável e seu desinteresse pelo aspecto físico da relação do casal uma realidade com a qual teria de conviver pelo resto da vida. Os anos transcorreram amenos, ensombrados pela ausência de filhos, o que ele compensava no cuidado com as terras. Os verdes cafezais, qual um oceano que se esparramava pela planície e pelas elevações, salpicados do vermelho dos grãos maduros, doces como mel o mantinham acorrentado ao seu frescor. Ele apanhava os grãos com carinho, provava do seu gosto e aspirava seu perfume, como se cheirasse os seios da mulher amada.

Após alguns anos, Olinda era devota da igreja e compensava o fato de não ser mãe com o carinho e cuidado de inúmeros afilhados com os quais o casal era brindado pelos colonos, ansiosos de agradar aos patrões. Durante os vinte anos desse casamento sem graça, para fugir da neutralidade do seu morno leito conjugal, Enrico não deixou de dar suas escapadas, como todos os homens do lugar, ao concorrido bordel da vila, onde as putas ofereciam a baixo preço seus corpos usados e doloridos. Era discreto e o fazia raramente, de forma que Olinda, às voltas com seus santos e suas comadres, nunca desconfiou. Os homens constituíam uma irmandade solidária e da boca de nenhum deles saiu jamais um comentário. Olinda, na sua ingenuidade, atribuía ao marido os seus mesmos mornos instintos e nunca teve sequer um laivo de desconfiança. Foi um acontecimento corriqueiro e de somenos importância que tirou o sono de Enrico e lhe despertou desejos que há muito ele julgava aplacados. E também mudou sua vida para sempre. Nos últimos tempos raramente ia ao bordel. As melancólicas mulheres, sempre a reclamar das injustiças de Deus e dos homens, não mais lhe interessavam e via chegar seus quarenta e cinco anos com a resignação que lhe era peculiar. Trabalhava até se exaurir e a plantação nunca esteve mais exuberante. Os trabalhadores que chegavam do sul e centro-oeste eram contratados rapidamente e enchiam os dormitórios com seu cheiro peculiar após um dia na colheita.

Em um dia de sol forte, Enrico descansava após o almoço debaixo de uma paineira carregada de flores rosadas, nas quais as abelhas pousavam e saíam bêbadas de pólen. Dentro de casa o calor era sufocante e Olinda havia saído para visitar um dos afilhados que estava com catapora. Enrico pensou em tirar um ligeiro cochilo antes de apanhar o baio para uma vistoria nas plantações e fumava pensativo seu cigarro de tabaco de corda, de cheiro forte, quando viu surgir na sua frente a mulher mais comentada e desfrutada dentre os trabalhadores. Nena Pereira era uma morena vistosa, generosa de carnes, provocante e escandalosa, horror das senhoras recatadas e reprimidas nos seus casamentos acomodados. Com um ar malicioso pediu-lhe um pouco de fumo e sentou à sombra da árvore para refrescar-se por alguns instantes. Trocaram algumas palavras sobre o tempo e a colheita, lacônicos nas frases e nos pensamentos. Depois de alguns minutos ela tirou o chapéu de palha que usava para se cobrir do sol e se espreguiçou. Os seios imensos se desenharam perfeitamente sob a fina blusa de algodão branco, livres de qualquer suporte, os bicos escuros e grandes furando a fazenda em dois montículos duros, como couro cru. Para Nena, o patrão era um homem quase velho, apreciadora que era da especial firmeza da juventude, sempre às voltas com algum rapazinho quase imberbe desesperado por sexo e sem dinheiro para as putas do bordel. Não lhe ocorreu em momento algum que despertava no homem um desejo violento que ele tratou de disfarçar, as faces em fogo e o suor lhe banhando a pele clara. Nena pensava que o patrão não desejava mais mulher, que estava perdido para as loucuras e delícias da carne. Senão, como conseguia aturar aquele bagulho papa-hóstia, sem peito e sem bunda em que Olinda se transformara com o passar dos anos?

A camisa de pano ordinário era de uma transparência obscena e com a pele úmida de suor se colava à pele da mulher o que revelava ao homem mais do que ele podia suportar. Após tantos anos de forçada abstinência na sua consagrada cama de casal, pois Olinda se tornara cada vez mais arredia e negaceava o corpo sem atrativos, inventando mil enfermidades com cara de mártir quando ele insistia, o sangue pulsou com força em sua virilha. Há muito o bordel não mais lhe atraía e se acreditava envelhecer confortavelmente sem maiores sobressaltos, embora às vezes acordasse de manhã com uma sensação de desconforto no baixo ventre que passava ao longo do extenuante dia de trabalho. A visão dos seios morenos fez com que o monstro adormecido rugisse entre suas pernas e se enovelasse sob a calça de brim grossa o suficiente para lhe deixar desconfortável. Ficou balbuciante, agoniado com o que via e sentia. A mulher, instintiva como uma loba quando se tratava de homens e seus desejos, com um sorriso malicioso que lhe deixou à mostra os dentes brancos entre os lábios grossos de mulata, olhou fundo nos olhos azuis de Eurico. Nesse olhar havia promessas por demais explícitas e um oferecimento despudorado que fez o homem se levantar apressado como se dela fugisse.

Alguns trabalhadores que voltavam da pausa do almoço viram os dois sob a árvore e começou a boataria. Envaidecido Enrico não desmentiu. A ausência de filhos sempre o preocupara, pois, temia que pudessem desconfiar de sua virilidade. O fato de todos conhecerem a virtude da esposa e seu moralismo, o fazia recear que os demais o considerassem pouco afeito ao amor físico, e deu de ombros quando começaram a fazer insinuações. Quanto a Nena, esta nunca se havia preocupado em preservar sua reputação. Livre e debochada, cheia de requebros, atiçava os homens com os seios que balançavam soltos sob a blusa de aniagem e empinava a bunda quando passava por eles entre os pés de café. Não hesitava em se embrenhar pelo matagal com parceiros diferentes, o que lhe valeu prole variada de mestiçagem evidente, os pereirinhas, como eram chamados, meninos de colorido ímpar, peles claras, pardas ou negras, cabelos ruivos, alourados ou escuros, olhos que passavam pelas nuances de negro, azul, verde, castanho esverdeado até o verde claro, sem necessariamente combinarem com a cor da pele. Alegres e matreiros eram o terror das redondezas, roubavam galinhas e ovos, assaltavam pomares e hortas, como gatos, selvagens e livres. Nena Pereira era vítima de sua própria voracidade sexual e definia os filhos como herança natural de seus arroubos nos roçados e que ela aceitava impavidamente, até exibia orgulhosa algum mais destacado pela incongruência dos traços genéticos e lhe nomeava a paternidade sem pudor, fosse ele homem livre ou compromissado. Não foram poucas as brigas que causou entre marido e mulher ou entre noivos e namorados por suas aventuras em terreno alheio. Estava com vinte e seis anos e desde os quinze fazia sexo e paria com a mesma desenvoltura. Quando chegou à vila já trazia dois pereirinhas pelo braço e um dentro da barriga. Com o passar dos anos, a prole aumentou salpicada com novas carinhas, todas diferentes entre si, produtos de pais passageiros. Nena era livre e escandalosa, ria alto, fumava cigarros fortes, costumava parar com os homens no boteco para um trago de cachaça no final do dia a contar piadas sujas, exibindo a generosidade profunda das fendas entreabertas de sua camisa sacudida pelos seios como águas revoltas em um mar de carne. E sabia manejar o sexo com a mesma habilidade que manejava a foice a enxada na roça. Era uma das poucas mulheres que enfrentava a dura labuta da terra amarela e dura, o perigo sempre presente das jararacas que abundavam sob os pés de café ou das cascavéis mortais, escondidas entre as folhas.

Nos primeiros tempos as mulheres locais ficaram indiferentes, era apenas mais uma com quem às vezes um marido infiel se deitava e, uma vez saciado, voltava aos braços complacentes das esposas traídas, sem ameaçar a santa paz conjugal. Com o tempo, Nena ficou cada vez mais atrevida e costumava alardear no botequim suas inúmeras conquistas que, para pasmo geral, ela abandonava, desfazendo-se de homens com a mesma facilidade com que se desfazia de roupas íntimas por demais usadas. Os desprezados afogavam suas mágoas entre copos de cachaça e suspiravam de nostalgia do corpo oferecido e recusado com a mesma tranquilidade. Afogados no álcool barato do botequim esqueciam-se da condição de compromissados, fossem amantes, maridos ou noivos, e buscavam por Nena, ofereciam presentes, mancebias ou matrimônio, que ela recusava às gargalhadas, – *sou livre e homem nenhum vai me botar freios ou cornos!*

De tempos em tempos, orgulhosa, exibia o barrigão onde crescia um novo pereirinha e lhe nomeava o pai, *soube fazer e tem de saber que é seu,* afirmava para algum apavorado futuro genitor. E acrescentava, *não quero nada, mas meu filho vai crescer sabendo quem é e não quero menino meu ou menina minha de repente se esfregando com algum meio irmão ou meia irmã por aí.* O infeliz suplicava: – *mulher, sou casado, a coisa vai ficar feia* – Nena dava de ombros, *problema seu, não te obriguei a nada!* Acabou exagerando e pagou por isso, nunca se deve subestimar a fúria da mulher traída e sua defesa do ninho. A história não chegou aos ouvidos dos homens, nem dos patrões. As esposas e amantes ofendidas por reconhecerem nos pereirinhas traços familiares, um cabelo ruivo aqui, outros olhos azuis acolá a enquadrar e iluminar carinhas caboclas, ficaram diabolicamente ciumentas. Isso, acrescido aos boatos que Nena bebia com os homens alheios nos botequins da vila e alardeava as paternidades bastardas, fez com que se unissem com olhos em fogo, sedentas de vingança. Juntaram-se num domingo em que os culpados dormiam o sono dos justos após um lauto almoço regado a muita caipirinha e chegaram em silêncio à casa da rival coletiva.

Os pereririnhas maiores estavam soltos pelos matos como sempre, os pequenos dormiam e Nena lavava roupa no riacho dos fundos da choupana. Pegaram-na e lhe taparam a boca, arrancaram suas roupas deixando-a nua e trêmula na margem barrenta. O corpo atraente, a sua pujança, ainda mais as enfureceu de ciúme e despeito, ao imaginar seus homens a refocilar na fartura das carnes, mergulhados na generosidade das nádegas e peitos, uivando de prazer. Essa imagem as enlouqueceu, hesitaram alguns segundos e foi aí que Nena cometeu um erro fatal, quis reagir, insultá-las, debochar de seu ciúme e, apesar de ter a boca fechada firmemente por uma mão forte e calosa, tentou rir o seu eterno riso debochado. As mulheres, fortes na sua fúria e ciúme, abriram-lhe as pernas à força e lhe enfiaram nas partes um sabugo embebido em comari, caldo obrigatório no acompanhamento do arroz com feijão e torresmo de todo dia.

– Gosta de trepar, cadela? Pois aproveite!

E lhe enfiaram duas, três, quatro vezes o sabugo, em um ato obsceno e simbólico de um estupro coletivo, surdas aos uivos da mulher e dos espasmos torturados de seu corpo, até que ela desmaiou e fugiram rindo, mortas de terror e sem um pingo de arrependimento. Depois disso, Nena ficou vários dias sem ir ao cafezal, presa de febre e dores, a vagina inchada ardendo em fogo. Não houve queixa à polícia nem aos homens, pois em assunto de mulheres essas coisas não existem. Depois disso, Nena achou melhor sossegar, nem que fosse por algum tempo, pois a lembrança do ardor terrível lhe acalmou um pouco os arroubos e começou a pensar. Talvez estivesse na hora de tomar juízo, já tinha filhos demais; talvez fosse o momento de ter um homem só para si, nem que fosse um velho, sem mulher ciumenta a lhe atormentar a vida, que não estivesse mais tão interessado nas torpezas carnais, lhe botasse teto e comida na mesa, desse nome ao bando multicolorido.

Sempre prezara muito sua liberdade de fêmea sem dono, livre e solta entre os machos como uma cadela no cio. Mas, na verdade, seu ímpeto, abrandado pelo caldo de comari, ainda existia e Nena sabia ser sua sina ter sempre homens farejando o sexo que ela gostava tanto de oferecer. Se tivesse um homem fixo, mesmo sem amor e sem grande paixão, o ciúme das outras se abrandaria e seria deixada em paz. Talvez pudesse dar algumas escapadas discretas pelo meio do cafezal nos finais de tarde e certamente nunca mais alardearia suas conquistas, porém sabia instintivamente que não poderia mais voltar a ser o que sempre foi. Os filhos cresciam e sabia que precisava se dar ao respeito, menino nenhum gosta de ser chamado de filho da puta, o que, no caso, seria merecedor. Nena também já estava ficando cansada de parir e cuidar, seus seios estavam se tornando flácidos, embora ainda belos. O ventre tinha estrias e as nádegas não cabiam mais dentro das folgadas calças de aniagem. Um velho se contentaria com alguns afagos e se aqueceria no seu corpo jovem nos dias de frio. Começou a se ver como senhora respeitável, com casa montada, charrete na porta, ausente dos cafezais, boa mãe de família, os demais passariam a lhe respeitar, dizer que havia mudado. Ninguém nunca saberia que a antiga Nena apenas dormitava. No fundo de sua alma aventureira, a cada homem que lhe dirigisse a palavra ou apenas a espreitasse com discrição como se deve fazer com mulheres respeitáveis, ela veria o amante potencial e ouviria seus suspiros de prazer no recôndito da sua carne.

O destino prega armadilhas e foi assim, quase sem querer, que Enrico Coringrato entrou na vida e na cama de Nena Pereira. Enrico possuía um ar aristocrático, herdado de familiares europeus louros, que um dia foram grandes proprietários, depois empobrecidos com o correr das décadas de dissipação. Chegou ao Brasil ainda muito pequeno, agarrado às mãos pálidas de uma jovem mãe aterrorizada e de um pai de compleição frágil e mãos desafeitas ao trabalho braçal. A mãe morreu quando ele tinha sete anos e o pai casou com uma mulata parecida

68 | O Sangue das Almas

com Nena que fazia a vida no bordel e, surpreendentemente, o fez feliz. Tiveram filhos morenos e fortes em contraste com a palidez de Enrico. Com o tempo e vida dura ao ar livre, o menino foi se desembaraçando, apesar de ser o saco de pancadas da madrasta ciumenta de uma beleza tão diferente. Aos treze anos empregou-se na lavoura de café após sumir de casa após uma surra especialmente dolorosa. Foi para Manduri em um trem cheio de trabalhadores rurais itinerantes que iam se empregar na colheita do café. Gostou do lugar e ficou a fazer pequenos serviços e morando de favor nas casas dos empregados fixos. Cresceu forte e saudável, rijo pela vida ao ar livre e se tornou um belo rapaz de pele clara e olhos azuis faiscantes quando Olinda, jovem herdeira das melhores terras e plantações da região, filha única do fazendeiro, lhe deitou olhares quando se veram na quermesse onde estava ladeada pelos olhos vigilantes dos pais. Eurico era ambicioso, apaixonado pela vida, sabia cantar com uma voz que comovia o coração das moças e tinha um porte altaneiro, aliado a feições másculas, o que o fazia cobiçado pelas jovens do lugar. A mãe de Olinda se derreteu pela beleza e bons modos do rapaz, o rico proprietário ignorou a origem de imigrante italiano e o matrimônio do pai dele, contentar a filha era o que mais prezava no mundo. E assim se fez o casamento, sem paixão e com respeito. Contente com o marido, tão diferente dos homens morenos do local e ciente da inveja das amigas, Olinda era feliz e acomodada. De natural fria, era bem educada, prendada nas lides domésticas e cheia de pudor, devotada à religião e aos seus santos. Assumiu o papel de esposa jurada e sacramentada e se deixou ficar cuidando da casa, a aguardar uma gravidez que nunca veio. Em vinte anos tornou-se áspera e altiva, absurdamente religiosa, aterrorizando o marido e as empregadas. Perdido o viço da juventude, Enrico tinha na cama uma mulher de peito achatado que desfiava orações intermináveis e que odiava o sexo. Maníaca por limpeza fazia as pobres serviçais esfregarem a casa interminavelmente, em uma vila onde a poeira pairava no ar, se infiltrava pelas frestas e se entranhava na pele. Na sala de visitas erigira um altar onde cultuava as fotos amareladas do pai e da mãe já mortos, como se fossem santos, lhes falava e se queixava da vida e do marido que não lhe soubera fazer um filho. Os olhos duros das fotografias acompanhavam Enrico pela casa e lhe davam arrepios, fazendo-o perambular pelos cafezais a maior parte do tempo, entrando sorrateiro para comer e dormir, encolhido sob o olhar de censura cada dia mais frio da mulher. Era um estranho na casa limpa como um hospital, com flores e velas sempre acesas nos altares dos santos. As vozes dos mortos ecoavam pelas paredes, atravessavam as espessas paredes da casa antiga e o faziam se revolver nos tormentos da insônia que piorava a cada dia. Por fim, Olinda não mais suportou os lençóis suados, o constante revolver-se na cama do marido e o expulsou do leito, perfumado com saquinhos de alfazema, que matavam o infeliz de dor de cabeça. Nesse quadro de profunda solidão, Enrico sucumbiu rapidamente aos olhares de Nena, à visão dos seios morenos a se escaparem das fendas ordinárias da camisa, às coxas roliças, ao andar de navio em mar bravo, às nádegas trêmulas e aos lábios grossos cheios de promessas e riso fácil. Sucumbiu como um náufrago perante as ondas do oceano. Com a entrada de Nena na vida e na cama de Enrico, Olinda, embora sem saber a causa, finalmente conseguiu dormir em paz, já não era mais perturbada pelo sexo sem graça e rápido que nunca lhe deu prazer algum. Para ela, o ato infamante somente teria sentido se lhe gerasse um filho. Como isso não aconteceu até agora, pensava, não aconteceria mais. Não seria com mais de quarenta anos que engravidaria. Portanto, o melhor mesmo era se banhar primorosamente todas as noites, colocar a limpa camisola de algodão bordada com pequenas flores, fechada no pescoço, a calcinha do mesmo tecido escondendo o sexo arredio e asséptico, e se deitar nos lençóis com cheiro de alfazema, que estalavam de brancura. A ausência do corpo do marido lhe foi bem vinda e jamais cogitou de indagar a razão de seu afastamento, fosse por pudor ou por alívio. Estava tão feliz com a situação que Enrico deixou de lado qualquer hesitação e mergulhou, entre suspiros, nos braços aconchegantes, perdido em outra cama, que tinha o cheiro do pecado. A cama de Nena tresandava a suor dormido, à lembrança de suores antigos e amores ardentes. Os lençóis ainda guardavam o eco de gozos e gritos de prazer. Os travesseiros tinham marcas de cabeças variadas e neles Enrico se afundou prazerosamente, lépido como um rapazola de vinte anos, o sexo enfurecido em busca das pernas abertas e quentes da mulher que o esperava, com um prazer antes nunca sentido. Exímia na arte da alcova e nos secretos desejos masculinos, a mulher se entregou a princípio por gratidão. A despensa abarrotada, os meninos bem alimentados, não ter de acordar de madrugada para a dura labuta na plantação, era como estar no paraíso, depois de tantos anos se esfalfando na dura luta pela vida. O vigor de Enrico a surpreendeu e, pela primeira vez, Nena soube o que era sexo com amor. Um amor que a tomou de assalto e a deixou escrava. Embriagados de paixão tornaram-se descuidados e um dia as amigas alertaram a esposa do que estava se passando. Incrédula, Olinda quase enlouqueceu quando, no confronto, o marido apavorado lhe confessou, não só o caso amoroso, como o filho que começara a crescer no ventre da outra. Do seu peito achatado um urro de animal ferido fez o homem encolher-se como um cão. A traição em si não a abalou. Era orgulhosa demais e não sentia ciúme físico, mas saber que seu homem plantou um filho no útero de outra mulher, o filho que seu ventre inútil nunca conseguiu abrigar lhe deixou prostrada. Era ela então! Ela, uma mulher tão devota, tão temente a Deus, a carola sempre presente no altar de Nossa Senhora! Era ela a incapaz e não ele, esse hipócrita comedor de putas, embora jamais pudesse imaginar suas escapadas ao bordel para despejar o horrendo gozo em bocetas usadas, suadas, marcadas a ferro pelo desgaste constante. Se soubesse, teria fechado os olhos, que lhe importava a animalidade dos homens, mas isso era diferente, era uma amante na sua vida e ainda por cima grávida! Olinda gemeu dolorosamente e caiu sobre a colcha branca de gorgorão, que cheirava como um campo florido.

Enrico ficou desatinado, nunca lhe ocorreu deixar Olinda, gostava do conforto de sua casa impecável, da comida bem feita, do cotidiano utranquilo. Sabia que seu ardor em breve se extinguiria como se extinguem os incêndios no mato. Não era mais tão jovem e tinha consciência do esgotamento que se apossava do seu corpo já quase beirando os ucinquenta anos. O medo de perder a vida agradável, o dinheiro farto da herança de Olinda, as terras e a plantação, era mais forte que qualquer desejo sexual e a ideia de viver com aquela mulher fogosa e desleixada, rodeado de pereirinhas, fez esfriar imediatamente qualquer ímpeto que ainda lhe restasse. A ideia de um feto pulando no líquido da barriga enquanto ela o enlaçava com as pernas morenas e ele arremetia, o deixava ligeiramente nauseado. E foi assim que um fragilizado Enrico jurou à mulher que nunca mais veria a Nena e prometeu a si próprio que voltaria sem reclamar ao sexo simples, quando houvesse, ao busto chato e às coxas frias. Voltaria como volta o pecador arrependido, como voltam os homens, quando o ardor da vida que os levou para outros braços, mais complacentes, se arrefece. Voltaria um homem vencido, odiando a si próprio, disposto a viver em mansa lentidão, não mais com um vulcão entre as pernas, mas um insignificante membro, quase sempre adormecido, livre da generosidade e da opulência de carnes suadas e ardentes. Nas noites de insônia, ah! a insônia de quase todas as noites, o corpo insatisfeito tentaria achar prazer no cigarro e na bebida, quando Olinda lhe desse o cordial boa noite acompanhado do indefectível *durma com Deus, meu marido,* e mergulhasse no seu rosário infindável de contas de madrepérolas trazido do Vaticano e abençoado pelo Papa, sim verdade, pelo Papa, em carne e osso, nas jactâncias do comadrio nas tardes de bordado e chá de erva-cidreira. Eurico fecharia os olhos na fingida dormitada e pensaria no corpo de potranca a corcovear como um navio em mar aberto e agradeceria ao seu deus particular pelo que lhe fora dado viver, abençoando Nena em silêncio e, para sempre, silenciosamente, estranhando sua ausência. No ventre de Nena o filho crescia e ela, pela primeira vez na sua vida de constante preenchimento, enjoava. Acordava nauseada pela manhã e se deixava ficar estendida no leito, a saliva escorrendo da boca, os olhos fundos, a cara esverdeada. Os pereirinhas faziam silêncio e logo sumiam pelos matagais em busca de frutas ou passarinhos caçados em alçapões, assaltando hortas e galinheiros, um bando temido e arruaceiro, filhos da puta na boca de todos do lugar.

Olinda era uma mulher prática, em pouco tempo estava refeita do golpe da traição do pacato marido, quem diria, um homem tão correto. Porém, ela também era um primor de controle e sensatez.

– Alguém sabe da criança? Perguntou no dia seguinte.

– Não, ninguém, balbuciou um pálido Enrico.

– Pois, então vamos ficar com ela – respondeu Olinda e sem esperar reposta do homem pregado na cadeira com os olhos esbugalhados, dirigiu-se à cozinha para preparar o café da manhã. Tinha os olhos úmidos, porém serenos e as mãos duras, parcas de afagos estavam trêmulas. No fundo Olinda sabia que o filho de Enrico o manteria preso a ela para sempre, mas as coisas tinham de ser feitas do seu jeito e formulou seus planos com o brilhantismo de um general em batalha. Colocou seu vestido de missa e anunciou à empregada que iria visitar uma amiga doente.

Nena estava deitada na cama desarrumada, enjoada e suarenta. A cara larga, verde de enjoo, mostrava todo seu tormento, nunca passara tão mal assim nas vezes anteriores. Gerara e parira os outros filhos no maior bem estar, sem perder um dia de serviço na roça, alguns quase nasceram debaixo de um pé de café. Tivera os filhos em casa, sem ajuda, todos eram meninos, descansara dois dias e voltara ao trabalho com o bebê grudado no seio gordo, repleto de leite, o sangue a gotejar das entranhas, manejando a enxada e a foice com a mesma compenetração de quem sabe que a vida é dura e que para viver se tem de trabalhar. Desta vez estava de corpo mole, nada lhe parava no estômago e a casa fedia a muitos suores de meninos sem banho, a urina e escassez. O tempo estava quente e úmido naquele final de verão e o cheiro de vômito se entranhava pelas paredes nuas. Nena meditava na sua má sorte, emprenhava como uma coelha, mal se deitava com um homem, e desta vez não fora diferente. Iludida e feliz, assim que contou a Enrico viu seu rosto perder a cor e soube que estava perdido para ela, afinal acontecera o mesmo com os diversos pais de seus filhos. A comida acabava, apenas um punhado de arroz e feijão no fundo do saco de aniagem e um resto de açúcar e farinha, sabia que os meninos estavam roubando as redondezas, mas não sabia como fazer. Não tinha dinheiro e não conseguia ter forças para voltar ao trabalho, Eurico não aparecia há uma semana e certamente nunca mais. No travesseiro, fios de cabelo claro dormitavam, o cheiro de colônia e suor de corpo limpo impregnava os lençóis e a saudade dele pairava no ar como uma sombra. Soluçava sobre os trapos encardidos da cama quando, fresca e perfumada como uma magnólia, Olinda entrou seguida por alguns alvoroçados pereirinhas.

–Você gosta daqui? Perguntou friamente, a respiração difícil no ar nauseabundo.

A outra, pela primeira vez humilde pelo peso da vergonha da pobreza e da culpa do sexo, encolheu os ombros como se dissesse, *é isso ou nada*. Olinda explicou seus planos e Nena ficou pasma, então era isso, ela queria a criança e que todos pensassem que era dela, fruto da sua carne, embrião embalado em seu ventre estéril. Explicou pacientemente a Nena como fariam, iriam embora pela madrugada, num carro dirigido por um empregado de confiança, há anos na família. Custariam a perceber sua falta e, quando notassem, as pessoas pensariam que ela se tinha ido simplesmente como chegou, uma mulher sozinha rodeada de filhos bastardos, prole sem nome e sem herança, arco-íris de cores em olhos, cabelos e peles frutos das muitas sementes plantadas no ventre sem dono. Iriam para uma cidade distante de carro e de lá tomariam um trem para Minas Gerais, para um povoado no cafundó do Judas onde Nena viveria com seus pereirinhas, municiada por uma quantia bastante razoável e poderia criar seus filhos dignamente, quem sabe até arranjar um marido compreensivo que lhe devolvesse a honestidade perdida no meio dos pés de café, e nas lidas da vida. Olinda diria a todos que estava grávida, que iria se tratar na cidade até a criança nascer, afinal, era uma gravidez de alto risco, mulher que estava no primeiro filho aos quarenta anos! Só voltaria depois de nascer a criança. Eurico ficava por ali, a plantação exigia cuidados, iria vê-la de vez em quando e se telefonariam com ufrequência.

–O trato é esse, Nena, tudo tem um preço, eu lhe perdoo e arranjo sua vida, você me dá essa criança, não lhe fará falta, você tem muitos filhos para cuidar, eu só terei esse que é carne e sangue do marido que me foi destinado por Deus e sacramentado pelos homens, se ficar com esse filho será sempre mais um bastardo. Não disse filho da puta por uma inata delicadeza e boa educação.

–Ficarei com você até o bebê nascer e depois do parto irei embora com ele, você nunca mais me procurará, nem ouvirei falar de você. Esse filho será meu e de Eurico, com direito à herança que lhe couber por legítimo, quer futuro melhor para um filho seu? É um alto preço, eu sei, mas é o que tem de me pagar.

Tudo foi feito conforme o planejado, Nena, desarvorada e enferma, apenas obedecia, Enrico se deixou ficar afastado, enfurnado na plantação. Olinda era a comandante e exigia tudo à perfeição. Assim foi feito e, depois de uma longa viagem de carro tomaram um trem, que sacolejava e soltava um fumo negro que punha um rastro no céu. Os pereirinhas estavam encantados com a novidade e olhavam para tudo curiosos, deliciados com o lanche de pão e presunto e as garrafinhas de guaraná que nunca tinham provado. Após horas intermináveis, que foram um suplício para o enjoo de Nena, chegaram a uma cidadezinha em Minas Gerais, utranquila e arborizada. Acomodaram a todos em dois táxis e foram a um endereço dado por Olinda. Uma casa agradável os esperava, havia uma varanda com vasos de samambaias que se agitavam na brisa do final da tarde e as janelas pintadas de verde estavam abertas respirando o ar da serra, tão diferente da umidade da plantação. Uma mulher negra surgiu na soleira sorrindo, sem fazer perguntas, no fogão uma panela fumegante espalhava o delicioso cheiro de arroz cozido com pedaços de frango e ulinguiça de porco. Acomodaram os meninos pelos quartos, em camas forradas com lençóis brancos e cobertores quentes, tinham até mesmo travesseiros. Havia banheiro com água encanada e, para alegria dos meninos e assombro de Nena, quando se apertava um botão jorrava uma luz do teto que iluminava muito mais do que as velas fedorentas feitas de sebo compradas no armazém da vila.

Na manhã seguinte, Nena estava fresca como uma rosa e Olinda sentiu um ligeiro e prontamente abafado aguilhão de ciúme. Agora, somente uma coisa importava, o filho de Enrico que crescia no útero de Nena e que seria o seu filho. Quando Olinda lhe apresentou a certidão de propriedade da casa em seu nome, a outra ficou gelada. A casa era sua, essa adorável casinha com janelas pintadas de verde e samambaias na varanda, onde tem banheiro com água encanada e luz milagrosa saindo do teto quando fica escuro, que tem o poder de afugentar o medo de mulheres solitárias como ela? Essa casa lhe pertencia? A pobre Nena, que nunca tivera nada de seu, nem o decadente casebre no qual se amontoara com os filhos nos últimos anos e pelo qual pagava um mísero aluguel, algumas vezes até com seu próprio corpo? Armando-se de paciência, Olinda assegurou:– *é sua sim, comprei para você e faz parte do nosso trato*. Nena olhou ao redor, a cara escura iluminada pelo sorriso de dentes muito brancos e se pôs a rir e pular de alegria, imitada pelos filhos, encantados de finalmente verem a mãe sorrindo novamente. Depois dos arroubos e risos vieram as lágrimas de vergonha, de arrependimento, de pedir perdão. Atirou-se aos pés de Olinda e tentou lhe agarrar as mãos para beijá-las, no que foi impedida pela outra:– *pare com isso, é apenas um acerto de negócios, eu lhe dou o que você precisa e você me retribui com outra coisa!* E saiu dura, espigada, se sentia uma mulher de verdade, brava e empreendedora, o que realmente era. Deixou a outra chorando, abraçada aos meninos e foi embora sem se despedir, ainda urgia fazer coisas, o tempo era curto. Ao chegar ao de volta ao povoado estava pálida e cansada. Enrico a esperava e o caminho para casa foi longo, com a mágoa cortando o ar como navalhas. No início do outono fazia frio e havia geado de madrugada. O campo estava esbranquiçado e os pés de café recém plantados se queimaram, mas nada disso parecia importar muito. Abraçados em seus pesados casacos, imersos em seus pensamentos, sabiam que na curta viagem suas vidas haviam sido decididas para sempre e que o caminho não mais tinha volta.

A novidade havia se espalhado e foi um casal radiante que desembarcou, Olinda apoiada no braço do marido, as vizinhas eufóricas com a notícia, *é mesmo verdade comadre? Isso é um milagre de Nossa Senhora, que notícia abençoada, mal se percebe, está se sentindo bem, o que disse o médico?* Olinda sorria um sorriso cândido de noiva e pediu que a deixassem descansar. Quando se viram a sós, disse apenas:– *agora quero me deitar, tudo foi arranjado.* Enrico apenas assentiu e saiu do quarto, um pálido reflexo do garanhão vigoroso que rolou nos sujos lençóis de Nena e a emprenhou, sabia que pagaria por isso o que lhe restasse viver, apenas não sabia como. Depois de algum tempo, Olinda passou a colocar vestidos largos e enchimentos nos seios. Não mais saía de casa, *ordens do médico*, afirmavam ambos, deixou de receber as amigas para poder repousar, *é uma gravidez de risco, sabem*, e todas concordavam, compreensivas, não foi mais à missa aos domingos, todos entendiam, é claro, carregar uma nova vida implica em responsabilidades muito grandes. Tanto treinou seu papel que passou a acreditar nele e se comportava como uma mulher esperando um filho. Tinha caprichos e desejos estranhos, se recusava veementemente ao sexo e preparava roupinhas e mais roupinhas de bebê. As pessoas a viam, sentada na cadeira austríaca, tricotando o dia inteiro e os meses se passaram. Quando a gravidez completou cinco meses, Olinda ordenou a Enrico que a levasse de carro à cidade onde tomaria o trem. Sabia instintivamente que não mais poderia continuar atuando em seu pequeno teatro de todos os dias. A espera de um filho põe marcas nos rostos e corpos das mulheres, as suaviza, impossível disfarçar o ar radiante de felicidade que um filho desejado imprime nos gestos e na voz, ela estava amarga demais e extenuada demais no papel da esposa feliz à espera do parto para presentear o esposo com o aguardado herdeiro. Uma vez no trem, respirou satisfeita, Enrico daria as explicações necessárias, ordens do médico, exames constantes, tratamento especial. Em breve, se veria livre dos enchimentos e vestidos folgado. Pensando na volta para casa com um filho ou filha nos braços, adormeceu, o trem a levando ao encontro de Nena, a amante grávida de seu marido. Havia lhe escrito sobre a data de sua chegada e que iria hospedar-se com ela, não era mulher de surpresas e visitas inesperadas, lhe custara muito a decisão de ficar na mesma casa, mas concluiu que era necessário. Enquanto isso, Nena agradecia à providência sua sorte. Apesar de amar a criança, cada dia mais pesada no ventre, amava ainda mais os filhos que via desabrochar como frutos com a alimentação regular e o conforto proporcionado com o dinheiro de Olinda, que chegava pontualmente todos os meses. Não queria pensar na data iminente do parto, não queria pensar se doeria a separação de um filho, apenas se deixava, pela primeira vez na vida, saborear as horas sem o esforço extenuante do roçado e a constante luta para manter a família. Estava mais bonita do que nunca, a pele morena reluzia, os cabelos crespos estavam limpos e tratados, a mulher que a ajudava, contratada por Olinda, lhe fazia todas as vontades e a servia como a uma senhora, ela, a pobre Nena, cabocla que se deitava nos cafezais com qualquer homem apenas para saciar sua fome de amor. A próxima chegada de Olinda a deixou fraca de pavor, ao pensar se a outra manteria o trato feito, se ainda iria querer o bebê! Quanta angústia passou na sua cama confortável assim que soube da sua vinda. O que fariam, conversariam, seriam afáveis, a serviria, como seria o certo, a ela, uma mulher de fino trato, rica por nascimento?

Quando Olinda chegou, examinou cada detalhe em segundos, cheirou o ar e pareceu aprovar o delicioso aroma do pão tirado do forno, observou os meninos limpos e comportados, mal olhou para Nena, mas notou seu ar radiante e saudável, ficou contente, queria um bebê sadio. A casa estava limpa, as tábuas do piso esfregadas com sabão e cinza para brilharem de limpeza, o jardim tinha os canteiros cuidados e, nos fundos, uma pequena horta resplandecia ao brilho verde das verduras e do vermelho dos tomates. Instalou-se no melhor dos quartos, que havia sido reservado para ela, as venezianas abertas deixavam entrar a brisa fresca da serra de Minas Gerais, se podia ouvir os gorjeios dos pássaros na mata ao longe e admirar uma roseira explodindo no amarelo das rosas invadindo o quarto com seu perfume. Para sua surpresa, um pequeno vaso de vidro sobre a cômoda ostentava uma rosa, com pétalas de puro veludo. Foi a forma que Nena encontrou para lhe dizer o quanto era bem vinda, apesar dos seus temores. Falaram pouco naquele dia, apreciaram o jantar de frango, arroz, polenta e salada de couve tirada da horta, de sobremesa, goiabada com queijo, os meninos portaram-se bem na mesa e comiam sem ruído, enfim, parecia que a mulher selvagem e debochada estava se encontrando como mãe de respeito, pensou satisfeita. Cansada da viagem, Olinda, educadamente, deu boa noite e disse que queira deitar-se cedo. Foi para o quarto, enfiou-se na camisola imaculada bordada em pequenas flores rosadas com miolos amarelos e se aconchegou confortavelmente no colchão e, para seu espanto adormeceu imediatamente, num sono utranquilo, livre de sobressaltos, pela primeira vez em meses. Nos segundos antes de adormecer pensou como era agradável dormir sozinha sem o corpo de um homem resfolegando ao lado, sem o temor de uma sugestão de sexo, poder sentir-se limpa e fresca como as rosas do jardim. Fechou os olhos em cálida complacência e ainda teve tempo de pensar que ter um filho para cuidar pelo resto da vida, sem precisar passar pelos transtornos da gravidez, quiçá do sexo, era algo extremamente agradável.

Na manhã seguinte, Nena a esperava para servir o café, de pé ao lado da mesa como uma criada respeitosa. Olinda recebeu as atenções com dignidade e pensou intimamente que assim lhe convinha, afinal era a patroa. Quando Nena se recostou pesadamente no fogão, com um suspiro ofegante, os pés inchados metidos em chinelos de feltro, a imensa barriga apertada envergonhadamente num vestido de pano barato, a cara cheia, de gravidez adiantada, tão diferente da cabocla fogosa dos roçados, o coração de Olinda lhe aplicou um golpe certeiro. E se viu compadecida e invadida por súbita ternura e compreensão. Confusa, com as faces vermelhas, chamou a outra e lhe disse:

–Sente aqui comigo, vamos tomar um café juntas, precisamos conversar.

Incrédula, com os olhos cheios de lágrimas, Nena ficou indecisa, desconfortável em sua própria cozinha e obedeceu sentando-se com esforço na cadeira estreita.

–Me perdoe dona Olinda, sou uma mulher simples, criada sem mãe, sem eira nem beira, perdida que sempre estive nos cafezais, nos braços dos homens, eu não devia...

Olinda não a deixou terminar e tomou suas mãos entre as suas. Notou as deformidades do trabalho duro, apesar dos meses recentes de bem aventurança, as cicatrizes, as manchas indeléveis, a deformidade das palmas largas, endurecidas, e apertou-as com suas mãos finas que nunca conheceram trabalho.

–Nada tenho a perdoar Nena. Quem perdoa é Deus. Fale comigo, me conte como tem passado, fale como falaria com sua mãe ou uma irmã mais velha.

Entre soluços, Nena desfiou seus vinte e seis anos de vida, como quem desfia as contas de um rosário perante Deus. A partir desse momento, por uma alquimia incompreensível para qualquer homem que porventura as visse, estabeleceram um entendimento mútuo. Uma solidariedade que teve a magia da alma de mulheres encarceradas em suas dores próprias, despidas das máscaras com que cobrem seus rostos durante toda a vida. Eram dois seres autênticos, sublimando a agonia de se saberem mulheres, conhecedoras de suas forças e seus limites, eram como a Mãe Terra a envolver seus filhos perdidos, eram a dolorosa certeza da estreiteza da existência e da inevitabilidade da dor que as iria dilacerar na sua estada no mundo. Entre as migalhas de pão e o café que esfriava nas xícaras, choraram as lágrimas ancestrais das mulheres. Um choro que ecoou em todos os cantos do mundo e foi ouvido por suas irmãs, jovens, velhas, meninas, que pararam seus afazeres, interromperam os sonhos, deram uma pausa nos atos de amor e de dor para compartilharem em silêncio esse momento único. Foram lágrimas universais que lavaram e sublimaram a melancolia da perda dos filhos mortos em guerras sangrentas, em batalhas incompreensíveis, sumidos no escoadouro da violência, das aventuras sem sentido; que curaram as marcas das pancadas de maridos cruéis e pais tiranos; limparam o sangue dos ferimentos, a febre da solidão; eliminaram a sujeira do sexo sem amor, o lamento das criancinhas mortas dormindo em túmulos minúsculos; gotejaram no sangue mensal e nas dores de dar à luz; lavaram as dores das mães abandonadas pelos filhos, as marcas nos rostos brutalizados, a velhice solitária e os corpos vendidos.

Lágrimas impregnadas de doce amargura por se saberem mulheres, seres destinados a sinas que se profetizam desde o nascimento. Os pereirinhas olhavam assustados aquelas duas mulheres tão opostas, tão diferentes em tudo, chorando sobre migalhas de pão e xícaras vazias, como carpideiras antigas debruçadas sobre covas prestes a serem preenchidas. Os mais novos começaram a chorar, numa imitação do pranto, comum entre as crianças. Olinda se levantou enxugando as lágrimas e junto com Nena socorreram e consolaram as crianças. Após alguns momentos começaram a rir, e o riso enxugou a dor que as lágrimas antes lavaram. Nesses poucos minutos selaram um pacto, quando também se iniciou um afeto recíproco e verdadeiro. Uma amizade que as jogaria nos braços uma da outra em um futuro distante quando precisaram de consolo para a dor incomensurável dos golpes que a vida distribui sempre tão certeira.

Os meses que se seguiram foram de felicidade, horas distribuídas entre cuidar da casa, das crianças e aguardar a chegada do bebê. Iam juntas à horta, cozinhavam pratos apetitosos, bordavam dezenas de roupinhas e costuravam lençóis e fraldas. Nena, finalmente, podia ser filha. Olinda era, duplamente, mãe, unidas na espera de uma criança amada que a ambas pertencia. Compadecida, Olinda sabia o que iria tirar da outra e esta, dolorosa, sabia o que oferecia. Mais que uma troca, era uma dívida de amor e gratidão, cúmplices que eram na própria agonia repleta de ternura, escudando-se uma à outra, contra a dor, sabedoras da preciosidade de cada momento. Ao escolher o nome da criança concordaram que se fosse menino se chamaria Enrico e foi com os olhos baixos e a face em chamas que Nena disse que seria bom que assim fosse. Se nascesse uma menina seria Cléonice Felícia, o primeiro, nome da mãe de Olinda, o segundo, da mãe de Nena, morta quando esta tinha três anos. As duas mulheres preencheram os dias com recordações da infância, com as memórias sofridas da adolescência, lembranças de mulheres parecem ser semelhantes apesar das diferenças, são similitudes de enfrentamentos, de dores silenciadas, mas nunca adormecidas. Nena expôs suas fraquezas, a forma como usava o sexo, talvez fosse uma maneira de driblar a solidão de mulher solteira carregada de filhos sem pai, colocou-se despida aos olhos de Olinda, muito mais do que ficou, literalmente, com o seu marido. Contou da infância pobre, da morte da mãe ainda tão nova, a separação do resto da família pela miséria, servindo de criada em casas onde era apenas uma sombra, nunca uma pessoa, amargando solidão e tristeza, das lágrimas que ensoparam travesseiros estranhos em casas alheias. Falou da insegurança de ter nada seu, a não ser um corpo sensual que desabrochava para a cobiça dos homens em cada casa aonde ia, movida pela necessidade extrema; da expulsão de cada uma, poucos meses depois, por uma mulher zelosa do marido ou dos filhos, até que um patrão mais ousado invadiu seu quartinho despido na madrugada e a tomou na escuridão, auxiliado pelo sono profundo da mulher nervosa e doentia. Tirou brutalmente a virgindade até então duramente resguardada, depois lhe deu um pouco de dinheiro para garantir seu silêncio e amenizar a própria culpa. Introduziu-a no complicado amor do homem mais velho e vivido, ensinou-lhe as coisas do sexo, os detalhes eróticos, os carinhos espantosos que nunca pensou existirem. Após alguns meses, a primeira gravidez, quando mal completou quinze anos e a expulsão de casa pela mulher desconfiada, sob o silêncio abjeto do marido. Só lhe restava o caminho de puta, chacoalhando a barriga à arremetida dos muitos homens que passaram por sua cama até que ficou deformada demais para garantir qualquer desejo. Após o nascimento do filho, quando retomava resignada a venda do corpo foi tirada da zona por um boiadeiro, que a levou para uma casinha humilde no interior, onde viveram por dois anos que lhe renderam mais dois filhos e aprendeu a trabalhar no roçado. O boiadeiro era um bom homem quando não bebia e a enchia de pancadas.

Num dia triste, um touro raivoso estripou-lhe as entranhas e ele agonizou por dias, num charco de sangue e fezes, até que morreu em quase podridão, deixando Nena sozinha com três crianças. Para fugir da vida de meretriz barata optou por continuar na roça, indo de fazenda em fazenda já que a casinha lhe foi tomada pelo patrão, para dar ao boiadeiro que substituiu o outro. A cada lugar onde parava, mais um filho aumentava o bando. Cada um era produto da sua esperança de ter um homem só seu, até que foi dar na plantação do pai de Olinda, homem com fama de justo e bom pagador, onde conseguiu a cabana onde morou nos últimos tempos. Nena contou os detalhes de sua relação com os diversos homens do cafezal, sem omitir nenhum detalhe, até o terrível episódio das mulheres enciumadas e do sabugo de milho com comari, que fez Olinda dar um gemido de puro horror.

–O resto você já sabe. Abaixou os olhos em tímida vergonha.

Olinda, por sua vez, falou da infância reprimida por pais severos, que a queriam casada o quanto antes, por ser esse o destino da mulher, sobre a gentileza de Enrico, dos seus bons modos, de como ficou envaidecida de ser a escolhida daquele italiano bonito de olhos azuis como o céu no verão, do desapontamento quanto ao sexo, de sua repulsa por um ato que lhe fora incutido pela mãe, excessivamente zelosa, de sua tristeza de não poder ter um filho, *eu achava que o problema podia ser dele, Nena.* Nunca mais voltaram a falar de Eurico, era como se não houvesse um lugar para ele no mundo que agora compartilhavam. Pela primeira vez eram senhoras de si mesmas e de seu destino, ainda que por pouco tempo, em um milagre da ternura suscitada por um sentimento estranho e que parecia sem sentido em vista das circunstâncias. Sabiam que após o nascimento da criança, nunca mais se veriam, como também sabiam que isso era necessário e irremediável. Assim, cada minuto era precioso. Olinda massageava os pés inchados de Nena com vaselina, cuidava para que repousasse e se alimentasse, arranjava-lhe os cabelos crespos e rebeldes em penteados simples, amansando-os com óleo e escovadas, fazia-lhe chás e biscoitos, plenamente satisfeita no seu papel materno há tanto tempo reprimido. Quanto a Nena só faltava beijar o chão onde Olinda pisava, tomada do mais puro encantamento de se sentir cuidada e amada pela primeira vez na vida, ela que tanto buscara o amor nos homens agora o tinha em uma mulher. Punha-lhe flores frescas no quarto todos os dias, os meninos lhe buscavam frutas no pomar, cuidava para que fizessem silêncio quando ela descansava e, enquanto a imensa barriga permitiu, assou para ela seus deliciosos pães caseiros, embora Olinda reclamasse.

À noite, após colocarem os bem nutridos e saudáveis pererinhas na cama, sentavam-se na varanda adornada profusamente com plantas, em confortáveis cadeiras de balanço e ficavam em cúmplice silêncio, acariciadas pela brisa que vinha da serra, a admirar o luar passeando pelo jardim silencioso. Olinda sempre tinha nas mãos diligentes uma roupinha de bebê para costurar e Nena ficava molemente sentada, os pés soerguidos sobre um banquinho de madeira, embalada pelo luar e pelo cheiro dos jasmins e manacás que floriam como nunca. Sabia que nada disso iria durar e uma lágrima furtiva lhe descia pelo rosto, protegida pela escuridão, até que Olinda se levantava e entravam silenciosas, confortáveis na companhia uma da outra, como nunca estiveram com ninguém antes na vida. Nena suspirava, pela primeira vez em paz, tinha um lar seu e a mãe que tão cedo lhe faltou. Não queria pensar no amanhã. O hoje lhe bastava e evitava amar a criança que crescia em seu ventre, sua oferenda ao amor que recebia. Nesses dias, talvez o melhor de suas vidas em muitos anos, o tempo cessou de correr e foi como se o mundo fechasse os olhos e se retirasse num exílio voluntário, para deixar a felicidade repousar nos braços das duas mulheres naquele pequeno rincão de harmonia que beirava a perfeição. O outono avançava e um princípio de friagem espreitava das alturas da serra. Olinda olhou firme para a outra e lhe disse:– *não falta muito agora, Nena*. Na voz da outra havia mais frio do que na neblina do jardim, quando respondeu num fio de voz: – *Talvez uma semana*. No escuro da varanda, rodeadas pelas luzes dos vagalumes e pelo som bizarro do canto das cigarras, os olhos de ambas brilharam, apesar da ausência de luar e foi em um silêncio sombrio que se retiraram para o repouso noturno. Quando nasceu Cléonice Felícia, Olinda segurava as mãos de Nena e lhe acariciava os cabelos. Foi um parto difícil e demorado, estranho demais para uma mulher acostumada a parir sozinha, bebês que lhe escorregavam de dentro sem esforço. A menina que Olinda tomou nos braços a deixou sem fala de tanta beleza, apesar de recém-nascida.

Nos dias que se seguiram, debruçavam-se sobre o milagre da mestiçagem e admiravam a carinha morena aureolada de uma linda penugem dourada e iluminada por olhos mais verdes do que o mar em dias de verão. Atentas, se maravilhavam com os braços pequeninos, a boca perfeitamente definida, os olhos pestanudos, o nariz perfeito, esquecendo-se de dormir e comer, descuidando-se dos meninos que olhavam enciumados. Em vez do mês que haviam combinado, Olinda ficou com Nena por mais três meses, tempo suficiente para que a criança fosse amamentada e sorrisse para suas duas mães. A primeira providência de Olinda foi telegrafar para Enrico avisando que sua filha nascera e que ela deveria ficar ainda mais algum tempo, pois estava fraca demais para uma viagem tão longa. Na realidade, também lhe custava muito se separar da amiga, agora tão cara ao seu coração, porém o tempo urgia e, aos poucos, começou a desprender-se dos fortes laços que a ligavam àquela casa, preparando a alma para o dia inevitável.

Uma manhã, ao levantar-se um pouco mais tarde do que de costume, escutou os barrulhos de Cléonice Felícia na cozinha. Embalando a filha, Nena sussurrava as palavras ternas e tolas que as mães costumam dirigir aos filhos muito amados e acariciava o rosto, os cabelos daquele ser tão diferente de si própria, encantada com a beleza da menina, com seus inacreditáveis olhos verdes, os cabelos que cresciam rapidamente e se tornavam a amostra da maravilha que iriam ser. Estava tão embevecida que não percebeu Olinda parada na porta, agasalhada no seu roupão bordado de florezinhas, sentindo a tragédia por acontecer se ela deixasse. O amor pode ser um grilhão.

–*Pare com isso Nena, ela não é sua, ela é minha filha, não se esqueça disso nunca!*

Aos três meses de idade, sorrindo nos braços de uma mãe que nunca conheceria, Cléonice Felícia ficou pela primeira vez de frente para a força dos sentimentos, que são como lâminas, cortam fundo e fazem doer. Nena, docilmente, entregou a criança à outra, como Maria entregou Cristo aos seus algozes e um soluço fundo lhe ficou preso no peito transbordante de leite. A dor nos olhos da outra fez Olinda tremer, precisava partir antes que fosse muito tarde para ela, Nena e Cléonice. Nesse mesmo dia, prática como sempre, arranjou seus poucos pertences na única mala que trouxe. À noite, na varanda perfumada e prateada de luar, olhou para Nena e disse:– *Amanhã cedo partirei.* Nena se manteve em silêncio, embora seu coração gritasse e se deixou ficar no balanço na cadeira, sentindo o perfume doce dos jasmins em flor, a ouvir uma melancólica cigarra se despedindo do outono, enquanto um vagalume solitário piscava sua luz verde em busca da companheira e uma sensação de irrealidade lhe atordoou a mente. Não disse palavra, levantou-se da cadeira e dirigiu-se ao quarto da filha para desfazer as gavetas com cheiro de camomila, dobrar roupinhas, separar fraldas e cueiros, impregnados do odor doce do corpinho que não iria mais abraçar, numa tarefa que Olinda, sabiamente deixou que ela completasse. Os soluços represados no peito tão cedo não sairiam, não com Olinda ainda ao seu lado, não havia porque aumentar sua dor.

Na manhã seguinte, o inverno desceu da serra e trouxe uma chuva fina. Olinda embarcou em um carro de aluguel, não quis que Enrico fosse buscá-la por razões que ambas conheciam. Segurava nos braços a criança bem abrigada e duas valises com os pertences de ambas. Ao abraçar a outra, sentiu o tremor do seu corpo:– *Você tem outros filhos, Nena, cuide bem deles,* e subiu no carro sem olhar para trás, com o embrulho quente e adormecido nos braços, finalmente mãe. Nena ficou parada no frio da varanda onde não havia mais o perfume doce dos jasmins, tentando não sentir, tentando impedir que as lágrimas descessem como os rios descem da serra durante a chuva e quando o carro sumiu de vista, levando para sempre de sua vida aqueles dois seres tão irremediavelmente amados, começou a gritar, a princípio roucamente, depois em gritos loucos, estridentes, os pereirinhas assustados correram para ela, subitamente maduros, cheios de compreensão e a levaram para dentro. Entre as mãos, um casaquinho cor de rosa de lã, ainda inacabado, não iria conhecer o calor do corpinho que lhe fora assim arrancado.

Uma vez em casa, Olinda lhe mostrou a filha. Enrico empalideceu e quase de imediato foi inundado por um amor poderoso. No fundo da alma sentiu o calor terno de orgulho pelo ser que havia engendrado. O rostinho moreno emoldurado pelos cabelos dourados o olhou do fundo dos seus olhos verdes e uma mãozinha se estendeu para tocar seu rosto. Sentiu os olhos se encherem de lágrimas, mas as reprimiu para tocar os lábios frios de Olinda com um beijo casto e culpado. Após instalarem a menina adormecida no quarto, conversaram alguns momentos sobre a plantação, os trabalhadores, o preço do café e jantaram em silêncio. Olinda lavou e alimentou a criança, o tempo na serra lhe fizera bem, estava mais bonita, mais provida de carnes, os cabelos brilhantes. Enrico sentiu-se invadir pelo antigo desejo que ela lhe provocara da primeira vez em que a viu sentada no banco da igreja, o véu branco cobrindo os lindos cabelos negros e num gesto inusitado, certamente tardio, ergueu a mão para tocar seu rosto, ela permaneceu impassível, em segundos levantou-se e com simplicidade, sem rancor, apenas fria como gelo lhe disse:–*Vou para meu quarto, estou muito cansada, você deve de agora em diante dormir em outro quarto, Enrico, tenho de cuidar da menina.* Enrico compreendeu que isso era definitivo, nunca seria perdoado, nem mesmo pelo fato de Olinda ter a filha desejada, se quisesse sexo teria de voltar aos braços complacentes das gastas putas do bordel. Com os ombros arqueados como se uma cruz lhe tivesse sido posta às costas, foi para o quarto como um condenado para sua cela, onde embalaria as noites de insônia que o perseguiriam pelo resto da vida, um espectro embaciado do altivo italiano que um dia havia encantado a jovem filha do fazendeiro e despertado suspiros em todas as moças de Manduri. Porém, em breve, se consolou. A idade pesava e os anos em comum lhe esfriaram as carnes. O que podem os homens perante o peso da existência? Cléo preencheu seus dias de uma plenitude com a qual jamais sonhou. Derramou na filha todo o amor de seu temperamento ardente e, nos afagos em sua cabecinha dourada, esqueceu Nena e seus seios fartos, esqueceu Olinda e sua aridez. E quando ela se foi, assustadoramente e sem premonições, sua força se esvaiu ao lado de seu cadáver que mesmo na morte conservava a beleza deslumbrante que teve em vida.

8. As moças-flores

As moças que tinham nomes de flores povoaram a infância de Laura de curiosidade. Moravam na casa em frente e eram cinco irmãs. A primeira se chamava Rosa, a segunda, Violeta, a terceira, Açucena, a quarta, Margarida, a quinta, Dália. A última a nascer, depois de quase dez anos, quebrou a tradição. O pai embirrou, além de tantas mulheres, nem um único homem para herdar o negócio da família, ainda esse jardim?

–Não quero! Essa não vai ter nome de flor, vai se chamar Maria Clara, Maria, de Maria de Lourdes, minha falecida avó e Clara, o nome de minha finada mãe!

A esposa não se queixou e, embora um pouco contrafeita, aceitou a ideia. Afinal, o marido já estava bastante aborrecido por ter tantas mulheres em casa. Homem de poucas graças e menos palavras ainda, não achava nada atraente a malícia sugerida nas piadas dos amigos de uma porção de rapazes a rondar nas adjacências atrás das meninas.

Quando a família de Laura chegou a Manduri, sacolejando no caminhão de mudança, as moças da casa vizinha passavam seus dias entre bordados e costuras, confeccionando um enxoval que viria a ser famoso nas redondezas tal a delicadeza de suas peças. A cada prenda concluída colocavam num enorme baú de madeira assim que lhes davam o toque final. Empilhavam incansavelmente colchas e lençóis, toalhas e fronhas, enfeitadas com os mais belos pontos de agulha que alguém poderia realizar. Faz parte da maneira de ser das mulheres guardar coisas e com elas abrigar sonhos mortos. Os sonhos ainda vivos se encarregam de lhes impulsionar a vida adiante, no enfrentamento com o destino que todas traçam para si. No baú guardavam preciosidades cobiçadas por todas as candidatas a esposas; peças de

88 | O Sangue das Almas

tecido cortadas, costuradas, bordadas, acarinhadas ao longo de anos pelas moças-flores, cuidadosamente preservadas das traças e outros insetos por bolinhas de naftalina e saquinhos com alfazema. Punham também galhinhos de arruda para espantar o mau-olhado e raminhos de alecrim para abençoar e fazer felizes aqueles que futuramente iriam desfrutar de tantas coisas finas e bem feitas. Ah, os sonhos da juventude que se esfumaçam como as nuvens ao vento, como são transitórios e mesmo assim derradeiros!

Aída gostava de alisar as peças com suas mãos perfeitas, milagrosamente macias, apesar do serviço caseiro: –*Veja meu bem, que lindos lençóis bordados, olhe filhinha como é delicado esse em ponto cruz.* A voz de doçura ressoa na saudade de Laura: –*Assim que crescer começaremos a bordar seu enxoval.* A menina olhava, fascinada, o ponto cheio, os arabescos enfeitados em linhas multicoloridas, os singelos panos de prato com motivos florais, as toalhas de mesa primorosas, as de banho gravadas *ele* e *ela,* os bordados em ponto cruz. As moças se entreolhavam satisfeitas, a esposa do funcionário principal da repartição gostava e elogiava seu trabalho, e não era qualquer uma, era a senhora do Dr. Anselmo, aquele que mandava e desmandava nos papéis burocráticos, nas cobranças administrativas. Era uma mulher de bom gosto, de olhos melancólicos, fala mansa e baixa, um pouco retraída, uma honra para elas que se dignasse ir até sua humilde casa admirar suas preciosidades, diziam umas às outras.

–Começamos a bordar o enxoval há anos! Falavam com um indisfarçável acento de vaidade, e cada uma vai acrescentando seus bordados. Ao dizer isso, um suspiro disfarçado lhes agitava os seios intocados, suspiro que Laura não percebia, absorta em contemplar aquelas maravilhas, que logo esquecia quando a chamavam para comer broas de fubá com café, quitute muito apreciado e comentado em Manduri pela sua delicadeza e sabor.

Todas as tardes, as moças, acompanhadas pela irmã mais nova, Maria Clara e pela mãe D. Assunta que já começava a exibir um perfil bastante arredondado, derivado de um amor exagerado por pães e doces, bolos e massas e qualquer outra espécie de comida, tarefa na qual as filhas também eram exímias, sentavam na varanda da frente em bancos e cadeiras de balanço, após o término das lides domésticas e iniciavam o infindável tecer, bordar, costurar, como aranhas em sua teia, tirando das linhas e do tecido criações primorosas dignas de qualquer artista das telas. As cores se sucediam e explodiam em ramalhetes de rosas, violetas em ramos, girassóis que desabrochavam, ou desenhos delicados de meninas com buquês de flores, bichinhos rodeados por laços, paisagens salpicadas de árvores e nuvens, rococós e enfeites que invadiam o pano virgem e transformavam as peças do enxoval em algo nunca visto. Bordavam juntas para uso futuro de todas, levaria quem se casasse primeiro, depois reiniciariam as próximas criações esperando outro enlace e assim por diante. Embora não dito em voz alta, havia o acordo explícito que primeiro se casaria a mais velha, Rosa, que deveria, no tempo certo, ser seguida pelas demais.

Laura gostava de vê-las sentadas a bordar, as cabeças abaixadas sobre a agulha e o tecido, os rostos sérios, a conversa em voz macia, eram moças educadas, obedientes, apontadas como exemplo pelas famílias do lugar. O pai, Ernesto, era um pequeno sitiante que vendia os produtos cultivados em uma quitanda que montou para esse fim. Nunca permitiu que a mulher ou as filhas atendessem os fregueses por considerar que isso podia expô-las a perigos ou falatórios, preferindo pagar um rapazola para cuidar do negócio, um molecote preguiçoso que passava os dias olhando para o ar, acompanhando o esvoaçar das moscas, só se mexendo quando o patrão chegava e lhe despejava xingamentos; ou enfiado no banheiro dos fundos com uma revista de desenhos pornográficos grosseiros, masturbando-se furiosamente enquanto se imaginava chupando um daqueles imensos seios das mulheres desenhadas em bico de pena. Ao sair do banheiro com as pernas moles e o rosto pálido, ia atender os raros fregueses ainda com a mão gosmenta, pesando frutas e legumes e acabando de enxugar nas verduras a crosta que ia ficando seca. Ernesto o tolerava porque ganhava uma miséria e o aliviava em parte de cuidar dos dois negócios.

De vez em quando vendia um porco ou um boi criado no sítio para o açougue e tinha uma folga no orçamento, soltando um pouco mais de dinheiro para as filhas investirem no enxoval. Era um homem austero, calado, que parecia desconfortável no meio do mulherio, contrafeito com a inexistência de um filho varão que pudesse ajudá-lo no trabalho na terra. Não era dado a demonstrações de afeto e cuidava das filhas com um zelo desmedido para mantê-las ao abrigo das tentações e das maledicências do lugar pequeno onde qualquer deslize era motivo para arruinar reputações de donzelas que queriam casar-se.

As pessoas costumavam encomendar às moças alguns bordados extras que elas aceitavam para ajudar nas compras, escondido do pai que não admitia que trabalhassem, mas como elas próprias diziam para Aída: –*Para nós não custa nada bordar uns lenços com monogramas ou alguns ramalhetes em lençóis, o pessoal pede tanto e sempre ajuda, a senhora é que é feliz, tem marido que ganha bem e lhe dá tudo...* Aída concordava um pouco encabulada e ficava com um semblante triste, pensando na mesquinhez de Anselmo que negava até mesmo roupas para as meninas e ela tinha de ir reformando velhos vestidos seus até que o pano começava a se esfiapar, agora elas ainda são pequenas, pensava, mas e depois que crescerem? Laura encostava a cabecinha nos quadris da mãe pressentindo sua tristeza e ela lhe acariciava a nuca com mãos tão macias que amenizavam sua insegurança. Possuidora de uma inteligência viva e de uma maior intuição, mesmo aos sete anos notava a melancolia da mãe, as sombras que rondavam seu lar, os olhares acusadores, as palavras ásperas, a cabeça abaixada em submissão eterna. Não conseguia entender plenamente as frases com duplos sentidos, mas percebia que a alegria há muita estava ausente do rosto de Aída, que só encontrava alguns momentos de sossego quando ia se sentar ao lado das moças na varanda para admirar a beleza de seus bordados e se entreter com a prosa amena, cheia de sonhos de casamento. Aída, ao contemplar os rostos compenetrados, concentrados na ligeireza da agulha a imprimir caminhos coloridos no tecido, chorava por dentro seus sonhos desperdiçados, *se soubessem, minhas amigas, as horas de solidão que as aguardam, chorariam tantas lágrimas quantos são os pontos de seus bordados, a solidão, a tristeza, a amargura da vida a dois, a solidão da vida a dois, os dias e noites iguais, o dormir, o acordar, sem esperança, sem amanhã...* As moças, como flores, ingênuas, doces, não podiam saber o que se escondia atrás daquele rosto sempre tão sereno e a julgavam feliz, invejavam seu marido, tão bonito e bem vestido com seus ternos de linho branco, as duas meninas tão bem educadas, a casa sempre em ordem, suspiravam, *vai chegar nossa vez*, e redobravam a ligeireza das mãos, o preencher de espaços com linhas de todos os tons, o aplicar de rendas, o cortar e costurar. *Nossa vez vai chegar,* repetiam as agulhas em coro, enquanto o crepúsculo se fazia noite e recolhiam apressadas as cestas de costuras, *o pai logo vai chegar e não gosta que fiquemos na varanda depois que escurece!*

D. Assunta, a mãe reclamava de fome, Aída se despedia, também ela temerosa que o marido chegasse e a encontrasse fora de casa, saía depressa, *até amanhã, boa-noite*, diziam todas, de volta ao recinto do lar, seu lugar por excelência, à espera do homem, do pai, do marido, do provedor, do dono. Corriam para os fogões esquentar a sopa, cortar o pão, ralar o queijo, afofar travesseiros, *rápido que ele logo chega, tem de encontrar tudo em ordem!* Enxoval esquecido, sonhos postergados para o tédio de amanhã. Apuram o caldo grosso do feijão para a sopa, *ele gosta bem forte,* cortam fatias grossas de pão, *ele gosta assim,* ele sempre ele, reinando soberano, decidindo destinos. O enxoval pode esperar nas cestas de vime junto com as agulhas para o descanso noturno, as rendas repousam suas cabeças ornamentadas, as linhas recuperam suas cores. Amanhã recomeçarão, tal qual pequenas aranhas a tecer sua teia eterna na espera dele, o ignoto, o desconhecido, o sempre desejado, o eternamente aguardado. Se ele não vier tudo terá sido em vão; os olhos cansados ficarão vermelhos, as picadas de agulha nos dedos se transformarão em chagas, a dor no pescoço denunciará a velhice, a imobilidade necessária ao ato de bordar, que também significa esperar, será como uma montanha à espera do sol. As mulheres esperam, esperam homens que nunca chegam, esperam afagos que não veem, esperam amores que desconhecem, esperam crianças para parir e esperar que cresçam para um dia também partirem, seja por doença, acidente ou abandono. Esperam até que voltem um dia, chamadas pela sua saudade e solidão, se forem filhos; se forem filhas também irão esperar e nessa espera gastar suas vidas, destruir seus sonhos, apagar as luzes de sua esperança. Mulheres são assim, esperam sempre. E seus anos, na espera, se arrastam como as rodas de um carro de boi nos fundos sulcados de lama de caminhos sem esperança. O paradoxo da espera sem esperança é o punhal que se revolve no peito e o faz sangrar. Enquanto o punhal revira o peito, as almas sangram. Até que não haja mais uma gota sequer para ser derramada. A esperança é sempre uma atraente armadilha. Algumas esperam cantando, outras esperam chorando, outras bordam, tecem, fiam, cozinham, ornamentam, limpam, arrumam, enquanto esperam, como Penélope esperou Ulisses; como a Bela Adormecida esperou o Príncipe Encantado com o qual sonharam na infância. Esperam com olhos tristes perdidos em estreitos horizontes, sufocados sob o pesado manto da honradez sem opção.

✳✳✳✳

Sob a chuva Laura e Serena contemplam o túmulo de granito marrom, marrom como fica o coração da gente quando a melancolia o invade. Duas pessoas ali dentro, no escuro, no frio, recebendo as gotas geladas que escorrem pelas frestas, que insinuam caminhos molhados. As flores, oferendas a contragosto, escorrem água, mas se mantêm frescas. O silêncio da voz de doçura atinge como um golpe de vento frio, como o abrir repentino de uma porta no negrume da noite. O silêncio abre janelas de uma infância perdida entre vozes, uma de acusação, outra de súplica, *as meninas vão ouvir*. Murmúrios noturnos, pios de coruja, ladrar de um cão que se cala sob uma voz zangada. Mais adiante, também sob a chuva, outro túmulo, branco, encardido pelo tempo, onde dorme Cléo, uma menina do passado, de cabelos e olhos da cor do passado, que não gostava de aranhas porque tinham muitas pernas e amava os vagalumes porque brilhavam. Cléo que parou de crescer porque costumava rir de sentimentos, que compartilhava com Laura os segredos sob a luz da lua de São Jorge alumiando mãos viajantes. E que ensinou a Laura o quanto o amor dói.

****

Da sua janela pintada de verde, observando os pingos prateados da chuva que caía intermitente há vários dias, Laura via as moças da casa em frente debruçadas sobre seus bordados. Cabelos de tons pálidos se esparramavam sobre os fios coloridos das linhas de bordar, olhos complacentes, inocentes, conformados se demoravam em abismos profundos de pensamentos não proferidos, de sonhos abdicados. Com o passar do tempo, o enxoval das moças se acumulou ao longo dos anos de espera e, aos poucos, começou a ser transferido de uma para outra, conforme a antecessora se desiludia, fosse pela idade, por olhos e mãos cansados, pela ausência de candidatos ou de esperança. Esses mesmos anos também passaram para Laura, Cléo e Serena. Seus corpos sutilmente se modificaram, saliências surgiram, seios e quadris se arredondaram pela puberdade, as primeiras espinhas surgiram nas peles antes tão lisas. Com menos de dois anos de diferença com Cléo, Laura mantinha ainda mais contornos infantis, enquanto a amiga tinha o corpo de uma mulher feita.

Os cabelos negros de Aída mostravam alguns fios brancos quando Rosa, a mais velha as moças da casa em frente abandonou a tarefa eterna do bordado. Quando completou trinta e cinco anos passou a se dedicar à limpeza da casa e a cozinhar, substituindo a mãe, cada vez mais gorda, esgotada por tantos nascimentos.

–Colocar tantas filhas no mundo minou minhas forças! Dizia isso com ar queixoso, a papada tremendo sobre o peito, os lábios besuntados da gordura da costeleta de porco que devorava em imensas porções. A cada semana tinham de alargar os vestidos, costurar novos panos para vestir o corpanzil que crescia a olhos vistos. Nada lhe negavam, era a mãe, a matriz que as gerou, deviam a ela todos os cuidados

94 | O Sangue das Almas

e D. Assunta se aproveitava, queixava-se de dores imaginárias, simulava falta de ar de tanto esgotamento, apertava as têmporas supondo uma enxaqueca, socorrida prontamente pelas filhas. Aos poucos, deixou para as moças os cuidados caseiros, reclamava de dores nas pernas, azia, dor de estômago: –*Não uaguento mais tanto sofrimento, Deus devia ter pena de mim e me levar deste mundo;* lamentava-se enchendo a boca de pedaços de bolo de fubá cremoso, o recheio a escorrer pelos dedos gorduchos: –*De que sirvo para este mundo?* A boquinha rechonchuda se arredondava em amuo: –*Só dou trabalho para minhas meninas!* Os olhinhos ladinos, imersos nas camadas de gordura, se enterneciam e ficavam molhados enquanto agarrava avidamente uma coxinha de galinha feita pelas mãos diligentes de Rosa. Passava o dia na cama ou no sofá, atendida o tempo todo pelas filhas que lhe massageavam as costas, lhe pintavam as unhas dos pés, pois mantinha intacta a vaidade, traziam jarras de limonada ou suco de mamão com laranja, abanavam o rosto com um leque: – *Mãezinha, não fale assim, você é tudo para nós, venha, descanse, você já trabalhou demais na vida, deixe que nós faremos tudo que for preciso, venha aqui sentar na sua cadeira de balanço que nós lhe traremos um pouco de sopa.* Ela dava um sorriso agradecido: –*Um pouquinho só minhas filhas, sabem que não devo comer muito, também ando sem apetite, devo estar doente, mas quem sabe a sopa vai acalmar o fogo do meu estômago, me sinto tão fraca...*

Aguardava a terrina fumegante, onde nacos de toucinho boiavam gordurentos em meio aos legumes e ao arroz, pedia mais um prato, depois mais um pouquinho, cheia de plenitude, dava um arroto sonoro, aliviava sem pudor os gases represados e quase suplicava, tal o queixume da voz, para que ligassem a televisão: –*Está na hora da novela, talvez isso me distraia um pouco, ando tão nervosa, tão cansada.*

As moças corriam, arrumavam o jantar, serviam o pai, lavavam a louça, guardavam tudo e iam rodeá-la, sentar ao seu lado na sala, onde lhe estava reservado o melhor sofá e juntas, com a jovem Maria Clara e a gorda mãe, enquanto o pai fumava seu cigarro de palha na varanda, soltavam suspiros com os amores satisfeitos e não satisfeitos apresentados na tela. Fingiam não ouvir os arrotos mal disfarçados e os odores terríveis da sua irreprimível flatulência, colocavam delicadamente as mãos sobre as narinas, prendiam a respiração por alguns instantes, inutilmente. O fedor permanecia no ar como coisa sólida. Mal colocavam a mãe na cama, apressavam-se em abrir as janelas e borrifar o ar com perfume de rosas para expulsar do ambiente o cheiro que impregnava o sofá e toda a sala. No dia seguinte, se o mau cheiro persistia, tiravam as cadeiras e punham ao sol, esfregavam o chão, limpavam as paredes, queimavam cascas secas de laranja e os gases de Assunta se evaporavam sob suas mãos diligentes, até a noite pelo menos, quando iriam novamente se emocionar com os amores construídos para divertir e fazer sonhar. Passaram a trazer para dentro da casa as lindas flores cultivadas por Rosa, jasmins, camélias, rosas, lírios, tudo o que pudesse tirar o odor que a impregnava como uma praga, gases que se infiltravam pelas frestas e faziam lagartixas e baratas fugirem espavoridas, aranhas despencarem do teto e mosquitos recuarem já na porta de entrada. As manduris desistiram de fazer seus ninhos nos beirais do telhado e foram em bando para a casa de Laura que se deliciava com seu vôo delicado e com a tessitura das pequenas colméias brilhantes sob o sol.

9. Rosa

Rosa, na escuridão da sala, banhada pela luz azulada do televisor em preto e branco, sentia os olhos naufragados em lágrimas nunca vertidas. Romântica ao extremo, o rosto sem atrativos que não animou nenhum candidato a marido. Possuía modos bruscos, olhos pequenos e míopes, um sombreado escuro em cima dos lábios que sugeria um caráter forte, o que encobria uma natureza amorosa que nunca emergia no cotidiano. O corpo era sólido, pesado, ossos compactos, costumava andar dura como um soldado, os quadris imóveis e se vestia como uma freira com roupas escuras, fechadas no pescoço, mangas compridas encobrindo braços peludos que a punham envergonhada, assim como os pêlos escuros no vão dos seios, que ela secretamente raspava na hora do banho para vê-los renascer dois dias depois. Raramente sorria e quando o fazia, mais parecia um rasgo aberto na cara, para se fechar em seguida. Laura tinha medo dela e Serena gostava de lhe mostrar a língua quando a via pelas costas, no quintal da casa do outro lado da rua estendendo roupas no varal, até que um dia ela se virou de repente e ao ver o gesto deu um sorriso tão triste, de partir o coração, que Laura deu um tabefe na cabeça da irmã e contou para a mãe que, com seu olhar de doçura, a cada dia mais enevoado lhe ensinou que as pessoas não são a sua aparência exterior, mas a bondade que carregam no coração. Serena não entendeu nada e se vingou da irmã pintando o rosto de sua boneca preferida com batom até esta ficar com cara de palhaço, o que rendeu a Laura rios de lágrimas.

Apesar da aparência, Rosa tinha uma voz de cotovia e costumava cantar alto quando lavava roupas e as punha secar. Os passantes refreavam o passo para ouvir os gorjeios de pássaro que saíam daquela garganta encimada por um rosto sem beleza. Rosa, voz de cotovia, coração de criança. Rosa, sem perfume e sem cor. Rosa, a música na garganta falando de amor:

> *meu amor que partiu para tão longe*
> *volte logo, não esqueça de mim,*
> *que te espero neste lugar tão distante,*
> *onde nunca consigo sorrir...*
> *meu amor volte logo eu suplico*
> *volte a mim que morro por ti*
> *volte logo, querido, eu te espero*
> *e esperando ficarei sempre aqui...*

O som ondulava por sobre cercas e chaminés, invadia o Jardim das Delícias e os pássaros esticavam os pescoços para ouvir, repentinamente quietos, atentos à voz suave de Rosa que chorou anos sobre a agulha e o bastidor, um amor que nunca teria. Que se esgotou entre trabalhos e bordados, a lamentar a aridez da vida, odiando o útero que secava e que nunca iria parir, os seios que murchavam sem jamais se encherem de leite para alimentar uma criança, sem nunca terem sido tocados, beijados, acariciados. Enquanto se debruçou sobre os bordados nas tardes na varanda, e a agulha caminhava lentamente pelo tecido macio, as mãos quase inertes sobre a tessitura, o coração inconsútil aguardando a inevitável solidão, os cabelos onde fios brancos surgiam e eram arrancados para retardar o passo inexorável da existência, sonhou e rezou por um pretendente. Inutilmente. Deus e os santos parecem não se compadecer de mulheres sós que oram por um homem que as ame. Ninguém suspeitava do coração em fogo, dos sonhos se fazendo cinzas, achavam que não sentia vontade de se casar, que a vida caseira a satisfazia, sem atinarem para a tristeza que se instalava como uma nódoa em seu peito a cada aniversário que lhe deixava mais distante do casamento e de sua ânsia em ser mãe. A cada menstruação se perguntava quando seria a última e na hora do banho tocava os seios com afeto, imaginando a boquinha de um recém-nascido sugando o leite que ela ofertaria com generosidade. Gostava de cuidar do jardim em

98 | O Sangue das Almas

frente da casa; possuía rosas, violetas, açucenas, dálias, margaridas em profusão, pingos de cor que alegravam a rua. As irmãs contaram para Aída que o jardim era assim bonito porque quando Rosa trabalhava na terra ela cantava, e enquanto cantava chorava, não sabiam por que. *–Deve ser por gostar muito de plantas ou sentir saudades de alguém, não imaginamos quem.* Respondiam todas.

Sempre calada e avessa a conversas ou confidências, Rosa deixava que as lágrimas molhassem as plantas na época do clima seco e estas vicejavam como em nenhum outro jardim. –Por que ela chora tanto? Aída perguntou, a voz de doçura carregada de compaixão.

–Achamos que um dia ela gostou de alguém, mas ela nunca nos disse, as irmãs-flores responderam em coro. E não disseram mais nada. Apesar de muito unidas e se amarem sinceramente, não costumavam fazer confidências umas sobre as outras.

Laura que ouvia tudo, interessada, abriu a boca para perguntar, mas os olhos da mãe a fizeram se calar. *–Por que gostar de alguém faz chorar, mamãe?* Os olhos negros a fitaram com pena, enquanto acompanhavam o vôo das manduris fazendo mais um de seus ninhos no teto da varanda. *–Porque o amor dói, Laura, às vezes dói muito, sentimentos são como lâminas, cortam fundo e fazem doer...* E seus olhos eram como pássaros voando sobre o horizonte.

Rosa sonhava, como todas as moças, em ter sua casa, seu marido seus filhos. Sonhou por anos a fio e um dia, ao se olhar no espelho percebeu que seu tempo tinha passado. Os seios caíam como duas frutas pendentes dos galhos, as pernas se enchiam de veias azuis e havia bolsas sob os olhos. Foi se despindo lentamente e notou a protuberância do ventre, a flacidez das coxas, o arqueado das costas. Acariciou o próprio corpo como um amante afetuoso e tocou a medo os pêlos pubianos. Com dor viu que fios brancos se entremeavam aos negros. *–Nunca, nunca, jamais para mim o amor será permitido, estou secando como uma flor ao sol.* Não chorou, apenas soluços secos fizeram doer sua garganta. Quando saiu do quarto decidiu que iria cantar todos os dias, o tempo todo, ao cantar driblaria a dor e o desespero, cantando afugentaria a solidão. Cantando atrairia algum amor? Começou a cantar e foi ao jardim onde as roseiras se abriam em um esplendor quase obsceno. Rosa, com uma voz que parecia um gorjeio, cantou como um pássaro a se despedir do verão e os botões se abriram; as borboletas chegaram aos bandos, cada vez mais numerosas, pousaram nos beirais do telhado e a ficaram contemplando para em seguida esvoaçarem ao seu redor enquanto os pássaros que também chegaram a acompanharam em coro. A mãe chamou pedindo por comida e Rosa respondeu em notas musicais. Acostumadas às suas excentricidades, a mãe e as irmãs levaram na brincadeira as respostas musicais; conforme as semanas se passaram ficaram apreensivas, pensaram em levá-la ao médico, mas Rosa continuou a mesma de sempre, com a diferença que somente falava cantando. Nunca mais pronunciou uma frase que não fosse em música. As pessoas do lugar já não se espantavam com a estranha família das moças com nomes de flores e Rosa tinha uma voz tão musical, tão delicadamente terna que era um prazer ouvi-la. A voz flutuava pelo jardim, escorria pelas paredes e saía pela rua acariciando pessoas, plantas e animais; e todos que a ouviam iam para seus lares mais felizes pensando que uma voz assim fazia acreditar que anjos existiam e viviam ali mesmo em Manduri, cada vez mais invadida pelas abelhas douradas que faziam seus ninhos sob as árvores e sob os telhados.

Rosa desistiu definitivamente do enxoval. Substituiu os trabalhos de agulha pela música que jorrava de sua garganta, como uma cascata nas tardes de verão e nas noites de inverno. Cantava desde o amanhecer até que o sol se escondia. Continuava a cantar durante as horas noturnas e só se calava durante o sono, ou na hora da novela na televisão, quando apenas cantarolava em pensamento, esquecida para sempre das peças bordadas, das rendas e das linhas coloridas, para ela nunca mais sonhos de amor, apenas música. Uma música que se quebrou em uma noite, a mesma em que a infância de Laura e Serena naufragou e Cléo descobriu tarde demais a força destruidora dos sentimentos. Uma melodia sempiterna que se calou naquela noite e nunca mais voltou, tirando de Rosa os últimos vestígios de esperança.

Aos dezoito anos Rosa não era uma bela moça no sentido comum da palavra, mas era simpática, amável. Os olhos castanho-claros eram doces e a pele perfeita, embora os lábios fossem finos e as sobrancelhas um pouco grossas, o que fazia sofrer frente ao espelho, arrancando os fios duros e negros com uma pinça, até seus olhos lacrimejarem. Todas as sextas-feiras pela manhã, Rosa, pegava o livro de orações, a mantilha branca para cobrir os cabelos, o terço de madrepérola e, com ar digno, atravessava a praça em frente ao casarão da família para ir à igreja confessar-se com o velho vigário, meio cego e quase completamente surdo, que cochilava no calor abafado do confessionário, tardiamente farto dos pecadilhos que saíam da boca das velhas carolas todas as semanas, *perdoe-me padre porque pequei...* Os mesmos e repetidos deslizes, as infames invejazinhas, picuinhas de velhotas desejosas de um pecado forte, verdadeiro, merecedor das penas do inferno, amaldiçoando para sempre suas almas inúteis, seus corpos mofados na faina de enfeitar altares olhando para os rostos mortiços dos santos, desejando a volúpia das santas martirizadas, flechadas com dardos pontudos, duros ferros em brasa penetrando a carne, inflamando a dor e o espírito... *perdoe-me padre porque pequei, invejei a roupa nova de minha irmã, tive ciúmes de minha tia, sonhei coisas feias com meu cunhado, comi doces demais no batizado de meu sobrinho, falei um palavrão em voz bem baixa, ninguém ouviu, pequei em pensamento, isso mesmo, tive pensamentos impuros, mas ele é tão lindo padre, tem uma boca assim meio úmida, os braços são cheios de carne tensa, túrgida, as coxas enchem o pano das calças, os músculos se desenham debaixo da camisa e os botões que ele não fecha exibem aos meus olhos famintos os pelos de seu peito.* As palavras transbordavam das bocas sem lubricidade, despejavam oleosamente a dor da inveja pelo que não puderam ser e fazer, amargando seus corações ressequidos, oprimindo os seios murchos, achatados, nunca tocados, afagados, seu rancor intoxicando o ar do confessionário, envenenando os pulmões do velho pároco com seus miasmas, *perdoe-me padre porque pequei, não por não querer, por não desejar, mas por não ter, não poder, ah, principalmente por não ter.* O pároco babava de sono e tédio no espaço exíguo, quase um oratório. Fazia sempre calor e ele queria somente sair dali o mais rápido possível e mandar essas solteironas reprimidas para o inferno com seus pecados veniais, seus quadris estéreis, suas dores lamentosas, seus queixumes que cessariam se tivessem um homem para saciar suas vontades, pois é isso que elas têm – vontades!

Não ousa falar desejos da carne, putaria, tesão, safadeza, fornicação, sem-vergonhice, está velho demais para lembrar dessas coisas, para ousar trazê-las à sua mente, tão distantes se acham no tempo, anos demais se passaram desde que se deitou sobre uma mulher, violando seus votos de castidade, cansado da solidão da dura cama de solteiro. As confissões escorriam como água suja das bocas de carolas envelhecidas que ainda tinham ilusões e agora chafurdavam sobre ele, como porcas num buraco de lixo, despejando o bafio de seus queixumes, o hálito fedorento de sua falta de amor. Quando Rosa se aproximava, os ouvidos do padre se abriam, as orelhas abanavam como as de um cachorro quando ouve um ruído estranho, enquanto ela vinha com aquele andar silencioso que seus ouvidos podiam apenas pressentir, o roçar excitante das saias, o perfume discreto – *parece jasmim em noite de luar* – invadindo o calor cada vez mais asfixiante do confessionário, a voz que sussurrava, o hálito doce através da grade, o rosto semi-encoberto pela mantilha de renda branca, o tilintar das contas do terço de madrepérola nas mãos. Ele aguçava os ouvidos, valia a pena escutar a jovem Rosa depois do resfolegar roufenho das velhotas nunca amadas ferindo o ar com sua voz de arrependimento pela solteirice irremediável, o cheiro de senilidade a se aproximar a passos largos, enchendo o seu olfato com o fedor das coisas não resolvidas, das noites brancas, do rolar nas camas pouco servidas, as mãos fartas de missais ungidas de água benta e perfume de lavanda, onde o odor do solitário roçar noturno permanece impregnado na carne, como um prego fincado numa pedra, definitivamente sem remédio. Ouvia os sussurros de Rosa: –*Perdoe-me padre porque pequei. Tive pensamentos impuros que me corroem os dias e se colam nas minhas noites, noites tão brancas como as das velhotas carolas em suas camas vazias e não servidas. Meus*

102 | O Sangue das Almas

desejos formam marcas no meu rosto, fazem crescer meus seios, arredondam meus quadris, deslizam sob minhas saias, acariciam minhas coxas e sobem para um lugar entre as pernas que está permanentemente úmido à espera, suado, emaranhado de desejo, exalando cheiros que sobem até as narinas e se cruzam com os meus pensamentos que ficam cada vez mais impuros. Peco assim todos os dias, todas as horas, padre, em cada minuto de minha vida com um homem com quem cruzo meu olhar e para quem pareço não existir. Adivinho o que ele pode me dar, ouço o som da sua voz nos meus ouvidos, sinto o roçar áspero das pernas na maciez das minhas, o toque das mãos que deve ser gentil, suave, a sua carne na minha, cada vez mais fundo, cada vez mais forte, cada vez mais dentro, ai, padre, me perdoe por pecar assim. O padre, encurvado no confessionário quente como um dia de verão no inferno, sentia a boca cheia de saliva que escorria pelos cantos e respirava forte: *–ai, digo eu, ai se fossem vinte anos antes, ai como eu poderia acalmar em você esse fogo, antes que você murche neste lugarejo como essas solteironas fétidas que se jogam sobre mim, como se na minha pobre condição eu pudesse absolver seus desejos mal resolvidos, revivescer seus corpos nunca tocados, nunca desfrutados, jamais feridos pela dor do amor.*

–Eu a absolvo, minha filha, reze suas orações, peça perdão por seus pecados, vá e não peque mais, (*não me arrebente mais de nostalgia nesta cabina escura com cheiro de pecado velho*), volte para sua casa, para sua cama de solteira, com seu pensamento livre desses desejos pecaminosos, (*afaste-se deste meu corpo senil que não consegue apresentar mais nem uma reação, nem um ligeiro tremular, nem um resquício de vida*), não olhe mais para esse homem, entregue sua virgindade apenas ao seu futuro esposo, espere pelo seu casamento, faça sua penitência, espelhe-se no exemplo da Mãe de Deus, seja toda pureza, toda imaculada, toda voltada para o espírito, esqueça essas tentações da carne, filha minha, elas levam ao inferno, elas são perdição e dor, (*e disso sei, eu que desbaratei meus dias entre a virtude e o pecado, entre o desejo e a culpa, entre a tentação e a vontade, entre a rebeldia e a paixão e, em todos os momentos fui vencido; meus desejos saíram triunfantes do meu insignificante temor, da minha fé desequilibrada, da minha pobre resistência, inútil, infeliz demais para perdurar por muito tempo antes de cair prazeroso nos braços complacentes da mulher que nunca esqueço).*

Eu a absolvo, filha, em nome de Deus *(tomara que Ele não ouça meus pensamentos, tomara Ele não saiba das minhas fraquezas, perdidas no tempo onde não havia solidão),* e insisto, não peque mais, livre-se desses pensamentos impuros, desses desejos nefastos, desse fogo que a devora, *(ai, se eu ainda pudesse, ai, se fossem anos antes você não sairia daqui com seu peito vazio, com esse ardor entre as pernas, com os seios intocados, tomara Ele não me ouça, deve estar ocupado demais, há tantas guerras no mundo, tanta fome, tanta miséria, tanta morte, tanta doença, por que iria se preocupar com os pensamentos lascivos de um ancião perdido numa cidadezinha no fim do mundo, povoada de solteironas que não conseguiram pecar, de velhos impotentes de tanto pecar- como eu- mas não consigo, ainda hoje, ai de mim, ver pecado na carne, no ventre, na boca que beija!).*

Rosa, com os joelhos doloridos se levantava. Mais uma vez não ousou dizer o nome daquele por quem velava nas noites de insônia. Suas faces estavam vermelhas e havia gotas de suor sobre os lábios. As mãos tremiam e se apegavam às contas do rosário, ao livro de orações, puxava a mantilha de renda branca sobre o rosto, murmurava suas orações nos ouvidos aflitos do outro lado na penumbra, *assim seja, padre!* Levantava-se e saia caminhando pela nave da igreja ao encontro da tarde amena, quase fresca. Abria a porta e um arrepio a fazia tremer no instante em que a brisa colava seu vestido às pernas e refrescava o calor do sexo sob a calcinha úmida. Sentia um olhar vindo lá dentro do confessionário que lhe atravessava o corpo como um punhal em chamas, descia lentamente pela escadaria, ainda tem e impressão do olhar nas suas costas e um suspiro quase inaudível chegava aos seus ouvidos, sorria triunfante, cada dia gostava mais desse pecado absolvido repetidamente. Uma vez na rua, na praça onde os pássaros se recolhiam em algazarra, deixava que o vento levantasse o pano leve do vestido e o seu sopro erótico lhe delineasse as formas, desenhando ancas e pernas como numa escultura. No jardim que rodeia a igreja havia arbustos de azaléas em pleno florescer e tingiam de matizes a tarde de primavera. Uma primavera quente que fazia as abelhas zumbirem erotizadas e as borboletas dançarem seu jogo de acasalamento sob os olhares complacentes de todos. Às vezes, cães vadios copulavam desavergonhados na praça e a faziam desviar os olhos, o que não iriam dizer se a vissem assim, olhando cães copulando tão ferozmente? Um homem costumava ficar sentado sob a jaqueira, um lindo homem de olhos azuis e sonhos impossíveis. Ele nunca a olhou, perdido que estava com seu pensamento no horizonte inexistente. *Por que não pode me olhar se estou me deixando ser vista?* Os olhos dela se demoravam nas suas costas onde a camisa estava úmida de transpiração, apressava o passo para sentir o cheiro que saía dele como um apelo, como música ao crepúsculo, abria a boca para respirar melhor e a ardência recomeçava, lhe umedecia as pernas e lhe dava uma aflição, uma tontura, uma vontade sem remédio, sem saciedade possível, esquecida dos conselhos sábios do velho pároco, ali, naquele lugar, naquela praça onde cães copulavam sem pudor. *Por que não podemos deitar aqui sob o céu que esfria ao cair da tarde e copular ferozmente como os cães, os gatos vadios, as borboletas se desmanchando em cores e gozo?*

O homem permanece imóvel. Horácio Longo já não estava mais no mundo cotidiano onde havia enterrado sua vida. *Se ao menos se virasse e me fizesse um só sinal, um movimento dos lábios, um gesto discreto com as mãos, se enviasse uma promessa de amanhã, antes que seja tarde demais, antes que meu corpo se resseque ao frio do inverno como o das solteironas mal amadas que enfeitam os altares para se comprazer aos olhos mortiços dos santos, antes de despejar sua torrente de misérias nos ouvidos quase surdos do velho padre. Se fitasse meu rosto se liquefazendo em desejo e aplacasse a sede de meus lábios eu me deixaria levar, sem promessas de amanhã, sem juras de amor, sem projetos de futuro, apenas me deixaria amar e desfrutar, nessa primavera que explode em cores, como uma gata vadia, uma cadela das ruas, copulando insensatamente debaixo de moitas, em desvãos escondidos...*

Rosa lembrava a conversa sussurrada que ouviu da velha tia, (mais uma carola enfeitadora de altares na igreja e algoz do pobre pároco no desfilar eterno no confessionário de seu rosário de pecadilhos), em voz baixa na varanda com a vizinha, outra solteirona a contragosto, acerca do boato que passava de boca em boca sobre a mulher do coletor de impostos, uma morena espevitada, dona de quadris rebolantes e seios permanentemente expostos num decote indiscreto que alucinava os adolescentes espinhentos pelos hormônios em ebulição. A mulher se tomou de amores por um jovem lixeiro que passava com a carroça puxada por dois burros e recolhia o lixo defronte das casas, erguendo pesadas latas com braços poderosos, o rosto negro perolado de suor, para depois levá-lo ao aterro sanitário, espantando os urubus e as ratazanas com sua voz forte entoando canções de amor e melancolia. Numa dessas incursões, a mulher morena casada com o coletor de impostos o seguiu, determinada, os olhos fitos em um sonho, em um desejo irreprimível, caminhou sem olhar para as frestas nas janelas emolduradas por rostos sorrateiros. Moleques da redondeza que iam procurar no lixo os brinquedos e os alimentos que faltavam em casa os flagraram (nesse momento a voz da tia se abaixou ainda mais num cochicho e Rosa colou o ouvido à janela para apanhar a frase seguida da exclamação da vizinha onde havia uma nota imperceptível de lubricidade e de inveja): –*Os dois estavam de pé atrás de um monte de lixo, e ele se enfiava dentro dela e ela gemia e gritava, pareciam dois cachorros no cio!*

–*Que nojeira!* – exclamou a vizinha.

–*Que pouca vergonha!* – completou a tia velha; e as duas se calaram em um silêncio doloroso, mais um queixume íntimo que disfarçava um ressentimento de coisas perdidas e nunca mais recuperadas.

A cena do lixeiro e da mulher do coletor de impostos a perseguiu nas suas noites insones, torturaram seu corpo imaculado e fez seus olhos se rodearem de manchas negras. O homem amado e inatingível fechou a porta definitivamente sobre seu desejo, apagou qualquer promessa de amanhã, sem saber o que teria se tivesse ousado ou, simplesmente adivinhado. A transparente disponibilidade dela escorreu pela tarde como água de chuva na sarjeta e levou mais uma oportunidade perdida. Se ele se virasse e a olhasse nos olhos poderiam ter terminado o dia fazendo amor naquele fim de primavera. Isso ausentaria de seu corpo a solidão, antes do vazio definitivo. *Eu daria a você estes tristes anos que desperdiçarei de donzelice indesejada, os ofereceria prazerosamente como frutas num cesto, prontas para serem comidas, degustadas, consumidas, à mercê dos seus gemidos e do seu gozo de homem, daria a você meus anos se amadurecendo pelo tempo que fosse preciso, sem necessidade de amanhã, sem promessas de futuro, apenas hoje, rolando pelo crepúsculo como dois cães vadios, como gatos sensuais, como borboletas no cio, se apenas olhasse para mim agora.*

10. Violeta

Após a morte de Horácio Longo, depois da espera inútil de Rosa, do cansaço que invadiu seu corpo agora maduro, os bordados, os lençóis de linho e rendas, as toalhas de mesa, as peças de crochê feitas em primoroso trabalho de agulha, passaram para as mãos de Violeta. Ao lado das outras irmãs acrescentou ao enxoval seus próprios lavores, guardanapos pintados com motivos floridos e toalhinhas de bandeja bordadas em crivo e ponto cruz. Seria ela a próxima herdeira do enxoval na escala amorosa montada pela ingenuidade familiar e estava confiante. Violeta não era sem atrativos como a irmã mais velha, mas tinha um sério problema alérgico que a fazia respirar em haustos fortes e devolver o ar com um sibilo. A eterna poeira amarela de Manduri e o pólen das abelhas eram responsáveis pela sua falta de ar que se agravava na primavera e nos meses secos. Somente algum alívio lhe chegava quando dezembro e as chuvas transformavam a terra em lama e as abelhas ficavam quietas nos beirais dos telhados. Nos meses de seca, seus olhos se ornamentavam de olheiras fundas e escuras, o que salientava a sua cor azul e respirava em haustos que a deixavam cansada e com uma palidez doentia, numa prostração que não raro a fazia abandonar o trabalho com o enxoval e ir para a cama por dias a fio, respirando com dificuldade. Quando a crise passava levantava-se ligeira e contrafeita por ter deixado o trabalho, ralhava com as irmãs por não terem feito os bordados como ela queria e se punha a bordar e coser rodeada de ansiedade, como se estivesse de casamento marcado com um noivo ansioso e impaciente. Enquanto bordava ia delineando o perfil do futuro homem amado, como seriam seus lábios, seus cabelos, a cor dos olhos, o porte do corpo. E, nesse devaneio, seguia com a agulha em tal velocidade que muitas vezes esta parecia ter vida própria, deslizava sobre as toalhas de mesa, e até bordava junto as próprias saias, num nó indecifrável, apertado e ansioso e as demais tinham um imenso trabalho para desatar. Certa vez, nesse ritmo de ansiedade, entrelaçou os fios dos longos cabelos com os fios multicoloridos das linhas, ao bordar ramos de violeta num lençol, num atado tão irredutível que precisou cortar mechas que formaram um desenho primoroso. O que não dizia às irmãs é que começava a duvidar.

O destino a fez conhecer Aléssio na feira anual para arrecadar fundos para a igreja. Estava num de seus raros dias em que a respiração saía um pouco mais leve sem aquele terrível som sibilante. Enquanto vendia broas de milho e bolos de fubá na barraca da quermesse, falava com o santo padroeiro para lhe arrumar um noivo e assim, ser a primeira a usar o enxoval do baú. Quando abriu os olhos, ele estava na sua frente com um bigode tão grande e tão lustroso que sentiu o ar lhe faltar, ficou pálida, ensaiou um desmaio logo contido. Se conheceram melhor e, em breve, começaram um noivado sob as bênçãos da família. Ele gostou dos olhos azuis e ignorou o chiado do peito até a entrada do período da seca, quando seus pulmões pareciam locomotivas a vapor entrando na estação de trem, *sssshhhh, ssshhhh*, diziam no lugar das palavras que ela gostaria de pronunciar com a mesma voz de Greta Garbo e talvez de Aída, uma voz que pingasse doçura como mel a escorrer de favos. No entanto, só conseguia falar em sussurros, um som rascante como lixa sobre madeira crua, *sssssshhh, Aléssio, eu ssssssssshhhh, o amo muito ssshhhhh*. Aléssio a abraçava com respeito e carinho, penalizado pelo sofrimento dos olhos azuis, pelos pulmões torturados, *sssssssshhhhh* e se despedia apressado, recomendava que ela não apanhasse friagem no portão, que as noites já se faziam frias. *Sssssssshhhh, boa noite, meu ssssssshhhh, amor*, ela respondia, os olhos azuis refletindo sua paixão e enviava beijos com os dedos antes de fechar a porta.

Cléo e Laura, de mãos dadas, cochichavam e riam na escuridão do quarto, espiando pelas frestas das venezianas verdes. A noite espelhava uma lua de São Jorge que matava o dragão e em todos os cantos do seu pequeno mundo, as casas, as ruas, tinham pinceladas de prata. Um cão ladrou ao luar e uma voz de homem zangada gritou com ele. Uma coruja piou sobre o casal no portão, observados por duas adolescentes que não se largavam. Violeta beijava os lábios de Aléssio, *ssssshhhh, sssssssshhhhhh,* o beijo se prolongou e ela encostou seu corpo no dele que lhe espalmou o seio, alguns segundos apenas, menos que isso, antes que ela se afastasse num suspiro e da janela as meninas puderam ouvir o chiado *sssssssshh, sssssshh,* e a voz baixa e preocupada do rapaz. Duas espiãs da vida alheia com olhos grudados nas frestas das venezianas, que dormiam juntas para fazer a lição de casa, olhavam a vizinha se despedir do noivo, olhos curiosos sob a luz apagada, escondidas, aos sussurros, na janela do quarto que dava para a rua, num lugar onde os riscos de prata da lança de São Jorge não conseguiam iluminar. Cléo, a boca perfumada de alfazema e mel, os olhos náufragos, o riso contagiante. Tinham ela e Laura enfim um segredo, aumentado a cada dia, explorado ao infinito. Cléo que fazia aniversário em junho quando há lua de São Jorge. Seria seu último aniversário, depois o nada viria arrebatá-la e deixar a ausência da sua mão doce-de-leite e do cheiro de alfazema de sua boca. Ela pegava os vagalumes e os punha em frascos de vidro vazios, *Laura veja como brilham, eu adoro vagalumes!* Cléo que não gostava de aranhas porque tinham muitas pernas e que adorava vagalumes porque brilhavam em luz verde, que confiava nas pessoas, que a cada dia tinha mais verde nos olhos e mais ouro nos cabelos, cujos seios cresciam e os quadris se arredondavam, as pernas se esculpiam como as das estátuas, a cintura se estreitava e o andar bamboleante, como uma patinha dançando na chuva. Cléo, a desejada por todos, cujo nome virou saudade e que chamou Laura de dentro de seu ataúde, sob a abóbada da igreja matriz no meio da praça, onde ficava a jaqueira dos pardais e o banco de excrementos; a chamou nesse dia de chuva e dor e piscou os olhos para ela, mostrando a aranha que descia sobre seu rosto branco. Ela também falou dentro da cabeça de Laura que não tinha mais medo, *as aranhas são apenas bichinhos com muitas pernas, Laura, precisam de pernas para fugirem daqueles que matam, que pegam que agarram, que machucam, que não deixam viver.*

110 | O Sangue das Almas

Disse que não estava com frio e que esse seria seu segredo, *morrer dói só na hora e não deixa a gente com frio, é como flutuar num sonho, mas sentimentos são piores, são como lâminas, cortam fundo e fazem doer...* Depois da despedida de mãos que espalmaram seios no portão, na noite da lua de São Jorge, em que o chiado de Violeta ficou ainda mais intenso, Aléssio começou a olhar para ela com desgosto. A respiração arfante de asmática se acentuava a cada carinho, a cada toque urgente de seu corpo ansioso, como um piano afinado, sensível a um simples roçar. Violeta entrava rapidamente, as mãos ajeitavam a blusa, alisavam os cabelos, corria para a agulha e o bastidor. Urgia concluir os bordados, arrematar as últimas peças, dar o toque final nos monogramas, entrelaçados em flores e corações. Sentia um arrepio no corpo, uma ansiedade que atormentava, um calor estranho que vinha de entre as pernas e subia ao peito que se encolhia em busca de ar. As irmãs ajudavam, fronhas eram costuradas, toalhas lavadas e passadas, eram dados os últimos retoques nos panos de pratos. As agulhas corriam pelo tecido, está na hora, já se faz tarde, diziam e Violeta bordava durante o dia e se despedia de Aléssio, *sssssshhhhh, ssssshhhh,* na noite de prata, no portão complacente, seios espalmados por mãos urgentes, coxas se derretendo e o chiado que crescia cada vez mais, *sssshhhh, ssssshhhh,* invadia o peito, jogava círculos escuros sob os olhos, saliva na língua e fogo no ventre. Violeta entrava e ia ao baú dos guardados, preciso me apressar, o tempo não espera, as mãos estão urgentes e esse fogo me queima a cada dia mais e não posso respirar, o ar me falta a cada toque nos seios, a cada beijo nos lábios, preciso me apressar, repetia a agulha que corria indicando o caminho para as linhas de diversas cores. O peito se afundava mais e mais pela urgência do desejo, as mãos nos seios no portão, sob a lua de prata cada vez mais complacente, desciam pelas costas, apertavam nádegas arrepiadas, invadiam o interior das coxas, alisavam o sexo. *Sssshhhhhh, ssssssssshhhh,* duas adolescentes de olhos brilhantes espiavam pelas frestas das venezianas no quarto que dava para a rua. *Ssssssssshhhhhhhh, sssssssshhhhhh,* a prata indiscreta da lua mostrava por instantes as mãos dos amantes, a mão de Aléssio entre as pernas de Violeta, as mãos de Violeta segurando algo que saía de dentro dele como um cabo. Uma coisa assim, nunca vista! O chiado a ondular pela rua banhada em prata, *sssshhhhh, ssshhhh*, perturbava o sono, fazia ladrar o cão que gania ao som da voz zangada de um homem, separava os amantes insaciados, a melodia do chiado embalava sonhos adolescentes, despertava sensações desconhecidas, imprimia a marca do querer saber mais. E o enxoval crescia, sob o toque urgente das mãos de Violeta, mãos que agora sabiam outros toques, os quais aumentavam a cada dia, como aumentava aquilo que saía de dentro de Aléssio ao toque das mãos de Violeta, *é urgente, é urgente*, diziam as agulhas e corriam cada vez mais rápidas sobre as tessituras infinitas. Após meses de apalpações, agonias e chiados cada vez mais intensos, Aléssio pensou melhor sobre a ideia de escutar o som agoniante durante dias e noites, pelo resto da vida, e sumiu inesperadamente, sem explicações, apesar do calor dos seios de Violeta ainda nas mãos. Não tinha família no lugar, ninguém a quem tivesse de dar explicações e muito menos informar o seu destino. Violeta, as mãos em suspenso, depositou as agulhas para sempre, o corpo saudoso, o ventre em chamas, as coxas a abrigar um vulcão que subia ao peito e lhe tirava o ar, *sssssshhhhhh, sssssshhhhhh*.

Na casa em frente, duas adolescentes que fingiam dormir juntas para estudar, não mais tinham o que espiar sob a lua de São Jorge nas noites frias de junho quando o luar se esparramava como prata pelos telhados, pelos bancos do jardim, pelos ninhos das manduris nos beirais do telhado. Nenhum som de peito ofegante e de coxas em fogo atravessaria mais o ar com cheiro de mel. O cão parou de latir. O homem da voz zangada, após muitos meses, conseguiu dormir tranquilo. Laura e Cléo, desapontadas voltaram à lição de casa, que se fizera aguardar por noites a fio, nada mais havia para ver no portão à noite.

Na casa de Laura, o drama cotidiano começava a mostrar suas fauces escancaradas e Aída ficava visivelmente mais cansada a cada dia e se desligava do mundo ao redor. As noites de acusação estavam conseguindo imprimir sua marca em definitivo. O Ódio estava superando o Amor. Serena tinha suas próprias amigas e Laura tinha Cléo,

112 | O Sangue das Almas

olhos naufragados em mar ao entardecer, cabelos de poeira dourada, mãos de doce-de-leite, hálito de alfazema. Aniversário de quinze anos em junho de lua de São Jorge, o último. Antes disso haviam descoberto ovos de lagartixa no velho muro de pedras do quintal de borboletas. Cléo mostrou-lhe como abri-los para ver os embriões se retorcerem sob o sol. Laura não gostou e estremeceu de nojo e pena. Ela riu dos seus sentimentos, *não se deve rir de sentimentos de ninguém, Cléo!* Laura deveria ter dito isso a ela, talvez pudesse salvar sua vida, sentimentos são como lâminas finas que cortam fundo. Se tivesse dito para ela que não deveria rir de sentimentos, talvez os olhos tingidos de mar não a fitassem no futuro próximo de dentro de um caixão branco e ela não lhe mostraria as patas da aranha descendo do teto em direção ao seu rosto imóvel. *Sentimentos são como teias de aranha, Cléo, nos enredam suavemente e fazem com que os melhores de nós fiquem presos, amarrados firmemente como moscas.* Mas, quem iria acreditar numa menina magrinha e feia, cabelos duros e arrepiados que ficava sempre quieta lendo num canto, se ela falasse da força e do poder dos sentimentos?

11. Açucena

As mulheres, por sua familiaridade com o sangue, costumam, muitas vezes ser cruéis, principalmente se lhes são abortados desejos profundos. Violeta se tornou malvada. Era um sentimento feito de farpas e espinhos que dormitavam em seu peito solitário, aflorando sem aviso à menor provocação. Esmagava entre os dedos as flores de Rosa que se abriam no jardim, cercadas de cuidados pelas mãos diligentes que não conheciam outro amor. Despedaçava as pétalas das margaridas, abrias as larvas das borboletas somente para vê-las se retorcerem perante a certeza da vida não mais vivida, estraçalhava caracóis, besouros, joaninhas negras com pintas vermelhas, para desgosto das irmãs e fúria de Laura que amava os bichos como estes devem ser amados. Violeta se recolheu para dentro de si mesma. O peito afundava com o ar entrando em doses cada vez menores; o seio latejava pela lembrança do contato de palmas de mãos em noites de prata; o ventre derretido em fogo, as mãos órfãs nunca mais tocaram numa agulha; e enterrado sob um manto de chiados e de apatia, os desejos despertados pela lua de São Jorge. Com o tempo, com a falta de ar e a desesperança, se tornou ainda mais cruel. Começou a praticar pequenas maldades com as irmãs, ora escondia agulhas, outras vezes desmanchava os bordados durante a noite, ora cortava pedaços de lençóis com a tesoura, fazia furos em almofadas, marcava com nódoas de frutas as toalhas imaculadas, despregava bainhas de camisolas, arrancava as rendas. Aos poucos estava requintada nas suas malvadezas e colocava insetos sob os cobertores de Açucena que os detestava, salgava a massa dos bolos de Margarida quando esta se distraía, deixava a comida no fogão queimar de propósito, arrancava as flores ainda em botão, o que provocava lágrimas em Rosa. O peito chiava em busca de ar e Violeta andava pela casa à noite como um fantasma atormentado, uma alma em pena, a purgar pecados. Caminhava silenciosamente e ia até a cama das irmãs e as fitava fixamente, o que as despertava em sobressalto, com olhos de inveja e desvario. Imaginava uma aliança invisível a brilhar no dedo da mão direita, refletindo a lua de prata que se espreguiçava lá fora e a fazia lembrar-se das mãos de Aléssio, *o maldito que ateou este fogo que me queima o ventre e as coxas, que me espalmou os seios fazendo-me sentir um pouco, apenas um pouco, daquilo que jamais poderei um dia provar, que desmoronou meus castelos e me deixou nesta solidão irreprimível que me enlouquece, e mergulhou minha mente neste poço fundo e escuro do desconsolo.* Andava pela casa a murmurar palavras desconexas, como uma demente, procurava insetos para colocar na comida, agarrava lagartixas e as mutilava, extirpava as asas das borboletas, esmagava besouros negros e arrancava as pernas das aranhas que teciam teias transparentes entre os galhos das roseiras. Com o avançar da desesperança, ao constatar que o noivo jamais voltaria, sua crueldade se aprimorou e começou a maltratar pobres bichinhos que lhe atravessavam o caminho. As irmãs ficavam horrorizadas, mas evitavam repreendê-la por receio de alguma vingança noturna inesperada. Respeitava apenas a mãe que, sem suspeitar das pequenas tragédias que solapavam os alicerces de seu confortável lar, dormia e comia com igual placidez, engordando de forma desatinada.

Um dia a gata deu filhotes e foi um encantamento para Laura e Serena. Maria Clara foi chamá-las, *vejam como são bonitinhos, que pelo macio.* Os gatinhos estavam com os olhos fechados e eram alisados, lambidos pela mãe orgulhosa, as tetas cheias de leite, realizada, um ar feliz nos olhos amarelos. Uma semana depois amanheceram afogados no tanque. Ao ver os pequenos cadáveres, Rosa saiu aos gritos e chorando de pena, enquanto as demais irmãs ficaram mudas, olhando para Violeta sem acreditar. Esta tinha um sorriso cínico e vingativo nos lábios. Aos poucos, conforme os anos foram passando começaram a evitá-la e trancavam as portas dos quartos, escondiam bordados e peças do enxoval fora de seu alcance. Laura e Serena a detestavam pelo que tinha feito com os gatinhos e nunca mais se esqueceram disso, uma das grandes tristezas de sua infância. Violeta, abrigada na insanidade do desejo reprimido, achava forças para viver engendrando planos de vingança contra o desertor. Abandonou definitivamente a confecção do enxoval e deixou tudo nas mãos de Açucena e das demais irmãs mais novas. Estava com o rosto desfigurado pela crueldade que lhe imprimia uma marca escura nas faces antes delicadas. Andava curvada como se lhe doessem as pernas, apertava os seios com as mãos e ficava com o olhar perdido. Quando o mês de junho trazia a prata da lua de São Jorge e se esparramava pelo céu azul-marinho, durante as noites frias de seu desassossego, ficava até altas horas no portão, calada, ofegante, o chiado se ouvindo de longe, as mãos viajantes para sempre órfãs, as coxas em fogo, o ventre em brasa, a dor lá no fundo, doendo, doendo fundo, os seios abandonados a murchar em solidão. Seios que nunca se encherão de leite como o da gata cinzenta, mãe dos gatinhos cinzentos. Os olhos apagados, o chiado perpétuo, *ssshhhh, ssssssssshhhhhh*. Até quando? Nunca mais.

Com o abandono do pretendente de Violeta, Açucena, que ainda não se tornara a profetiza das desgraças, passou a sonhar acordada entre rendas e bastidores. Era tímida, com um jeito meigo, miúda de corpo, simpática. Seus cabelos louros e finos alcançavam os ombros e tinha olhos castanhos doces como as mangas do Jardim das Delícias. Atirou-se entusiasmada à tarefa de aumentar o patrimônio casamenteiro. Exímia no corte e costura, fez aventais, toalhas de mesa, panos de prato bordados, toalhinhas de penteadeira e camisolas enfeitadas. Levava nesse labor dias e noites, sempre calada, um sorriso desenhado no rosto, destinava a cada peça um lugar específico, para um dia especial, *esta toalha usarei quando fizermos aniversário de casamento, este lençol será para a noite de núpcias, este outro para quando tivermos nosso primeiro filho, esta camisola para quando ele me quiser amar.* Seus sonhos paravam por aí, recatada, não conseguia ir além de seu futuro projetado, mesmo que fosse em pensamento. Atirava-se à tarefa com animação e prazer, o rosto resplandecente pela alegria de ter herdado o tesouro abandonado por Violeta e Rosa, de ser a próxima na quase melancólica hierarquia familiar. E mais animada ainda ficou quando conseguiu um namorado, um rapaz conhecido, crescido ali mesmo no bairro, de boa família, trabalhador e direito. Como o pai exigia namoro e noivado, depois de um ano ficaram noivos. A família inteira vibrava de animação, finalmente uma ia se casar! Fizeram uma festa magnífica e no dia seguinte uma tímida Açucena resplandecia de felicidade, os olhos postos na aliança de ouro a reluzir no dedo anular da mão direita. Joia admirada por uma Rosa desiludida que cantava como um rouxinol, por uma Violeta em aflição, devorada pelo fogo, consumida pela asma e pela inveja, a implorar em pensamento pela volta de Aléssio, *essa aliança poderia ser minha, esses sonhos poderiam ser meus, essa tristeza não a quero, você precisa voltar, não fugirei da sua mão espalmada, não deixarei que o ar me falte e lhe pedirei para extinguir esse fogo que devora meu ventre e me escorre pelas coxas, você precisa voltar, não posso deixar o enxoval assim abandonado por estas mãos que não mais se animam, ali enterrei sonhos, em cada peça investi sentimentos, em cada dobra do tecido repousa um suspiro meu!* Enquanto Violeta enlouquecia aos poucos, por dor e ausência, Açucena e as irmãs se afundavam na tarefa bem aventurada de bordar o enxoval. Aguardavam, supersticiosas, o enlace certo que quebraria a corrente amaldiçoada, que abortaria o sortilégio e abriria as portas da felicidade para as demais.

Por essa época, D. Assunta teve acelerado o processo de engorda que não mais teria paradeiro durante o resto de sua longa vida. Feliz com o noivado de uma das filhas engordava a cada dia, entre gritinhos de satisfação perante um quitute bem elaborado e a cada peça do enxoval que era concluída. As filhas a eximiam de qualquer trabalho doméstico e se esmeravam em lhe preparar pratos saborosos que ela devorava com uma ansiedade inigualável. Devotadas ao extremo queriam a mãe feliz todo o tempo e comida era o que mais a alegrava, a sua maior felicidade. Das mãos de Margarida saíam iguarias assombrosas, quindins amarelos, cremosos de gema, bolos de camadas recheadas de creme, tortas doces e salgadas de vários tipos de recheio, de palmito, de frango, de ricota, de coco, de limão. Ela engolia tudo com uma bocarra ávida, o queixo triplo tremeluzindo, salpicado de migalhas que desciam pelo peito, escondiam o pescoço e havia covinhas em suas faces que as filhas adoravam. O busto imenso se projetava pelo decote do vestido e a barriga impedia de ver os pés pequeninos, que não suportavam o peso excessivo do corpo e estavam permanentemente doloridos. Pés de gueixa gorda que fascinavam as meninas da casa em frente e Cléo, que riam dela e a chamavam de baleia, às escondidas. As filhas lhe massageavam os pés, cortavam as unhas, passavam a lixa nos calcanhares rosados, punham esmalte colorido, cuidavam deles como de bebês gorduchos que nunca iriam embalar. Enquanto isso ela comia. D. Assunta comia por dez, comia a toda hora, acordava as filhas durante a noite para lhe levarem chá e bolos, pequenos biscoitos de nata, queijadinhas, tortinhas de abacaxi, sanduíches de carne assada. De manhã engolia litros de café com leite e pedaços de pão feito em casa, com grossa camada de manteiga, arrematados com uma torta de sobremesa. Menos de uma hora depois pedia bolos e sucos de frutas adoçados com mel das manduris. Comia de hora em hora, até o almoço, que era um festim: frangos assados inteiros, pernis de porco a nadarem em gordura, terrinas fumegantes de feijão, onde boiavam nacos de toucinho, que ela misturava com farinha de mandioca e levava à boca com as mãos gorduchas de onde pingava a gordura que escorria até os cotovelos.

Numa noite, Laura foi mostrar a Maria Clara seu desenho do dia das mães. D. Assunta estava na cozinha, sentada na cadeira de balanço, como uma estátua de Buda, igual à que a mãe possuía na cozinha e onde ela colocava moedinhas num pires na sua frente para dar sorte e trazer dinheiro, num tempo em que este rareava em casa. A mulher estava imensa, as dobras do corpo se esparramavam para fora da cadeira, o que deixou a menina ansiosa, pensando que iria cair ao chão. Enquanto ela esperava, Margarida e Rosa se atarefavam em torno do fogão, a primeira punha numa chapa muito quente um imenso bife de fígado de boi que chiava e imediatamente mudava de cor de um vermelho escuro para marrom mais escuro ainda. Por cima do bife jogavam uma grande fatia de queijo que se derretia e escorria por cima da carne. Ao mesmo tempo, Rosa descascava três bananas da terra e as lançava sobre uma frigideira com um pouco de manteiga até que ficassem ligeiramente moles. Colocavam o bife de fígado, com o queijo derretido e as bananas, numa bandeja em frente à mãe, acompanhado de várias fatias de pão caseiro e feijão com arroz. O estômago de Laura deu uma reviravolta e teve de sair correndo, morta de vergonha de ter quase vomitado na cozinha, na frente de sua professora.

Pouco tempo teve Açucena para sonhar entre seus bordados e admirar o aro de ouro no dedo anular da mão direita. Ariovaldo era o único filho de um rico plantador de café das redondezas e vivia com os pais no velho casarão da fazenda. Os dois só tinham a ele e o tratavam como sua razão de viver. Não lhe negavam o que quer que fosse e lhe devotavam uma adoração tamanha que todos achavam que nunca iria se casar, até que encontrou Açucena na saída da missa e ficou atraído pelo seu jeito recatado, os olhos baixos, as mãos a segurar piamente o missal. Foi uma escolha aprovada pelos pais, que não o queriam envolvido com uma dessas doidivanas de cara pintada a gravitarem em torno dos rapazes cujas famílias tinham posses. O filho retribuía a adoração dos pais com o mais genuíno afeto, dedicava-lhes atenção e carinho, o que os fazia felizes e orgulhosos. *Bons filhos, bons maridos*, diziam as velhas tias solteironas.

Açucena estava radiante, Ariovaldo era com ela o mesmo que com os pais: atencioso, delicado, incansável em cuidados e dedicação. Presenteava-a com flores e frutas, laços de cabelo, pulseiras simples de fantasia, sabonetes perfumados e tudo o mais que pode fazer a alegria de uma jovem que vai se casar em breve. Com ele nunca houve as indecências no portão nas noites prateadas de junho, nem os gemidos à luz da lua, pressentidos por todas, impossíveis não escutar. O chiado denunciador, o calor das faces e das coxas em chamas quando Violeta entrava em casa, o cheiro do corpo e das mãos que se imprimiam nos lençóis virginais como marcas pecaminosas de seus desvarios noturnos, não aconteciam com ela. Ariovaldo, o bom filho, era também um bom noivo. Despediam-se, rapidamente, no portão, *não devemos alimentar as más línguas,* dizia com um casto beijo nas faces da noiva, *as janelas têm olhos e as paredes têm ouvidos,* para decepção das duas meninas pregadas nas frestas das venezianas, ansiosas por se deleitarem com mais segredos de mãos inesperadas, soltas, quentes, viajantes. Açucena entrava rapidamente, sem chiado no peito, sem vulcão entre as pernas e agarrava as peças do enxoval com suspiros de deleite, sob as vistas complacentes da mãe e das irmãs, e os olhos em inveja desesperançada de Violeta, as coxas eternamente em chamas.

Três meses depois do noivado, Ariovaldo caiu num barranco com caminhão no qual transportava sacas de café e o motor lhe esmagou o peito, matando-o na hora. Não teve tempo nem sequer de um último suspiro para pensar na vida que perdia. Açucena lamentou sua morte durante todos os anos que lhe restaram por viver; deixou os bordados por terminar, empapou de lágrimas os lençóis e se tornou viúva sem ter se casado. Vestiu negro por toda a existência, que se alongou para seu desgosto. Mergulhou na dor e na escuridão da alma como quem mergulha nos braços de um amante complacente. Quisera ela esse amante fosse a Morte, com sua face descarnada e olhos cúpidos de ceifadora. Nunca mais riu, permaneceu trancada no quarto com as lembranças do morto e com a frustração da irrealização amorosa. Mantinha a aliança de ouro na mão direita, como se fosse um troféu, e se recusou a retirá-la até sua morte. A família ouvia sua voz sussurrante, como se falasse com alguém e ficou cada vez mais estranha. Dizia conversar com Ariovaldo todas as noites, que ele lhe contava fatos que iam suceder em Manduri, lugar onde todos se conheciam. Coincidência ou não, aquilo que dizia acabava ocorrendo. Menos de um mês depois de haver anunciado que novas mortes aconteceriam, os pais dele foram encontrados mortos no velho casarão da fazenda. Os rostos negros, as línguas esticadas para fora da boca, de onde escorria um fio de saliva sanguinolenta, as mãos ainda segurando um vidro vazio de veneno de ratos. Não conseguiram suportar a perda do único filho. Sem herdeiros, o casarão se tornou permanentemente sua morada assombrada e nas noites de lua cheia eram vistos errando pelos cômodos, lamentando sua perda. Açucena os pranteou como o teria feito Ariovaldo, sentindo-se culpada por não ter dado ouvidos ao fantasma do noivo que a avisara do desespero dos dois velhos. Mergulhada na própria dor, que acreditava única, não acreditou na dor alheia e não lhe deu ouvidos quando ele chegou durante a noite e a fitou com seus olhos tristes. A partir daí começaram suas profecias.

Em uma tarde calorenta chegou até a mãe que descansava na varanda na cadeira de balanço de palhinha trançada, arriada sob o peso inacreditável e, com olhos estranhos, meio fixos, murmurou, *coitada da Alzira, perder o marido desse jeito, agora que tem uma filha pequena para criar. Mas o coração dele sempre foi fraco...* A mãe sobressaltou-se, *de onde tirou essa idéia, menina? O Altair está vivo e contente com o nascimento da menina, que história é essa de coração fraco?* Açucena não disse mais nada, retirou-se para o quarto para a companhia de seus santos, a rezar baixinho. Nesses dias não comia, jejuava e ficava cada vez mais pálida e magra. Dois meses depois, o primo Altair tombou fulminado quando datilografava uma página no escritório de contabilidade, as mãos no peito na dor do infarto e deixou a prima Alzira viúva, aos vinte e cinco anos, com uma filha de apenas cinco meses de idade. Às vezes, Açucena simplesmente dizia para Rosa, *não adianta lavar os lençóis, hoje vai chover.* O céu estava claro, o sol forte, Rosa dava de ombros e lavava os lençóis. Mal os punha a secar, uma rajada súbita de vento seguida de chuva forte a fazia perder o trabalho e passou a ouvir Açucena. Em outras ocasiões, anunciava doenças insuspeitas, acidentes caseiros, rompimentos amorosos e de tanto se repetir, as profecias não mais incomodavam a família que, extremamente religiosa, tomava o dom de Açucena como algo enviado por Deus, embora um tanto incômodo e certamente assustador. Essa suavidade familiar não era compartilhada pelos mandurienses e as pessoas a evitavam, como a um corvo agourento. Temiam que o simples fato de passar perto dela lhes acarretasse dissabores e perdas, coisas da vida humana que nunca ninguém quer para si. As perdas levam consigo pedaços da alma, que ficam flutuando à espera dos que se foram. Às vezes nunca se encontram e passam vidas e mortes a se buscarem, num desencontro tão infeliz quanto a própria existência. Passavam-se meses sem que Açucena proferisse uma palavra sequer. Fazia os trabalhos de casa mais leves, pois era frágil, de uma saúde que se agravava com os jejuns constantes e o eterno isolamento no quarto fechado. Inesperadamente, saía do quarto e começava a falar de coisas que iam acontecer e que podiam ser corriqueiras como mudanças no tempo, um ataque de asma em Violeta, até mais graves como a doença ou morte de alguém conhecido. Os pais e as irmãs não comentavam o que se passava, sentiam-se embaraçados com esse traço excêntrico, parecia-lhes pouco católico, o que os outros não iriam pensar *e* deixavam Açucena em paz com o fantasma do noivo.

O verão estava no fim e o ar se impregnava com o cheiro de eucalipto. Fazia um luar de prata, um luar como o das noites de Violeta quando São Jorge levantava a lança para o dragão e dela se desprendiam raios que iam dançar sob os telhados e clarear o mundo, as ruas, as casas, o escuro. As moças estavam junto da mãe enquanto desfrutavam algumas horas de ócio antes de se recolherem, o calor começava a ceder, afugentado pela proximidade do outono que derrubava as folhas das árvores e punha um tapete macio nas calçadas. Rosa tinha um livro nas mãos e mexia os lábios enquanto lia. De vez em quando parava e punha um olhar distante para o nada, como se estivesse à procura de algo, a voz saía num murmúrio melodioso da garganta, escorria com mel pelas vidraças da sala, atraía grilos e lagartixas que, silenciosos, se punham a escutar. Violeta se retorcia no fogo que lhe ardia continuamente no ventre e lhe escorria líquido pelas coxas e também olhava para o nada como que a espera. Dália estava um pouco impaciente, queria entrar logo para ver a novela. Margarida, com um pequeno espelho no colo, espremia as espinhas e os cravos negros que saltavam da sua pele num caroço sebento. Maria Clara segurava uma tigela de bolinhos de massa na frente da mãe, cuidando para que não escorregasse enquanto ela enfiava um a um na boca sempre a mastigar, a mexer o queixo como um animal ruminante. Quando a tigela se esvaziava, Maria Clara corria para buscar mais na cozinha e os punha em frente de D. Assunta que comia,

comia, sem parar. Falava com a boca cheia, os lábios lustrosos, soltava arrotos sonoros e gases nauseabundos, pacientemente tolerados pelas filhas, apesar do fedor de putrefação intestinal, de fezes fermentadas e encharcadas de gordura.

A noite se aproximava silenciosa e lentamente, como uma mulher deslizando para o leito do amante.

Açucena chegou de repente com seus olhos desvairados. Estava no quarto, numa conversa interminável com Ariovaldo. Parada na varanda, sob os galhos da primavera que se desmanchava em flores cor de maravilha, ficou oscilando de um pé para outro e selou um destino: – Uma *menina vai morrer nesta rua e vai ser em breve, quando começarem as chuvas! Seu corpo vai rolar na água da chuva. Os besouros comerão seus olhos e os vagalumes não mais brilharão. De seu túmulo escorrerão muitas dores e todos daqui se lembrarão de uma noite tão terrível, tão escura e tenebrosa que apagará a luz da lua, não haverá mais dragão, nem São Jorge com sua lança. E todos que aqui estiverem serão tomados de melancolia e desesperança e nunca mais serão felizes!* As irmãs e a velha gorda olharam para ela aterrorizadas. Muito mais tarde, quando o terror se acalmou um pouco, embora não a dor, Maria Clara confidenciou para Rosa: – Juro, *pensei que fosse Laura, parecia que ela olhava para a janela de sua casa nessa noite.*

O horror da sentença estrangulou sons e escureceu olhos arregalados. Não houve um protesto, apenas fatalismo. Os bolinhos escorregaram da tigela e caíram no chão da varanda, com um barulho encharcado de óleo. A cadeira de balanço de palhinha trançada fez silêncio. Um vento gélido levantou as folhas derrubadas pelo outono que chegava lentamente. Como uma carruagem fúnebre se aproximando, como notas de uma melodia triste. Na janela da casa em frente, Laura e Cléo olhavam para a varanda da casa em frente e cochichavam o segredo, ornamentado de mãos espalmadas em seios e respiração sibilante, sob o fogo que escorria do ventre para as coxas. O outono se aproximava lentamente, como mãos a alisar tecidos bordados, como uma boca oleosa que se abria para engolir bolinhos de massa. Cléo, de mãos de doce-de-leite, cabelos de poeira dourada com cheiro de alfazema; olhos de esmeraldas ausentados, para sempre; uma menina que despertou sentimentos, que riu deles, brincou com eles; que esqueceu que sentimentos são como teias de aranha, como lâminas que cortam fundo. Cléo dormia na casa ao lado o sono dos inocentes e sua beleza prateada pela lua possuía a perenidade dos que morrerão jovens.

Aída costumava dizer que as desgraças costumam vir aos pares. Quando seu pai morreu, ela não o soube de imediato. Foi logo depois da morte do noivo de Açucena. Havia ficado com ela durante dias, consolando, ralhando afetuosamente, a voz de doçura a se quebrar de compaixão.

Aída estava ainda mais triste naqueles dias, Anselmo tivera um de seus ataques de ciúmes e de insegurança que a deixavam prostrada por noites a fio sem poder dormir enquanto ele a crivava de perguntas: – Aonde *você foi ontem? Com quem conversou? Basta de ficar na casa das flores, não gosto de mulher fora de casa!* Laura, também prisioneira da mansidão das suas respostas, chorava de medo, no escuro, ao som irado da voz dele, mordia o travesseiro para que Serena, adormecida, não ouvisse seus soluços e ficava com o nariz tão insuportavelmente congestionado que não conseguia respirar direito. Nunca mais se esqueceria das vozes no quarto ao lado, nos pesadelos da infância, fantasmas de carne urrando feridas antigas, doloridas. As horas se escoavam lentas, como vestes de seda sobre cadeiras de veludo. Até que dormia com o pano de fundo das vozes sussurradas que acalentavam um sono sem sonhos, *as meninas vão ouvir, querido, por favor, pare, está doendo.* No dia seguinte Aída tinha os olhos inchados, o rosto pálido, as mãos frias. Aos poucos voltava à vida, cuidava das meninas, da casa, da comida, até que tudo recomeçava, dias após dia, por semanas, por meses. Depois, abruptamente, a crise cessava e voltava a ser o homem de sempre, de sorriso que trazia consigo um raio de sol. Um sol que aquecia uma pequena e insuportável vida, sem horizontes e sólidas paredes.

Em um dia de tristeza, Açucena se embalava ao som da voz de doçura que ainda a consolava de sua perda, quando parou repentinamente de chorar, olhou para Aída e disse: –*Seu pai se foi há algum tempo e você nem se despediu!* Aída ficou paralisada, incrédula, depois se levantou vagarosamente e foi para casa, com um nó na garganta, intuindo o que tinha acontecido. Nesse tempo tinha a barriga estufada pelo adiantado da gravidez do terceiro filho e se deixou ficar sentada, por longas horas, imóvel, na cadeira de balanço de palhinha trançada, até que Anselmo chegou. Vinha de bom humor, o monstro do ciúme apaziguado temporariamente, ansioso pelo jantar. Bastou olhar para ela para perceber que sabia. Ficou pálido, como os mortos. Não houve nem perguntas e nem respostas, apenas os sons dos soluços e, depois disso, durante um longo período ela não sorriu. Naquele tempo da infância de Laura, naquele lugarejo perdido entre poeira e pés de eucaliptos, telefone era artigo inexistente, luxo de cidades maiores e uma carta que havia chegado para ele na repartição permaneceu escondida por quase um ano. *Eu não queria que você ficasse triste,* foi a explicação.

***

Laura olha o túmulo de granito marrom sob as gotas de chuva que escorrem como lágrimas, ainda escuta a voz dele querendo quebrar o silêncio dela: –*Não ia dar tempo de chegar para o enterro, é muito longe e ele estava velho.* Os mortos têm sentimentos e ficam à espreita. Poucos meses depois, morreu a mãe de Aída. Enquanto se passaram esses meses de incredulidade, uma nova criança havia nascido e, diferentemente de Serena, linda e rosada, o retrato da mãe, a menina era magrinha e morena como Laura. Aída cuidou mecanicamente da filha, sempre vestida de negro. Também não foi ao enterro da mãe. Nos dois anos seguintes ela não sorriu, nem falou com ele na voz de doçura que se dirigia para as filhas aos sussurros. Apenas o necessário, as mãos avaras de carinho, o luto perpétuo a enlaçando em dor. Nesse tempo em que ficou sem mãe, Laura o culpou por sua perda e o odiou, com a força dos seus treze anos. Aos poucos Aída voltou à vida, mas tomou tamanha aversão por Açucena que nunca mais atravessou a rua para admirar o conteúdo do baú de enxoval, como se a boca fatídica tivesse causado as desgraças e não apenas as profetizado. Tempos depois, quando os vaticínios atingiram com força maior sua vida, já tão envolta em tristeza, entendeu que a odiou por antecipação, que algo dentro dela a preveniu da dor que chegaria em breve. O nascimento de Eunice marcou um período em que Laura e Serena perderam um pouco mais da infância, que se esvaiu lentamente, como um homem sangrando após uma luta de morte. Foi quando Laura começou de vez a entender porque o Amor dói. Porque faz vítimas e prisioneiros para sempre. E quando, por sua vez, Eunice lhe foi tirada, Aída se enterrou viva num quarto escuro e elas ficaram de novo sem mãe. Desta vez, ele não teve diretamente culpa pelos lábios que se calaram, pelas mãos que se cerraram, pelos cabelos que foram arrancados fio por fio, como se assim fosse possível suportar a dor. Sentimentos são como teias de aranha, são como lâminas finas que cortam fundo e doem!

12. O prefeito poeta

Na temporada de chuvas, que precedeu a Noite do Terror, estranhos acontecimentos começaram a ocorrer em Manduri. Parecia que a natureza se voltava para a infelicidade que em breve se instalaria e mudaria para sempre a vida de todos do lugar. Primeiramente foram ocorrências insignificantes que chamaram atenção apenas dos velhinhos que se sentavam sob as árvores da praça da igreja, ociosos demais na sua espera pela morte, para deixarem de notar qualquer alteração na rotina cotidiana. Murmuravam entre si, sussurrando nos ouvidos uns dos outros palavras molhadas de saliva. As vozes catarrentas contavam sonhos, o estranho comportamento dos pardais na jaqueira centenária, que piavam durante a noite e silenciavam pela manhã, como jovens noctívagos embriagados que depois custam a sair da cama no dia seguinte. Havia manhãs em que o sol tardava como se esperasse os alegres gorjeios matutinos e as horas iam adiantadas quando eles colocavam as cabecinhas marrons para fora dos ninhos úmidos da chuva noturna. Mexiam os olhinhos perplexos perante o dia que já se fazia tarde, apressavam-se para sair em busca de alimento para os filhotes, as larvas já escondidas sob a terra a salvo de seus bicos vorazes. Essa inversão de horário começou a lhes causar dano e em breve morriam às centenas, despencavam simplesmente dos galhos como frutas maduras e se espatifavam na calçada que ficava coalhada de pássaros mortos e respingos de sangue que, aos poucos, endureciam e formavam uma crosta lisa na qual as pessoas escorregavam inesperadamente e caíam sobre o pavimento, machucando joelhos e cotovelos. Uma velhinha, dentre as assíduas frequentadoras da igreja, a caminho da missa diária, caiu sobre a sarjeta, a fronte batendo com um ruído surdo na quina de cimento e o crânio se abriu e deixou escapar o sangue e os fluidos cerebrais, morta ali mesmo, prostrada como um galho seco, as canelas finas desamparadas e os olhos arregalados para o céu, rodeada de pássaros mortos. O incidente abalou a alma dos mandurienses e fizeram algumas reuniões na prefeitura para decidir o que fazer com a chuva de excrementos e de pássaros mortos a cair junto com a chuva. Porém, as aves pareciam multiplicar-se e cada vez mais pássaros se apinhavam nos galhos da velha jaqueira e caíam sobre a calçada que, aos poucos, passou a ser evitada pelos velhos aposentados e por todos do lugar. Isso ocorreu principalmente depois que começou a praga dos piolhos, pequenos parasitas hematófagos que picavam a pele, coçavam terrivelmente e ardiam por dias. Era um inferno de piolhos de pardais vivos e cadáveres de pardais que forravam o passeio como um tapete de plumas sanguinolentas. Depois apodreciam rapidamente sob a chuva e o calor abafado de dezembro. As carroças puxadas pelos burros dos coletores de lixo passavam o dia todo cheias de aves em direção ao depósito da prefeitura onde eram queimadas em pilhas que chegavam a mais de dois metros de altura e exalavam um odor penetrante de carne e penas incineradas. As nuvens baixas de chuva não permitiam que o mau cheiro subisse para a atmosfera e o odor passou a ser como uma marca registrada do lugar. Ficou tão familiar que, em algumas semanas, deixaram de senti-lo e se acostumaram com os urubus empoleirados sobre os bancos dos jardins aguardando os pássaros caídos para atirarem-se sobre os pequenos cadáveres e comerem até se fartar. Os urubus e corujas, estas curiosamente diurnas, ficaram gordos e atrevidos, disputando a praça com os poucos que ousavam aventurar-se por lá, pelo menos enquanto durasse a chuva. A chuva lavava as ruas e calçadas e levava a enxurrada diretamente para o rio que servia a cidade; uma água sanguinolenta, conspurcada de sujeira e penas dos pássaros mortos. Os mandurienses encolheram-se sob a chuva malcheirosa e houve mesmo quem se lembrasse da maldição dos gatos anos antes. *Precisamos tomar muito cuidado para não beber água contaminada como daquela vez e termos novamente a doença da melancolia que nos manterá atados durante uma década ou mais!* Não

128 | O Sangue das Almas

beberam água enquanto durou a chuva; bebiam caldo de cano, suco de laranja, de limão, de abacaxi e melancia, que eram abundantes no lugar. E assim se livraram da maldição da melancolia e da depressão, esta contagiou um ou outro, que haviam rido do que consideravam crendice dos velhos e se deitaram no fundo de seus quartos por meses a fio ou se atiraram nas águas turbulentas.

Naquele ano, a chuva tinha começado mais tarde, depois do Natal. Até então os dias secos tinham sido um tormento de fogo e poeira, que ressecavam mucosas e pulmões, deixavam a cara das pessoas enrugadas como as dos velhos da praça, os cabelos secos e arrepiados, a eletricidade colocando pequenas chamas azuis nas pontas dos dedos que se tocavam inadvertidamente e causavam leves descargas elétricas. As roupas colavam-se nos corpos que não mais conseguiam transpirar e estalavam com minúsculos raios arrepiando a pele. Os pelos se eriçavam como o capim barba-de-bode, que rolava nos campos ao redor, a formar bolas cheias de fios, que pareciam ter vida própria. Os incêndios proliferavam e mais de um casebre ardeu na Rua do Sapo, matando crianças e mulheres adormecidas, algumas ainda nos braços dos amantes ocasionais. A poeira amarela se levantava em ondas que filtravam a luz do sol e ressecava tudo ao redor, as árvores estendiam ramos esqueléticos, desprovidos de folhas e exibiam os ninhos vazios dos pássaros mortos. As crianças adoeciam em acessos de asma e bronquite e recém-nascidos morriam, embora as mulheres, sabedoras do que se passava no tempo da estiagem, tentassem, de todas as maneiras, não engravidar, contando os meses para não coincidirem com os nascimentos nessa época. Quando as primeiras gotas começaram a cair, a terra ressequida absorveu a água com um chiado que mais parecia um suspiro de alívio. Conforme a chuva aumentava e os meses se sucediam em uma tormenta que não parecia ter fim, os campos e jardins se cobriram de verde. A grama cresceu da noite para o dia e as árvores se encheram de folhas que brilhavam como se fossem fluorescentes. Os ninhos novamente se povoaram. Tudo tomou um ar claro e festivo, a terrível poeira se tornou uma lembrança triste. As casas ficaram mais limpas, as pessoas recuperaram a textura macia da pele e os pequenos raios de eletricidade estática deixaram de provocar sobressaltos naqueles que se tocavam sem querer. Logo, a umidade principiou a se tornar cada vez mais forte, infiltrava-se pelas paredes, umedecia colchões e almofadas, estragava mantimentos e trazia para dentro das casas todos os tipos de insetos peçonhentos. Estes eram atrevidos e perigosos, o que provocava pânico nas mulheres e crianças quando encontravam aranhas ou escorpiões sobre as camas ou entre suas roupas e dentro dos sapatos. Os acidentes com picadas se sucediam e o posto de saúde vivia cheio de vítimas de veneno, os olhos inchados, vomitando sangue e bílis, urrando de dor. Mas nada disso era estranho a eles, estavam acostumados com esses acontecimentos que se passavam ano após ano. Quando cessava o período das chuvas sucediam-se dois ou três meses da mais absoluta amenidade. Estes colocavam a vida numa felicidade passageira que, em breve, se iria embora com o tempo inclemente da seca e da poeira, numa sucessão de estações boas e más, endurecendo o caráter e o amoldando às intempéries da natureza.

Anos mais tarde, em frente ao túmulo de granito marrom que brilhava sob a chuva, Laura lembrou-se daquele ano em que o aguaceiro prolongou-se além do previsto. Choveu tanto que paredes começaram a desmoronar e pessoas a adoecer, tamanha a umidade que impregnava o ar, como garras escorregadias. Os dias se sucediam, sem interrupção, no tamborilar da chuva nos telhados, ora mansamente, ora em cascatas tão violentas que tinham de gritar uns com os outros para se fazer ouvir. Os homens saíam para o trabalho com as fisionomias carregadas, impacientes com o barro que tornava as ruas um lamaçal, os pés atolavam-se em poças inesperadas, as roupas constantemente úmidas secas a ferro pelas mulheres. As mulheres de cabelos verdes de chuva, de unhas negras, que labutavam com a comida, com o fogão a lenha que custava a acender, com a irritação das crianças que não podiam sair para brincar e a casa com marcas de pés sujos de barro, limpando, dia após dia, as marcas cinzentas nas paredes, causadas pelo mofo. Nas soleiras das portas era costume colocar um limpador para o barro que se grudava nos solados grossos das botas de trabalho ou nos sapatos das crianças. Prendiam uma lâmina velha de ferro entre dois pedaços de madeira e os enterravam na terra da frente das casas ou nos jardins tornados lama. Os que chegavam passavam minutos irritantes esfregando as solas dos calçados a retirar grossos nacos do barro espesso. Depois limpavam os vestígios nos panos sujos colocados na entrada das casas, o que não impedia que trouxessem a sujeira para os cômodos permanentemente envoltos em lama impossível de remover. Na praça e nos jardins das casas, a grama crescia, e dava para ouvir o barulho dos talos verdes subindo em busca de ar, inchados de umidade. As gordas minhocas empanturradas de terra e água eram presa fácil dos pássaros de rapina que vinham dos bosques de eucaliptos e também estes ficaram gordos e atrevidos, cada vez maiores. Entravam pelas janelas e espiavam de cima dos telhados até serem espantados com tiros de espingardas. Quando isso acontecia, lançavam gritos agourentos e ameaçadores que empalideciam as mulheres aprisionadas entre roupas mofadas. A comida estragava tão rapidamente, que mal tinham tempo de colocarem carnes, peixes ou aves nas panelas, antes que apodrecessem na despensa.

Nesse ano de tormentas e pragas, Manduri tinha um prefeito que também era poeta. O prefeito estava havia anos no comando do lugar. Os habitantes não ligavam muito para as regras eleitorais e sempre davam um jeito de eleger o mesmo prefeito, de quem gostavam muito e admiravam a veia poética. Ali moravam exatamente 3.337 habitantes, contando jovens, velhos e crianças que viviam em pequenas casas de madeira com pintura branca nas paredes e janelas e portas pintadas de verde. Achavam que isso dava uniformidade ao lugar e não se distinguiriam os ricos dos pobres, embora não houvesse uma grande diferença econômica entre eles. O principal é que todas as casas possuíam varandas, onde as pessoas se sentavam em cadeiras nas noites quentes, para admirar o vôo dos pirilampos e se falar através das trepadeiras que ornavam as muretas dos jardins. As chuvas castigaram a cidadezinha como nunca haviam feito antes, o prefeito, agitava as longas madeixas castanhas e, num de seus desvarios poéticos, considerou que os habitantes do lugar eram seres abençoados e mereciam uma vida melhor. Decidiu que iria dar um basta nas eternas manhãs e tardes de escuridão, sob a chuva, e cada um teria uma luz acesa para si em todas as ruas, o que simbolizaria a ideia de uma vida sem interrupções. Era sua concepção de uma vida melhor e mais amena. Liberou a verba sem consultar os vereadores que faziam tudo que ele mandava e ordenou que fizessem postes de concreto, onde instalaram lâmpadas brilhantes, que iluminavam mais do que a lua. Quando nascia uma criança, mandava acender uma nova luz, quando morria alguém, uma luz se apagava. Depois disso, Manduri vivia mergulhada em chuva durante o dia e mergulhada em prata durante a noite. Os moradores tinham que pôr cortinas pesadas nas janelas para os que não gostavam de claridade para dormir, mas ninguém reclamava, adoravam sua cidade que parecia uma grande árvore de Natal. Juntos comemoravam o acender de lâmpadas quando um novo habitante nascia, juntos choravam quando uma luz se apagava. Há anos mantinha-se o equilíbrio, pois morriam e nasciam em igual proporção. Ninguém ia embora desse pequeno paraíso, onde se casavam, tinham filhos que se casavam e ali ficavam ao longo das gerações. Por quase não ter o que fazer, o prefeito escrevia versos na Prefeitura e os declamava nas festas, pois faziam muitas festas. Festas de nascimento, de casamento, de batizado, de aniversário, de primeira comunhão, de recuperação de doenças e de morte. Nas festas de morte reuniam-se todos na casa do falecido ou falecida e punham-se a rememorar os feitos e defeitos do defunto. Faziam isso entre goles de café forte para passar a noite. Com isso, a família não se sentia só e nem havia espaço para grandes desesperos e lamentações. O prefeito aproveitava para declamar seus versos em honra do extinto, exaltando suas virtudes, acerca das quais todos concordavam. Eram felizes assim.

E uma manhã de domingo, devaneando no tédio das manhãs de domingo que impregna as pequenas cidades, o prefeito teve um lampejo poético que considerou sem igual no mundo. A imagem que povoou sua mente o convenceu de sua genialidade. Viu luzes se acendendo também quando alguém partia. Afinal, a morte significava renascer para outra vida, *quando alguém se vai sua luz deixa de brilhar no lugar onde viveu a vida terrena, mas continua brilhando em outros locais,* disse poeticamente na reunião do Conselho na Prefeitura, na segunda-feira. Não deveriam apagar suas luzes já que continuavam vivendo. Os membros concordaram, mas como iria ser? Os postes de concreto eram caros e seria difícil achar lugar para tantas luzes... O prefeito era homem de respostas: *poremos luzes nos túmulos no cemitério!* O padre não gostou muito, era um tanto conservador, preocupava-se com o que iriam dizer na Diocese, mas se submeteu à maioria, todos estavam eufóricos com a idéia. Assim foi feito e os túmulos foram iluminados. Por uma questão de decoro e para não desagradar ao padre, puseram luzes mais pálidas, num lindo tom azul esmaecido. Houve alguns debates acalorados, pois alguns mais afoitos queriam fazer do cemitério quase que um parque de diversões com luzes de todas as cores para alegrar os mortos queridos e também para que não sentissem muitas saudades. À noite, o cemitério de túmulos brancos e azuis resplandecia em luminosidade e os desencarnados manifestaram seu contentamento passeando entre as alamedas iluminadas, vestidos com suas mortalhas diáfanas a apreciar com agrado as flores frescas que lhes trouxeram os amigos e parentes para comemorar a poética idéia do prefeito. À noite, por paradoxal que possa parecer, o cemitério se enchia de vida, enquanto o lugar se recolhia à morte do sono. Nos dias de festa, as luzes da cidade e as luzes do cemitério ficavam acesas e as pessoas, entre os muros, davam adeuses de longe, os mortos e os vivos. Mandavam-se recados pela brisa da tarde, perfumados de saudade e eternizados nas cores das borboletas que passaram a fazer do cemitério seu ponto de encontro favorito. Os vivos contavam as novidades, os casamentos e os nascimentos, nem sempre nessa ordem, e alertavam sobre aqueles que estavam para mudar-se para lá. Os mortos avisavam quando precisavam de flores frescas e preces. Afinal, todos sempre têm dívidas a resgatar. Mortos e vivos não ficavam juntos na vida cotidiana porque, na ordem do mundo, cada um tem seu espaço e seu tempo. Levavam assim suas vidas e suas mortes enquanto o prefeito poeta escrevia seus versos, feliz da vida.

No entanto, toda felicidade tem data certa para acabar e num dia de calor abafado chegou a Manduri uma mulher, que desceu na estação onde o trem parava uma vez por dia. Olhou ao redor com olhos de reconhecimento e desdém e encaminhou-se para o único táxi ali parado, ordenando ao sonolento motorista que a levasse para um número na rua Minas Gerais. O homem a olhou espantado. Há muitos anos não morava ninguém nessa casa, mas não lhe fez perguntas, seu ar distante o intimidava. Quando chegaram, ela desceu e sem se despedir do homem, pagou a corrida e tirando uma chave da bolsa abriu o portão e entrou na casa que cheirava a poeira e abandono. Passou ali longas horas e ao sair dirigiu-se ao cemitério, sem falar com ninguém, porém todos já sabiam de sua presença no lugar. Uma vez lá dentro, encontrou o que procurava: um túmulo de pedras marrons com um nome e um vaso com pálidas flores artificiais há muito desbotadas pelo sol. Ninguém interrompeu seu silêncio, nem ousou ficar no seu caminho e interromper sua contemplação. Ela ficou assim, parada, imóvel, até o escurecer, simplesmente olhando, parecia mais curiosa do que consternada. Na pedra um nome e uma foto que ela acariciou com os olhos. Ao sair do cemitério foi até a Prefeitura e pediu para falar com o prefeito que a atendeu prontamente, curioso como todos do lugar. Ela entrou, o olhou nos olhos e disse em voz que parecia não ser usada há muitos anos: *vivi aqui muito tempo e fui embora porque não aguentava essa estúpida felicidade que todos alardeiam como uma conquista. Viver é sofrer, é ter emoções boas e ruins, é ranger os dentes de dor, é rolar na cama com insônia, é gritar em desespero a perda dos que se foram. Você pensa que é poeta, mas é um fazedor de versos pobres, exime-se da vida por medo do sofrimento e pensa em driblar a morte mantendo os mortos vivendo. As pessoas convivem com a morte e com a dor, é o ônus a pagar pela existência. E sua única esperança é morrer definitivamente quando a vida se fizer insuportável. Mas, você com seus versos açucarados, protela o encontro que cada um deve ter consigo próprio e enfrentar a idéia de sua inevitável finitude. Você é um trapaceiro insensível e sem talento que age como um menino na noite de*

Natal. Acabou seu pequeno discurso, levantou-se e saiu, deixando o pobre prefeito estupefato. Após algumas horas de reflexão que escoaram lentas como horas passeando por alamedas noturnas, abriu uma gaveta e lentamente, começou a rasgar, uma a uma as páginas onde estivera escrevendo um poema sobre as benesses da vida cotidiana. Tentou ensaiar alguns versos mal rimados sobre a humanidade dos homens e mulheres. Debateu-se em busca de palavras nas quais o sangue pulsasse e as lágrimas se entrelaçassem espontaneamente; buscou a dor que lateja em cada ato de vida. Estava estéril como a solidão. Incapaz de ir adiante percebeu que até então, tudo fora uma farsa, os mortos e as luzes. Seu medo sempre suplantara o enfrentamento da existência! *A mulher tem razão,* pensou com desalento e ordenou a retirada das luzes do cemitério e dos postes das ruas. Deixou as exânimes lâmpadas que iluminavam apenas o suficiente e com um decreto de sua pena, agora não mais poética, determinou que as pessoas pranteassem os mortos e chorassem de saudades como fazem todos os vivos. Os mortos puderam descansar na escuridão agasalhante de seus esquifes. A mulher voltou ao túmulo de pedras marrons, ornamentado com flores pálidas pelo sol e desapareceu na escuridão que se infiltrou pela tarde. Depois dessa visita, que permaneceu sem explicação nenhuma do prefeito, as chuvas começaram a cair com insistência. A princípio foi um alívio para os dias tórridos e empoeirados. Porém, em algumas semanas se transformou num tormento. O ar em Manduri ficou tão saturado de umidade que o musgo subia pelas paredes e tudo que era metálico, automóveis, fechaduras, dobradiças, aros de bicicleta, geladeiras, foram tomados por uma capa avermelhada de ferrugem.

Para Laura, os dias de chuva não chegavam a causar grande estranheza já que por essa época já havia conhecido o mágico universo dos livros. Costumava ler vários ao mesmo tempo, mudando de um para outro, num hábito que iria se tornar para sempre parte de sua vida. Iniciava a leitura de um livro, quando se cansava passava para outro, depois para outro e voltava ao primeiro, sem confundir as histórias e sem perder a continuidade do enredo. Mergulhava em três ou quatro livros ao mesmo tempo, dos mais diversos gêneros literários emprestados da amigas, da modesta biblioteca do clube local e, principalmente de Maria Clara. Passava dias a fio dentro do quarto, deitada na cama, lendo vorazmente, esquecida de tudo durante esses meses de chuva que coincidiam com as férias escolares. Não brincava com Serena que ficava chorosa pelos cantos agarrada a uma velha boneca. Esquecia Cléo que, ressentida, reclamava sua atenção. Serena adorava o velho fogãozinho de lata onde cozinhava comidinhas imaginárias para a boneca que um dia foi de Laura. Numa tarde jamais esquecida, o pai, num acesso de fúria, o atirou nas pernas de Aída. Esta, que estava sentada na sua velha cadeira de balanço costurando para as meninas, não teve tempo de se esquivar. O brinquedo acertou pouco abaixo do joelho da esposa que tremeu e suplicou naquela voz mansa que costumava usar para com ele, voz dominada anos de servidão: –*Ai que dor, não faça isso na frente das meninas, querido,* e tentou secar com as mãos o fio de sangue que escorria e formava poças no chão. *Querido!* Laura estremece à lembrança, *Meu Deus, se me tem amor, me faz esquecer isso! Aprendi no catecismo que Deus é bom, que é como um pai amoroso, que protege, que cuida, que ama e ampara. Naquele tempo acreditei* Está parada em frente ao túmulo de granito marrom que brilha sob a chuva. Um túmulo brilhante como o sangue que escorreu da perna da mãe e pingou gotas rubras no piso frio da sala, o corte ficou roxo e inchado e os olhos dela marejados de dor. Recorda que correu com um pano para estancar o sangue e nesse dia o odiou de forma tão intensa que o desejou morto e ausente para sempre de suas vidas, enquanto o choro da irmã se misturava com os gemidos de Aída, que tinha as mãos trêmulas e abraçava-se a si própria, como se nesse gesto pudesse impedir sua alma de voar para longe e morrer em algum lugar distante, como deve estar agora, longe desse túmulo frio, molhado de chuva.

Os estranhos acontecimentos daquele verão molhado não se limitaram à inexplicável morte dos pardais e a invasão dos piolhos. Laura foi a primeira a notar que naquele ano houve caracóis em excesso no seu quintal cheio de árvores. Alguns meses antes, um pequeno cágado, desses que vivem nos ribeirões, chegou ao pomar, vindo não se sabe de onde e se tomou de amores por Laura, num sentimento recíproco que causava aversão em Serena, espantada que a irmã pudesse gostar de um bicho tão feio e repugnante. Laura adorava o cágado, talvez porque, como ele, ela também gostasse demasiadamente de se recolher dentro de si mesma para fugir do mundo que magoava. Seus livros eram como a carapaça do animalzinho, era dentro deles que se escondia de tudo e de todos quando a vida real lhe impregnava o peito de aflição, assim como ele se escondia dentro da carapaça perante qualquer ameaça externa. Durante algum tempo, Laura debateu-se com a dúvida de como alimentar seu novo amigo, oferecia-lhe frutas, legumes, verduras que ele simplesmente se recusava a comer, até que um dia viu um pequeno caracol que se arrastava com lentidão pela terra, deixando um rastro prateado e que foi rapidamente devorado, num ruído de mastigação crocante que a encantou, pois percebeu que era isso que ele comia, moluscos vivos, escorregadios, enroscados em suas frágeis cascas. A partir daí começou a buscar caracóis por todos os lugares, já que na seca eles rareavam e o cágado parecia ter dificuldades em encontrálos. Descobria telhas perdidas nos cantos, vasos, tijolos, pedaços de pau podre, em busca dos bichinhos para alimentar o cágado que se acostumou, para horror de Cléo, Serena, das moças-flores e da mãe, a comê-los em suas mãos. D. Assunta cobria o rosto com as mãozinhas gordas de bebê e gemia de puro asco. Quando Laura chegava perto dele, o animal abria a boca, rasgada como um corte profundo e esperava que lhe oferecesse os moluscos. Muitas vezes ela conseguia encontrar apenas um e se preocupava, ia à praça procurar nos lugares escuros, onde pudesse haver restos de umidade, debaixo de folhas e de galhos secos, voltando muitas vezes de mãos vazias e quase chorando de compaixão ao ver a pequena boca aberta na espera pelo alimento. Quando começaram as chuvas, os caracóis também vieram e era cada vez mais fácil encontrá-los. O cágado passou a conseguir seu alimento sozinho, caçando caracóis pelo gramado, entre as árvores do quintal, refestelando-se com seu tamanho e abundância. Em algumas semanas de chuva eles começaram a proliferar em tal quantidade, que o cágado parecia um nababo repleto de comida, que mal podia mover-se e se algum caracol bem fornido de tamanho passava diante dele, chegava a ignorá-lo tal sua saciedade. Com o passar da lentidão morna e molhada dos dias, nos quais o sol não surgiu nem por segundos, os caracóis já subiam pelas paredes das casas e se infiltravam pelos vãos das portas. Insinuavam-se pelo assoalho, subiam nas cadeiras, escorregavam entre as dobras das cortinas, arrastavam-se pelos acolchoados úmidos e se enroscavam entre as almofadas fazendo Serena gritar de susto. Em breve comentavam a invasão dos caracóis aquele ano, numa quantidade jamais vista e o grande problema que estavam se tornando. Somente Laura e seu cágado pareciam satisfeitos: *Eu desejei que eles viessem, durante semanas seguidas, desejei que aparecessem com a chuva para que meu cágado não sentisse mais fome,* comemorava Laura, *e quando desejo intensamente, o Deus Amoroso me atende, como me ensinou vovó.*

Houve um tempo, na sua infância perdida, que os desejos de Laura se realizavam. Quando ela perdeu a alegria e a fé, eles cessaram de se concretizar e sua existência ficou cinzenta como um céu com chuva. Eram desejos pequenos, inocentes, desejos grandes provavelmente teriam mudado suas vidas. Muitos tinham consequências inesperadas, como no caso dos caracóis, mas, na maioria das vezes, eram tão simples que talvez pudessem acontecer naturalmente, mesmo se ela não tivesse pedido: uma manga madura fora da estação, um sabiá de peito amarelo na janela de seu quarto para acordá-la toda manhã, encontrar uma joia de fantasia na calçada, uma moeda para tomar um sorvete, ganhar um coelhinho de chocolate na Páscoa ou uma bicicleta no Natal e assim por diante. Para conseguir os desejos, bastava ela fechar os olhos com força, apertar as mãos uma contra a outra, morder os lábios até fazer doer e repetir mentalmente: – *eu quero, eu quero, eu quero!* O mais tardar, no dia seguinte, seu desejo era satisfeito. Uma vez desejou que o pai se calasse e pudesse dormir sem ouvir os sussurros noturnos e a voz implorante da mãe. No dia seguinte ele acordou com uma dor de garganta tão forte que não conseguiu emitir qualquer palavra durante

138 | O Sangue das Almas

uma semana e não foi trabalhar. Foi um desejo ruim, se arrependeu Laura mais tarde, pois ele ficou a semana toda em casa, fazendo da vida de Aída um verdadeiro inferno, batendo com a bengala no assoalho, exigindo comida ou chás. Laura nunca mais desejou nada parecido. Depois da praga dos caracóis e das poucas perdas para a estranha doença da melancolia, a vida voltou à lentidão de sempre em Manduri. Desta vez, o irmão do prefeito poeta assumiu seu lugar. Para convencer os concidadãos que não havia perigo de beberem a água do rio, dado ela ser bem tratada pelos serviços da Prefeitura, na frente de todos engoliu um copo de água. O líquido refrescou seu sangue, mas seus olhos se nublaram em seguida e abaixou a cabeça num choro convulsivo. A lembrança da mulher que surgiu no fim da tarde assombrou seus dias para sempre e ele nunca mais escreveu sequer um verso. A melancolia comeu sua alma como um cancro e morreu dormindo, encolhido numa velha poltrona, como morrem os velhinhos solitários, embora só tivesse 48 anos.

****

Sobre o túmulo de granito marrom, um pequeno caracol se arrasta preguiçosamente e não é notado por Serena, absorta em contemplar a foto de Aída, desbotada pelo sol e pela chuva. Após tantos anos, o mesmo olhar de doçura, esculpido para sempre, na foto pregada perto da cruz; a voz calada para sempre, para nunca mais! Nunca mais, parece cantar a chuva que tamborila na pedra fria e desperta dores antigas. *Onde estava o Deus Amoroso naquela noite de tanta chuva, quando minha infância acabou?* Laura olha com amor para a irmã, que parece ter os mesmos olhos de noite sem lua de antes; *o Deus que povoou minha infância com o medo do castigo que chegaria inevitável, que deixou que eu me embalasse em culpa? Onde estava quando solucei sozinha, nas profundas noites de febre e incredulidade e não me estendeu sua mão? Eu acreditava que Ele me salvaria e protegeria da dor! Assim me ensinaram no catecismo de domingo, quando eu punha meu vestido branco e amarrava uma faixa amarela na cintura, cobria meus cabelos com um véu também branco e ornamentado de uma renda fininha, no qual permanecia o perfume das mãos de minha mãe. Levava o missal e o rosário, caminhava tentando manter minha mente a salvo dos maus pensamentos e das tentações e ia comungar a hóstia sagrada, o peito inflado de amor e fé. Não importava a fome, não importavam as agulhadas doloridas na cabeça pelo jejum, eu queria apenas receber em mim a profundidade do sacramento Daquele que eu deveria amar acima de tudo, mas como poderia amá-lo mais do que mamãe, do que Serena, do que Cléo? Elas estavam ali, ao alcance dos meus olhos e Ele era invisível, misterioso, amedrontador! Eu Lhe mentia, barganhava, prometia coisas que nunca cumpriria. Quando Ele me tirou os amores que eu possuía, acima do bem e do mal, acima da sua onipotência e onipresença, eu O odiei e gritei com Ele, Lhe disse que Nele não havia Amor, pois quem ama não causa sofrimento, não mergulha sua alma no deserto da solidão. E o Deus amoroso da minha infância não me deu respostas, deixou que eu me debatesse nos abismos inconsúteis da minha incompreensão. Ah, meu Deus querido, eu O amava de verdade, mas nunca poderia amá-Lo mais do que as pessoas que me rodeavam, como poderia? Como poderia?*

13. Sentimentos são como lâminas

A cada vez que Aída mãe tinha de levar Eunice, uma criança pálida e doentia, ao médico, o pai fazia uma cena. O velho Dr. Alcindo havia se aposentado e outro jovem médico tomou seu lugar no Centro de Saúde. Era um rapaz atraente que fez suspirar o coração das moças, desesperadas para agarrar um bom partido. A criança queimava em febre e Anselmo não permitia que Aída a levasse para ser examinada pelo Dr. Henrique se não fosse junto com ele. Na volta do consultório recriminava a infeliz, apontava seus olhares e seus imaginários sorrisos para o homem, acusando-a de estar envergonhando a família, na velha história de sempre, que ela suportava como quem tem de aguentar uma doença incurável. Passava os seguintes dias a andar feroz pela casa, os olhos furiosos e os punhos cerrados, o que fazia da adolescência das filhas um verdadeiro inferno.

A cada crise, Laura e Serena corriam para a casa de Maria Clara em busca do aconchego de seu abraço e do seu afeto, enquanto a mãe suportava o fardo de toda uma vida. Laura estava com treze anos e Serena havia completado dez no início da primavera, quando um acontecimento chocou a vizinhança e marcou o início da perda de sua infância. Tudo começou com mais uma das profecias de Açucena. A moça estava cada vez mais esquisita sempre enfiada no quarto, às voltas com o espírito de Ariovaldo, que vinha todas as noites lhe sussurrar seus vaticínios como um arauto de desgraças, um anunciador de sofrimentos. Após o nascimento de Eunice, a loucura ciumenta de Anselmo se agravou e desvairava dia e noite a supor imaginárias traições de Aída. No trabalho era um profissional sério e competente, responsável, admirado pelos funcionários. Com as pessoas do círculo de amizades era gentil, atencioso, sempre disposto e bem humorado. Com Aída era um algoz,

Sentimentos são como lâminas | 141

despejando na sua figura frágil todos os demônios que assombravam seus pesadelos, fazendo-a refém da sua insanidade e de seu ciúme. Na noite em que nasceu Eunice, o cordão umbilical não foi bem amarrado e ela sangrou durante horas antes que Aída percebesse a hemorragia e pedisse para Laura chamar Margarida para ajudá-la a estancar o sangue. Isso teve algumas sequelas e a menina cresceu lentamente, às voltas com médicos e remédios, num cuidado constante. Era nervosa e se assustava com pouca coisa, chorando constantemente, para desespero de todos. Talvez se sentisse não desejada. Durante a gestação Anselmo tratou Aída com tanta aversão e rispidez que ela chegou a acreditar que não queria a criança. *O ciúme pode enlouquecer um homem e também uma mulher,* dizia Maria Clara. Aída concordava. Tinha terríveis acessos de fúria ao menor incidente. Uma noite, ficou furioso com Laura porque a filha quebrou um copo. Levantou a mão para a menina e a mãe se interpôs entre os dois, a barriga inchada colocada como um escudo. Foi o quanto bastou para que sua fúria transbordasse como água num jarro. Colocou Aída e as meninas para fora de casa ao frio de junho. A lua brilhava no céu como se fosse de prata. Laura e Serena choravam e tremiam de medo. Os pés e mãos esfriavam, enquanto a lua olhava do alto do seu brilho e as fazia pensar nas histórias de assombração que a mãe contava. O vento soprava e ela tentava aquecê-las com seu corpo disforme, a barriga grande, pontuda, onde o bebê se mexia inquieto. Os olhos de Aída estavam tristes e úmidos, mas a boca sorria, *vamos fazer de conta que nos perdemos na floresta e estamos fugindo do lobo mau, vamos cantar e ele se assusta e vai embora.* E ela cantava baixinho enquanto a chuva tornava a noite cada vez mais fria. De madrugada, ela achou que a raiva dele havia passado, as meninas batiam os dentes de frio, tinham os lábios roxos e os olhos brilhantes; olhos que começavam a conhecer a Dor; e o Ódio. Ela o chamou com sua voz de doçura, – *as meninas estão com frio, Anselmo, por favor, abra a porta eu lhe suplico, meu querido.* O rosto dela parecia o da Madona com o Filho Morto no regaço, como uma pedra esculpida em desalento. Mar de melancolia e resignação, uma humildade inexplicável que deixava

142 | O Sangue das Almas

Laura perplexa. Anos depois soube que ele nunca se casou com ela e que, sem ele ao seu lado, a ilegitimidade perseguiria as meninas para sempre. Anselmo abriu a porta depois de muito tempo de súplicas, mãos postas tiritando, choro de duas crianças navegando num mar de não entendimento, *papai não nos ama, ele nos odeia*, pensavam; entraram aliviadas, ansiosas pela cama quentinha, ela ofegante ao peso da barriga inchada de quase sete meses, abaixava a cabeça, os ombros encolhidos de medo, os cabelos negros espalhados e cheios de umidade, como a noite de junho. O pontapé a pegou desprevenida e atingiu o lado do ventre; ela se contorceu de dor e medo, protegeu a barriga com braços inválidos, desesperançados.

****

Laura olha para a irmã; o túmulo de granito marrom brilhando sob a chuva da tarde: – *Nós gritamos quando ele levantou novamente o pé e nosso grito foi tão terrível que ele parou e voltou ao quarto, o rosto pálido como o dos mortos sob as lajes. Naquela noite, as vozes sussurradas atravessaram a madrugada fria; a dele carregada de acusações, a dela acariciante, macia, inexplicavelmente doce. No dia seguinte os lábios dela não possuíam a cor rosada de sempre e os cabelos tinham o brilho perdido. Para sempre. O primeiro chute na cabeça da criança causou danos. O segundo, que se esboçou, se encarregou de matar sentimentos.* Sob a chuva, ao lado de Serena, Laura evoca a lembrança pálida de uma menina frágil, choramingas, cheia de doenças como um velhinho, colecionando febres e remédios enquanto outras crianças colecionavam figurinhas. Ao seu lado, a voz de doçura em noites intermináveis, a cabeça apoiada nos braços, os cabelos negros entremeados de fios brancos, nas noites brancas de junho, frias, que levaram embora a infância de Laura e Serena. Infância embalada pela poeira e pela chuva, pelos sussurros noturnos e uma voz de doçura. Infância iluminada pelo riso fácil de Cléo, a bem amada, a desejada das gentes; pelo choro constante de Eunice, criança predestinada a não viver; pelo chiado ofegante de Violeta, que foi desejada, mas não amada; pelas canções de amor de

Rosa, a que nunca foi amada, nem desejada; pelas profecias de Açucena, a viúva de branco, que foi amada; pelas lágrimas de Margarida, não amada, não desejada, não considerada; pelos rancores de Dália, a dos humores escuros, como pedras cobertas de limo, definitiva e irremediavelmente, nunca amada e jamais desejada. Infância que não colheu os inaudíveis suspiros de Maria Clara, afogada em lágrimas que inundaram seus olhos para sempre, desde a noite que para Laura foi a Noite do Terror. Para Maria Clara, foi também a da Dor e da Desilusão; noite que despertou sentimentos que deveriam permanecer no mais absoluto silêncio e esquecimento para não cortar demasiado, como costumam cortar os sentimentos. E na moldura desse quadro de amores que doíam, a voz de doçura nos sussurros noturnos, conciliadora, implorante, *as meninas podem ouvir,* agora calada para sempre sob a solidão de um túmulo frio, molhado de chuva.

–Você se lembra de como ele cantava para nós?

A pergunta de Serena cai como uma pedra em um telhado e deixa outra pedra incrustada na garganta de Laura. Aída engolia soluços como quem engole pedras, na escuridão dos sussurros noturnos, em noites brancas de lua de São Jorge; ele cantava *Ridi Pagliacci, vesti la giubba...*Laura ri um riso sem alegria, *quem diria que alguém que cantava Ridi Pagliacci podia ser assim tão cruel.* As pedras na garganta de Laura começam a doer, *amor dói, minha filha,* novamente a voz de doçura ecoa em seu peito. *O ciúme pode enlouquecer um homem e destruir uma mulher.* A voz de Maria Clara nas conversas noturnas na varanda, alimentando a mãe gorda, rodeada de moças com nomes de flores, amadas e não amadas, desejadas e não desejadas e uma nunca considerada. Todas aureoladas em dor e solidão como santas em altares sem velas e sem flores. *Ridi pagliacci, vesti la giubba;* a voz de barítono acariciava as noites de sua infância perdida; no Jardim das Delícias as árvores dormiam e ofertavam frutos. Na casa em frente, as moças flores bordavam seu eterno enxoval, que nunca seria usado. Na casa ao lado, uma menina caminhava ao encontro da sua própria tragédia. Na casa de Laura e Serena, o choro da irmã doente, a voz dura, pesada, rancorosa,

144 | O Sangue das Almas

envenenava a noite e a voz de doçura pedia perdão por existir. E a infância de Laura se desmoronava como paredes de barro sob a chuva...

*****

Cléo foi enterrada em um dia ameno de verão, quando a chuva, apenas por alguns instantes, estendeu seus dedos molhados, com complacência. Foi enterrada em um dia de não morrer, dia de não sentir dor. No seu enterro Laura olhava para a face branca deitada no ataúde de panos brancos. A face branca e lábios frios que não tinham mais o eterno sorriso cintilante, rodeada de flores também tão brancas. Um lençol branco, da mesma cor da face de Cléo, no varal se agitou ao vento morno que soprava na tarde. A mãe dela, devastada, desmaiava a espaços de minutos e gritava sem acreditar. As outras mulheres a amparavam, chorando aliviadas por não serem elas a sofrer tal dor, por suas filhas estarem a salvo em casa, guardadas por pais e irmãos. Açucena olhava da porta da sala para o esquife sobre cavaletes cobertos com panos brancos, como o rosto de Cléo, que tinha cabelos louros que brilhavam sob o sol do verão, um rosto que Laura nunca mais veria. Através das pálpebras fechadas, Laura viu seus olhos verdes lhe mostrando uma aranha pequena que descia lentamente o fio de seda sobre seu rosto e ele era tão branco como o lençol do varal. Cléo não gostava de aranhas mesmo das pequenas, *elas têm pernas demais, Laura!* A aranha desceu sobre o rosto de Cléo que se contorceu de asco e ninguém viu, só Laura. Mas não teve coragem de espantar a aranha, o rosto de Cléo estava branco demais, frio demais e ela tremia demais para conseguir levantar as mãos. Num canto da sala, longe do ataúde, Açucena conversava com Ariovaldo; como um casal antigo, murmuravam com as cabeças juntas, as mãos enlaçadas. Ninguém parecia notá-los, só Laura, acostumada demais às coisas estranhas. Os olhos de Ariovaldo estavam fundos e pareciam mergulhados em incertezas. De vez em quando abanava a cabeça como se discordasse e Açucena parecia insistir. Num dado momento, os olhos dele encontraram com os pálidos olhos castanhos de Laura que, na luz mortiça do final da tarde, pareciam dourados e lhe enviou a mensagem, ouvida tão claramente como se ele falasse em seu ouvido: *ainda não acabou menininha, para você apenas está começando.* Os olhos dele ficaram ainda mais tristes quando Laura deu um passo atrás e se agarrou à saia da mãe, único refúgio naquele momento. Açucena olhava para ela com maldade, um sorriso repuxando os lábios que envelheciam. Estava cada vez mais impiedosa à medida que o espectro de Ariovaldo a cada dia parecia se esvair, tornar-se transparente como um raio de sol após a chuva. Açucena profetiza da desgraça, arauto da dor, Açucena dos olhos proféticos; odiada das gentes, amiga da Morte.

14. Margarida

Com os constantes desvarios e crueldade de Açucena, a solidão musical de Rosa, o isolamento raivoso e asmático de Violeta, a desesperança havia se instalado na casa das moças-flores e o enxoval, confeccionado entre suspiros esperançosos e muitas lágrimas de desilusão passou às mãos de Margarida, a que menor chance apresentava de arranjar um pretendente. Feia de cara e corpo, nariz grande, abatatado, mento de boxeador, cabelos duros e esticados, mostrava uma cara coalhada de espinhas, maldição de uma velha tia solteirona que as outras não haviam herdado. As pústulas amarelas estouravam por todo o rosto e pescoço; depois ressecavam e repuxavam a pele, deixando marcas grotescas. Acordava com o travesseiro manchado de sangue e pus. Durante o dia, as espinhas pingavam e secavam, abriam novas crateras, avermelhando e engrossando a pele. Quando, finalmente, acalmados os hormônios, estas sumiram, era tarde demais para melhorar sua aparência e para arrumar um marido. Possuía um gênio manso, humilde, gostava de plantas e pássaros, de crianças que nunca iriam ser suas. Jamais teve um pretendente ou algum rapaz a olhou; as espinhas, no seu pingar incessante, afastavam qualquer um que se aventurasse. Na adolescência nunca frequentou festas e bailes por vergonha da pele terrível. Uma única vez foi ao baile de formatura de uma das inúmeras primas da família. Nessa noite, que lembraria sempre com vergonha e humilhação, ficou sentada num canto, sem dançar ou conversar, o rosto afundado entre a gola de renda branca do vestido de festa que, ao final do baile tinha pequenas manchas vermelhas de sangue e verdes de pus. Parecia que todos a olhavam e a passou numa longa espera reprimindo soluços, a cabeça estalando de dor. Nenhum homem a convidou para dançar ou com ela conversou. Ninguém a olhou, como se invisível fosse. Uma noite interminável que a fez concluir que a ela algumas coisas estariam sempre vedadas.

Uma das histórias da família falava em uma tia, irmã da avó de D. Assunta que, depois de uma praga da própria mãe, começo a enfear. Era uma jovem que possuía uma pele perfeita que rivalizava com as mais finas sedas, os mais nobres veludos, o mármore mais amaciado pelas mãos de um escultor genial. Vaidosa, nada fazia na vida a não ser se admirar ao espelho dia e noite, descuidando do trabalho doméstico que ficava por conta da mãe idosa. Costumavam discutir muito por isso e numa dessas vezes ela esbofeteou a mãe. A mulher, com o rosto marcado pelos dedos da filha, falou: –*se você tem essa beleza é porque eu a dei, e da mesma forma eu a tiro, e apontou para ela os dedos em riste*. A partir desse dia, a moça que sempre tivera muitos pretendentes os viu sumir misteriosamente. A perfeição da face sumiu em pouco tempo, rugas e espinhas apareceram sem aviso, os olhos perderam o brilho e os lábios se ressecaram sem o viço da juventude. Aos trinta anos se tornou uma solteirona amarga e ressentida, irritadiça, o corpo sempre sacudido em tremores, os lábios apertados de despeito e amargura. Após a briga com a mãe, que nunca mais falou com ela e morreu sem lhe dirigir o olhar e a palavra, com as marcas de seus dedos ainda na face, começou a enfear. Seu maior sonho era casar e ter filhos, a ausência da beleza que outrora possuiu impediu a realização de seus desejos. A maldição foi em seu encalço e a enleou como uma névoa fria; embevecida consigo própria e com seus sonhos em frente ao espelho, sentiu o frio que a atingiu repentinamente, embrenhou-se por sua pele de marfim, deslizou pelas costas acetinadas e penetrou nos músculos, nos ossos, em todo seu sangue. Sua beleza se acabou, desbotando como madeira ao sol. Os olhos azuis como safiras perderam a cor e diluíram-se num cinza indefinível, opaco e sem vida, os cabelos cor de ouro se pintalgaram de branco enquanto rareavam e caíam em profusão; ficou cinzenta, das unhas dos pés às orelhas, aos membros e todo o corpo. Seu coração, que nunca foi compassivo, endureceu ainda mais e se tornou amarga como costumam ser as mulheres nunca amadas. O fel da tristeza, a cada noite em que se revirava na cama, tentando entender a estranha metamorfose, lhe subia ao rosto e continuava a destruição ao colocar manchas escuras na pele, onde estouravam pústulas sangrentas e escorria o pus amarelo, malcheiroso a lhe descer pela cara, pontilhada de cravos negros a cada centímetro, arruinavam o contorno do queixo e inchavam o nariz. Acordava a cada manhã para um pesadelo sempre renovado, no momento em que se olhava no espelho, na procura ansiosa do rosto outrora maravilhoso e se deparava com uma imagem grotesca, incongruente. Não podia ser ela esse ser horrendo, como um cadáver insepulto! Tapava o rosto com as mãos de veias salientes e unhas escuras, soltava uivos lancinantes como um cão para a lua e mergulhava no mais profundo e desesperado pranto. Alimentava com seu ódio e revolta os fluidos malignos que circulavam por seu sangue, fortalecia-os, deixava-os cada vez mais vorazes. Para compensar, desatinada, à beira da loucura, passou a comer com enorme voracidade e engordou tanto que mal conseguia sentar-se nas cadeiras da mesa de jantar. Tornou-se suarenta e soltava gases terríveis de manhã até a noite, empestando a casa e fazendo com que as flores nos vasos murchassem em poucos minutos na sua presença. Ao desistir do casamento e de recuperar a beleza, voltou-se para os prazeres da gula e para infernizar a vida de todos, pessoas e animais. Todos, penalizados a aturavam, afinal uma aparência assim tão horrível deveria ser uma desgraça para quem a possuísse. Quando morreu pesava mais de trezentos quilos e o rosto era uma máscara repugnante. Diziam que a maldição, que a cada geração herdeira de seu sangue, uma das moças da família teria sua marca da pele manchada e putrefata; a maldade da alma, a gula voraz. Nessa família a sina da pele de lagarto coube a Margarida, pelo menos era o que diziam. Outro destino seria o da fome insaciável, já concretizado em Assunta. O destino de comer até estourar e empestear a casa com os gases tremendos de seus intestinos fermentados, tão malcheirosos que murchavam as flores nos vasos, matavam os passarinhos nas gaiolas e afugentavam até mesmo os ratos que viviam debaixo do assoalho de madeira quando penetrava pelas frestas. Talvez o pior de seu legado

Margarida | 149

fosse mesmo a crueldade, herdada por Violeta anos à frente. Solteirona, teve uma filha, fruto de uma ocasional noite, quando o desespero a atormentava. Entregou-se a um mendigo que rondava as redondezas, fedorento e sujo, com cheiro de fezes e urina. Morreu quando nasceu a criança, que foi entregue a um orfanato. Sua descendência de sangue chegou à família das moças com nomes de flores por parte de mãe, numa maldição que só se extinguiria quando não houvesse nem sequer uma gota deste circulando em qualquer veia feminina.

Margarida, a pele furada, o rosto redondo onde eclodiam as pústulas, foi se refugiar junto às outras irmãs no cuidado com a casa, se enfurnar na cozinha; debruçada no fogão transferia para a comida a sua fome de afeto e poupava definitivamente a mãe de maiores encargos. Adeus para sempre aos sonhos de amor, adeus para sempre à doce expectativa da espera. Virgem a contragosto, seus humores envenenavam seu sangue e a faziam sofrer de aflição nas noites intermináveis, o corpo em brasa queimava sobre o colchão, a cara pingava pus e sangue. Entre as pernas uma ardência a fazia gemer em surdina no seu quarto solitário já que nenhuma das irmãs queria compartilhar com ela o dormitório. Todas eram receosas de se contagiar com a terrível enfermidade que a tornava um verdadeiro monstro, com sua cara deformada de espinhas e pelo odor nauseante que delas se escapava, deixando o quarto com um cheiro intolerável de necrotério. Se as coisas podiam piorar para Margarida, isso aconteceu no dia em que foi ajudar o pai na quitanda e inadvertidamente encontrou a pilha de revistas obscenas que o ajudante costumava esconder no pequeno banheiro nos fundos. O rapaz, na faixa de seus dezoito anos, conseguia não se sabe onde, aqueles desenhos grosseiros, com casais fazendo coisas jamais suspeitadas, num intercâmbio assombroso de pernas, braços e bocas, colocados nas mais incríveis posições e nos mais infames lugares. Margarida olhava para aquilo sem acreditar, *então o amor é isso? É essa invasão de corpos, é esse entrelaçamento líquido e acrobático, esses olhares e esses sons? Como pude pensar que o amor era uma coisa delicada, cheio de ternura e sobressaltos, em afagos gentis e eternos?* Saiu do banheiro, depois de

150 | O Sangue das Almas

esconder as revistas onde o rapaz as deixava. Passou o resto do dia com o corpo a arder em febre, em estremecimentos súbitos, uma vertigem dando voltas à cabeça enquanto pesava automaticamente batatas e tomates, embrulhava pés de alface e de couve e marcava as compras numa caderneta sebenta dos clientes contumazes. Como um sino a tocar em cadência, repetia: *O amor é assim? Não pode ser de outra forma, senão os rapazes não comprariam e não se trancariam com os desenhos no banheiro saindo depois de lá com as mãos coladas de gosma, o rosto pálido e o ar apalermado. Eu nunca pensei que fosse assim, mas por que iria ser diferente? Os homens só se importam com a aparência das mulheres, com a delicadeza de sua pele e a beleza de seu corpo, seus seios, suas coxas. Eles querem peles acetinadas, corpos macios e oferecidos, é por isso que as moças bonitas ficam noivas e se casam e as como eu ficam sozinhas até morrer, sem nunca experimentar esse roçar de corpos, essa troca de fluidos, nunca ter essa expressão de prazer. Um prazer reservado apenas às belas, às donas de peles e corpos perfeitos e que as fará gerar filhos que lhes darão alegrias e tristezas, que terão feito sua vida valer a pena. Mas eu, o que me espera? A solidão de noites infinitas a rolar numa cama que parece estar em chamas, que a cada noite ameaçam me queimar até que meu corpo se transforme numa bola de carvão em brasa. O que me espera a não ser esse calor infernal agora e o frio na velhice, um frio que vai se instalar nos meus ossos secos, no meu corpo nunca tocado. Nada na minha vida terá valido a pena se não houver isso e isso está impedido, proibido por este meu rosto repugnante e horrendo que homem nenhum jamais irá acariciar ou beijar.*

Durante toda a noite soluçou como se algo dentro dela estivesse para sempre partido. A descoberta do que pensava ser amor nos toscos rabiscos das revistas tirou dela toda ilusão que pudesse ter ao imaginar, um dia, não importa quando, um homem se enamorar de sua honestidade, de seu recato, de seus dotes como bordadeira e cozinheira, não se importar com a feiúra de seu rosto, com a pouca atração de seu corpo. Esse homem idealizado iria amar sua alma, pura como a dos bebês, a fazer feliz com um amor isento dessa troca obscena de líquidos e de

Margarida | 151

membros esparramados, abertos, em círculo, nas mais grotescas posições. Isso ela nunca iria conhecer. Quando o dia começou a raiar tomou uma decisão acerca do que iria fazer; saiu de mansinho, caminhando em silêncio pela casa adormecida e foi até o banheiro nos fundos da quitanda e pegou todas as revistas ali escondidas pelo rapaz que trabalhava para seu pai, ele também um jovem feioso, com a cara cheia de espinhas resultantes de excesso de hormônios em ebulição. Estava com trinta e quatro anos e sabia que já era tarde demais para ela, mas ainda poderia fazer algo. Levou as revistas para seu pequeno quarto de moça sozinha e as escondeu cuidadosamente sob o colchão. Depois se lavou com esmero e foi para a cozinha preparar o café para a família, como sempre fazia. Mais tarde, quando todas estavam cuidando de seus afazeres e a mãe, bem alimentada ressonava na cadeira de balanço na varanda, foi até a quitanda e falou para o sonolento rapazola, que parecia um tanto mais apalermado do que de costume: –*Sentiu falta de suas revistas? Eu as peguei e estão escondidas no meu quarto. Vá pegá-las hoje à noite que deixarei a janela aberta.* Saiu deixando o jovem atônito, não acreditando no que tinha ouvido, a esfregar os olhos e coçar a cabeça com cara ainda mais palerma do que antes.

A noite chegou e Margarida, vestida numa das camisolas ricamente bordada, roubada do enxoval, esperou sentada na cama. A lua de agosto penetrava pelas frestas da janela entreaberta e jogava raios pálidos sobre o assoalho. A prata se refletia no espelho do quarto e mostrava a imagem patética de uma mulher, ainda jovem, incrivelmente feia, o corpo desajeitado enfiado numa peça feita para princesas, a pele do rosto em violenta erupção causada pelo nervosismo a se rachar em pústulas sanguinolentas, numa espera inútil; mesmo para o rapazola espinhento ela era excessiva e nunca mais apareceu para trabalhar, o que deixou o pai uma fera com a irresponsabilidade desses jovens de hoje em dia. Pouco tempo depois, ele foi embora para São Paulo em busca de emprego e nunca mais voltou a Manduri. No dia seguinte, Margarida não saiu do quarto; disse estar indisposta e que não a incomodassem. Passou o dia nua sobre a cama, a porta trancada, as revistas

152 | O Sangue das Almas

abertas espalhadas entre a desordem dos lençóis, cortando em tiras finas a linda camisola de cambraia, as lágrimas a pingar sobre os seios murchos, olhando avidamente cada página, cada risco, cada traço de corpo, cada expressão de prazer imobilizada nos rostos e soluçando silenciosamente pelo que nunca poderia ter. Ao anoitecer ainda permanecia ali como uma estátua, enquanto reduzia a fiapos as últimas fibras do tecido que se amontoava a seus pés. A família não a incomodou, não costumavam interferir nos momentos de dor e solidão umas das outras; cuidavam de sua privacidade como se fosse seu bem mais precioso, assim poderiam dar livre expansão à dor e ao desespero; esses momentos estavam se tornando cada vez mais frequentes conforme envelheciam, sem necessidade de compartilhar ou dar explicações. O sentimento mais profundo necessita da solidão. O mau cheiro que se evolava das espinhas purulentas, aliado ao suor malfazejo e à dor da solidão, se tornou insuportável e espantava até mesmo os mosquitos que ousavam se insinuar entre as frestas das venezianas fechadas. Os que porventura não conseguiam escapar morriam sufocados pelos miasmas putrefatos. As baratas, sempre numerosas no verão, se escondiam nas frestas do assoalho e morriam. Margarida passou dez dias no quarto, sem comer, beber, dormir, evacuar. Apenas pingava sangue, pus e suor até que a crise passou e as pústulas se fecharam deixando cicatrizes profundas no rosto e ainda maiores na alma. Na manhã seguinte a encontraram na cozinha como sempre, fazendo o café da manhã para a família. Não houve perguntas nem olhares de indagação, deixaram-na se curar sozinha como os cães quando lambem suas feridas.

Durante dias a fio ela limpou o quarto até que não restou mais nenhum odor purulento. Esfregou lixívia no assoalho, lavou paredes com desinfetante, colocou cortinas e colchas no tanque com sabão, deixou o sol entrar para espantar os vestígios escuros da sua desilusão. Queimou as revistas na calada da noite e espalhou as cinzas ao vento da madrugada, apagando para sempre da memória o que tinha ousado descobrir. O mutismo que a tomou e durou exatos cinco anos, só foi rompido na Noite do Terror quando precisou abrir os braços para

Laura, já que Maria Clara lamentava em seu quarto um momento parecido e devia, por sua vez, ser deixada a sós. Nunca mais se aproximou do baú do enxoval. As irmãs não deixaram perceber se deram pela falta da mais preciosa camisola bordada; as coisas aconteciam por um motivo e não adiantava procurar as razões.

15. Dália

A confecção do enxoval impregnado de suspiros e ais de tristeza e solidão, de desejos insatisfeitos, de sonhos acalentados, ficou para Dália, a quinta irmã com nome de flor. Magra, seca, gênio do cão, arrogante, assustou qualquer candidato a noivo. Não se dedicou muito em aumentar a coleção ou em usar inventividade nos bordados; colaborava na execução de algumas poucas peças sem beleza, despojadas de ternura, assim como ela própria. Em vez de bordar toalhas que iriam ficar no fundo do baú, entre bolinhas de naftalina e saquinhos de flores secas de alfazema, preferia enfeitar altares de santos na igreja e assistir missas diariamente. Costumava cantar no coral da igreja com uma voz trêmula de soprano, o que fazia Serena rolar de rir e justificava bem aplicados beliscões de Laura nos seus braços redondos e brancos que deixavam manchas roxas e lhe valiam repreensões da mãe. Dália se levantava de madrugada para ser a primeira a ir à feira semanal na praça da igreja e pegar as melhores verduras, os mais frescos legumes e frutas. Saía no seu passo duro, o andar empertigado, a cesta num braço, o guarda-chuva no outro, mesmo que o sol brilhasse nos períodos de estiagem prolongada. Tinha a pele muito branca e se recusava a receber qualquer réstia de raios solares, usava vestidos de manga comprida e abotoados no pescoço, o que lhe valia apelidos dos moleques arruaceiros que faziam dos bancos da praça seu lugar de brincadeiras. Na feira, discutia com os feirantes em voz fina e desagradável; teimava que a mercadoria estava velha, azucrinava os infelizes até que estes abaixavam o preço somente para se verem livres dela, que voltava triunfante por ter economizado alguns poucos centavos. Parecia sentir um imenso prazer em debicar dos mais simples, maltratar os humildes e os miseráveis. Apesar de religiosa, era avara e virava a cara comprida para o outro lado quando passavam a cestinha de esmolas. Não deixava de ir a um velório sequer e era assídua frequentadora do cemitério, onde cuidava dos túmulos familiares e também dos desconhecidos abandonados; parecia ter fascinação pela doença e morte. Quando sabia de algum agonizante nas vizinhanças se aprontava como se fosse para uma festa; o vestido escuro fechado, os cabelos longos e lisos presos num coque austero, o guarda-chuva nas mãos, era a imagem da carpideira a chorar os mortos. Participava das horas de espera quando os parentes se reuniam em volta do leito do moribundo aguardando o desfecho final. Nunca perdeu tempo com sonhos românticos de moças querendo casar e nenhum rapaz de Manduri mereceu-lhe um olhar sequer, mesmo quando jovem. Ao longo dos anos, passou a se dedicar aos velhos nos asilos, aos doentes no hospital, aos órfãos, aos cães sem dono. Dava aos pobres infelizes o sorriso que negava aos demais. Envolta na aura da santidade, optou por se manter virgem e solteira; passou finalmente e o mais rápido possível, o rico enxoval aos cuidados da única irmã que não tinha nome de flor, Maria Clara, em quem a família depositou a derradeira esperança de perpetuar seu nome. Laura e Serena adoravam Maria Clara. Era para seus braços que corriam quando os olhos do pai despejavam o veneno e o fogo que queimavam e doíam; foi nela que se consolaram da ausência da mãe, quando Aída se enterrou viva no quarto escuro, após a morte de Eunice. Maria Clara as recebia com beijos amenos, parcimoniosos, naturais e lhes dava bolo de laranja, aromatizados com casca de limão; dava o carinho dos braços complacentes, sem ansiedade, com imensa compreensão.

Anos atrás, no dia dos anos de Laura, a mãe tinha saído para comprar ovos. Ia fazer um bolo daqueles bem grandes, recheado de creme, para colocar dez velas cor de rosa que iriam combinar com o vestido novo. Fazia calor em janeiro e ela foi até a chácara perto da caixa d'água, que ficava um pouco longe. Demorou-se mais do que pensava, a senhora do caseiro era simpática e a fez sentar para tomar um café, enquanto contava as últimas novidades da vizinhança: – *A filha da Zefa acabou se perdendo com aquele noivo e agora está de barriga*, cochichava, a cara brilhando de prazer, *quem diria, com aquele jeito de santinha do pau oco, nunca me enganou, eu conheço essas moças de hoje em dia, não têm um pingo de juízo na cabeça, a mãe está a ponto de morrer de desgosto e olha que ainda nem acabou o enxoval, vai ter de casar assim mesmo, uma pouca vergonha, se fosse filha minha ia levar uma surra!* Aída, cansada e aflita com a demora apenas concordava com a cabeça, enquanto terminava penosamente a enorme xícara de café ralo e doce. Não havia como discordar daquela enxurrada de maldades e fazia menção de ir embora, mas a mulher continuava tagarelando sem parar e não ia buscar os ovos que estavam no galinheiro. Quando, finalmente, conseguiu sair dos enleados dentes de serpente da mulher correu apressada para casa, cheia de preocupação por causa do horário. Seu algoz a esperava, o dedo em riste, o rosto uma máscara de acusação. Naquele dia em que Laura fazia dez anos e o calor de janeiro estava insuportável, aguardando as chuvas que tardavam, o céu sempre encoberto pela poeira amarela de Manduri, ela ficou horas ouvindo-o esbravejar, sem poder levantar-se da cadeira, o rosto abaixado olhando para dentro de si própria. Havia em toda sua figura um desalento palpável e as mãos, as lindas mãos de afagos jaziam abandonadas sobre o regaço como náufragos numa tempestade. Ele parecia que nunca ia parar e ela pensava no bolo para a filha de dez anos e ele falava, falava, – *Eu me mato de trabalhar e dou tudo para você, e é essa a paga que recebo, você não me respeita, me cobre de vergonha, o que não vão pensar desta família, você é uma ingrata, me conte, me conte o que andou fazendo, com quem esteve, me conte, eu posso perdoar, mas preciso saber de sua boca, não minta, eu preciso que me conte tudo.* Os cabelos negros caíam sobre os olhos; cabelos negros como asas de corvos, brilhantes como óleo na pele e a voz de doçura se mantinha apagada. Sabia que de nada adiantaria explicar o que quer que fosse; a obsessão de um homem mergulhado em um ciúme doentio que o sufocava, sepultava qualquer chance de felicidade e harmonia entre o casal. Ela pensava no bolo e Laura estava com sono, deitada na rede debaixo da mangueira, junto com Serena, que aninhava sua cabeça de cabelos também negros e brilhantes no seu peito e fungava, os olhos escorrendo lágrimas silenciosas, como rios numa noite escura.

Maria Clara veio em seu socorro e as levou para sua casa, onde na mesa da cozinha esperava um enorme bolo de massa amarela e macia, com dez velas cor de rosa em cima. Tinha chamado as mais queridas amigas da escola e todas cantaram parabéns a você. Serena, agora com os olhos secos batia palmas de felicidade. Todas comeram o bolo de aniversário e a fatia de Laura descia como lama pela sua garganta, feria a língua que permanecia silenciosa como a dos mortos em seus túmulos. Ela não estava ali com seus olhos de mansidão e sua voz de doçura, rindo com ela apesar de tudo; estava sentada na velha cadeira de balanço e ouvia as ofensas intermináveis, o esbravejar contínuo, surdo a qualquer apelo, enquanto a filha assoprava as velas do bolo de aniversário e foi talvez nesse dia que Laura começou a desejar. Depois da festa, Laura foi para casa com o vestido manchado de glacê levando um pedaço de bolo para ela. Os dois ainda estavam na mesma posição, ela de olhos abaixados, os cabelos negros como uma cortina sobre o rosto. Uma cortina indevassável. Ele de pé ao seu lado, o dedo acusador em riste pedindo para ela confessar seu crime. Quando as viu esboçou um gesto em sua direção, estendendo a mão para apanhar o pratinho com o bolo feito por Maria Clara. Embora Laura tentasse fugir, as mãos dele foram mais rápidas e o bolo voou pela sala, espirrou glacê pelas pareces, manchou os cabelos negros, espalhou os cacos misturados com creme pelo assoalho, acompanhado pelos gritos assustados de Serena e pelo silêncio ressentido de Laura. Aída mal suspirava e sua dor latejava como as pústulas do rosto de Margarida. E o Ódio puro que Laura, parada em frente ao túmulo de granito marrom sob a chuva, ainda sente deslizar pelo peito, lento e incandescente como as lavas de um vulcão. A voz que cantava *Ridi Pagliacci, vesti la giuba,* não mais canta, apagou e levou para o túmulo sua infância pontilhada de sussurros em noites de lua de prata, como uma teia inconsútil de dor contida em silêncio; uma voz que povoou seus verdes anos com sobressaltos; cuja lembrança fortaleceu as barreiras que ela levantou, por anos, contra a vida, *o amor dói, Laura, e* a fez a mulher que hoje contempla um túmulo sob a chuva fina, quarenta anos depois.

Aída engravidou de Eunice no dia do aniversário de dez anos de Laura. Na manhã seguinte ele tinha uma cara satisfeita no café da manhã, abraçava Serena que estava sentada sobre seus joelhos e evitou os olhos da menina mais velha durante o tempo todo. O Ódio deslizava por ela como lavas de um vulcão, mortífero e perigoso. O rosto de Aída aparentava uma placidez conformada como o dos condenados a caminho da morte e, como eles, o rosto encoberto pelo disfarce dos cabelos negros; como uma muralha escura, impenetrável. Desta vez as sessões noturnas de torturas cessaram mais rapidamente, talvez ela tivesse encontrado o atalho para fazer com que terminassem antes. Laura ainda não podia ter essa compreensão.

*****

Ao sair pela manhã, envolta na mantilha branca de virgem para a missa das sete, Dália murmura as laudatórias do rosário, caminha sem olhar para os lados, apenas Deus lhe interessa, o deus amoroso que repousa no altar central da pequena igreja e que lhe diz que deve orar pelos pecadores. Tempos difíceis virão, Açucena tem profetizado todos os dias, tempos que tingirão as ruas amarelas de Manduri de um negror jamais visto e irão impregnar cada parede, cada buraco de inseto, cada folha das árvores de uma amargura que escorrerá como fel.

****

16. Maria Clara

Após terminar o ginásio, Maria Clara insistiu em continuar os estudos; queria ser professora de crianças, que adorava. O pai, refratário ao excesso de instrução para as mulheres, certo de que isso as desviava do seu verdadeiro dever, que era casar e ter filhos, foi vencido pelo mulherio insistente que se uniu em torno desse desejo e disso fez uma cruzada, até que o pai, com má cara, finalmente permitiu que a filha mais nova estudasse. Quando ela completou dezoito anos tinham uma alegre professora na família, que começou a dar aulas no Grupo Escolar de Manduri, ganhar seu salário e, como todas as outras, se empenhou em cuidar do enxoval que, por essa época, era algo nunca visto na vizinhança: toalhas bordadas de grandes dimensões para cobrir mesas nas festas de batismo e aniversário; conjuntos de banho com apliques primorosos; toalhinhas de todos os tamanhos; centenas de panos de prato com ponto russo; pintados com motivos de flores e frutas; dúzias de guardanapos de linho para as refeições; peças de chá, de café, de bandeja; camisolas, pijamas, lenços; uma infinidade de coisas, zelosamente guardadas numa antiga arca de madeira, enorme, que pertenceu à mãe quando ali também guardou seu enxoval de noiva. As amigas comentavam invejosas, as vizinhas vinham copiar os motivos bordados, olhar os lençóis limpos, lavados e engomados, embrulhados entre saquinhos perfumados de alfazema e bolinhas de naftalina para evitar traças e baratas; suspiravam de desejo à vista das tapeçarias, dos tricôs e crochês, mergulhavam as mãos na maciez dos tecidos entre exclamações de deslumbramento, sussurravam entre si, invejosas, *pena não haver noivo para desfrutar de tudo isso* e soltavam risinhos maliciosos. A fama do enxoval chegou até São Paulo e despertou a curiosidade de umas jovens atrevidas que costumavam passar as férias na fazenda do pai, rico plantador de café da região, um bando de moças que fumavam e vestiam calças compridas de brim azul e vinham para a vila a galope em cavalos de raça, para grande escândalo dos moradores. Naquele ano vieram à casa das moças-flores e pediram para conhecer o enxoval; ficaram abismadas com o luxo e a preciosidade das peças. Os olhos arderam de cobiça, também elas principiavam a sonhar em vestir as delicadas e finas camisolas e dormir sobre os lençóis magníficos; ofereceram uma fortuna pelas peças, um valor que permitiria comprar uma casa ou algumas terras, prontamente recusada pelas moças. A mais jovem despeitada pela recusa, não conseguiu refrear o comentário, –*Vocês não irão usá-lo mesmo, nenhuma de vocês tem noivo!*

A injúria foi grave, magoou profundamente e as irmãs passaram a negar expor o enxoval à curiosidade maledicente e davam desculpas esfarrapadas, até que cessaram os pedidos. Quando chegou a vez de Maria Clara sonhar entre rendas e bordados, teve o tesouro só para si. Passava o dia lecionando para crianças e à noite e durante os finais de semana, recolhia-se ao quarto para alisar o enxoval, tirar as peças uma a uma, verificar se não havia traças, embevecer-se com os pontos magníficos e acrescentar as suas próprias criações. O tempo passou e um dia a mãe, gorda ao ponto de não caber nos vestidos, disse na sua vozinha delicada, com os lábios besuntados de açúcar do bolo que devorava: –*Maria Clara já está com vinte e sete anos, não está passando da hora de arranjar um namorado?* A família se entreolhou estupefata, *vinte e sete anos, seria possível?* Era possível! Com cada uma no cuidado das suas coisas, imersas nos seus afazeres domésticos, no ir e vir de limpar, costurar, lavar e passar, poupando a irmã que trabalhava fora, não se deram conta que haviam envelhecido e que a irmãzinha mais nova cresceu, se tornou moça e ainda não teve um namorado sequer. Tomadas de consternação, não ousavam dizer em voz alta o pensamento que passou pela cabeça de todas, *mais uma a ficar solteira!* A mãe sonhava ter um neto, o neto que nenhuma das filhas pudera lhe dar, o pai queria continuar o nome da família; filho único de um casal avançado em anos, já falecidos, via acabar-se com ele, o sobrenome herdado. A única e derradeira esperança era Maria Clara e, sufocados na vida cotidiana, cinzenta e sem acontecimentos, não notaram que a última das irmãs, passava os dias no trabalho, e as noites em sua companhia. Não fora por falta de encantos que não arranjara pretendentes. Ao contrário das outras, Maria Clara era razoavelmente bonita, de uma beleza discreta, simples, uma moça com quem poderia casar qualquer dos rapazes da vizinhança, se não estivesse tão ocupada em dar aulas e bordar o enxoval eterno. As irmãs, repentinamente, esforçaram-se para que ela recuperasse o tempo perdido, enquanto ainda possuía juventude e fizeram com que saísse do quarto, fosse a festas, a bailes, conhecesse rapazes, urgia não perder tempo. As cinco se incumbiram de cuidar da mãe, cada vez mais gorda e do enxoval. Até Margarida e Dália, repentinamente alertas, se ofereceram para confeccionar algumas peças para cozinha. Maria Clara, dócil e cordata, fez o que lhe pediram. Aos vinte e sete anos tinha as faces frescas de adolescente, cabelos lisos que ela, inutilmente, tentava encrespar, olhos castanhos, afetuosos, era alegre, gentil, não chegava a ser uma beleza, pois disso não padecia a família, mas era bem humorada, simpática, o rosto agradável, embora bastante comum. O fato de ser professora facilitava, tinha um salário regular, coisa bastante bem vinda numa cidadezinha do interior, lugar de pouca riqueza. O pai era o único a trabalhar para sustentar a família; orgulhoso e antiquado, nunca permitiu que a mulher e filhas ficassem expostas atrás do balcão da loja atendendo clientes.

Três anos atrás, chegou a Manduri uma família de São Paulo que foi morar numa casa de madeira construída numa chácara nos arredores; vinham por algum tempo, disseram. O pai, engenheiro, estava encarregado de plantar eucaliptos para reflorestar as redondezas e instalar uma fábrica de móveis; com ele e a mulher vieram duas filhas. A mais velha estava noiva em São Paulo, a outra era professora, mais um rapaz de vinte e três anos, bonito, inteligente, bem educado, moreno queimado de praia, com aquele acento cantante dos paulistanos, versado em música e cinema e recém-formado em engenharia florestal como o pai. Foi a sensação da cidadezinha acanhada, centrada em si própria, entre vizinhos de toda a vida, se transformou no partido dos sonhos das mães com filhas querendo casar. Seu nome sonoro, bem posto, diferente dos Josés e Joãos do lugar, lembrava os antigos imperadores romanos; chamava-se César Augusto e, em pouco tempo, era extremamente popular entre os jovens de ambos os sexos do lugar. Trouxe um novo encanto para a cidadezinha e fazia as moças suspirarem por seus olhos de cigano, os dentes brancos, o bigode bem cuidado, os cabelos lustrosos com corte da última moda. Nos bailes era disputado, exímio dançarino, sabia com igual destreza samba e *rock and roll*, valsas e tangos. Simpático e bem falante, contornou os ciumentos e fez amigos entre os rapazes locais, porém não se interessou por nenhuma das jovens aspirantes a casamento e inebriadas de sonhos de irem embora com ele para São Paulo, quando o pai acabasse o serviço de reflorestamento que deveria durar alguns anos.

Em dezembro, na noite do baile de formatura, acontecimento social do ano, conheceu Maria Clara que, finalmente, saiu de seu casulo de rendas, linhas e agulhas por insistência da mãe e das irmãs. Num simples vestido verde-pálido, estava com as faces frescas, um pouco de batom e uma gota de perfume, sapatos de saltos baixos, sentada quieta numa mesa junto com duas das irmãs solteironas. Destacava-se como uma flor singela, parecia mais jovem do que seus vinte e sete anos, o rosto fino, a pele bonita, o corpo delgado. Ao vê-la assim, recatada, modesta, tão diferente das vistosas jovens do salão de baile, a disputar os rapazes, os rostos carregados de pintura, vestidos justos, decotados e excessivamente perfumadas, César Augusto encantou-se com seu jeito tímido e foi convidá-la para dançar, para surpresa de todos e despeito das outras. Dançaram várias vezes naquela noite, vigiados pelos olhos de águia das irmãs, mais tias e mães do que propriamente irmãs, sob os dentes rangentes de inveja das amigas e primas, despeitadas, sussurrando entre si, *o que será que ele viu nessa sonsa?*

A partir da noite do baile, começou a cortejar Maria Clara que, diferente das demais, não se derreteu por seus olhos negros e pelo charme paulistano. Fazia-se arredia, afinal não o conhecia direito, o pai podia não gostar, não conhecia sua família, tinha receio dos falatórios. O rapaz, aos poucos venceu sua resistência, até que conseguiu convencê-la a apresentá-lo à família. Ao chegar foi recebido com desconfiança e crivado de perguntas, o que fazia, se trabalhava, quais eram suas intenções? Ao saberem de sua idade, acabou de completar vinte e três anos, fecharam a cara, *é mais novo do que ela, só pode ser um aproveitador.* O pai colocou obstáculos, as irmãs olharam de lado, somente a mãe foi a favor, não se sabe se o desejo de ter um neto era grande, a vontade de ver uma das filhas casadas ou se a sedução do jovem funcionou também com ela. O fato é que manifestou sua aprovação e a família concordou, como costumava fazer com todos seus desejos. A gulodice, mais a inatividade, causada pelo fato das filhas assumirem seus encargos na casa, a haviam transformado num ser humano disforme, escondida sob camadas de gordura, maldição herdada. Comia sem parar, mastigava o tempo todo, os lábios besuntados de gordura, de manteiga, de óleo das frituras, o peito coberto por migalhas que se depositavam num grande guardanapo, que as filhas amarravam sob seu queixo. A cada vez que tinham de banhá-la era um sacrifício que requeria a colaboração de toda a família; precisavam escorá-la entre duas moças na hora de tirar a roupa, depois a colocavam na banheira cheia de água quente, isso no início porque depois isso não foi mais possível e precisavam sentá-la na cadeira de balanço colocada no quintal e a esfregavam com um pano, despejando depois por cima vários baldes de água até que ficasse limpa, a pele lustrosa, a ronronar satisfeita e exigir comida. Qualquer contrariedade a fazia ofegar, levar as mãos ao peito como se fosse morrer, apavorando as filhas e o marido que a idolatravam. Ela se aproveitava disso para impor seus desejos e assim, César Augusto e Maria Clara passaram a namorar sob as bênçãos da família. O pai exigiu namoro longo e noivado como mandava o respeito e a tradição familiar. Velhusco e pouco esperto, não via a filha tardia como uma mulher quase passada para o tempo de casar e procriar; bateu o pé e foi obedecido, como sempre acontecia. Nos finais dos anos de 1950, nas cidades pequenas do interior, o costume de obediência ao pai, o

164 | O Sangue das Almas

provedor da família, era uma realidade. As mulheres não costumavam impor suas vontades, nem desafiar valores vigentes, criaturas vivendo numa semi-infantilidade, confinadas na casa, no trato doméstico, entre bordados e panelas, dóceis por falta de opção, tímidas por ausência de liberdade e autonomia. Se aquele era o desejo do homem, do marido, do pai, devia ser acatado. Assim, o jardim de flores formado pelas cinco irmãs, a obesa mãe e a plácida Maria Clara, se curvou em obediência.

Com a cabeça sobre os bordados intermináveis, Maria Clara suspirava e sonhava, ansiando pelo dia em que, triunfante, sairia da pequena Manduri pelos braços de César Augusto e realizaria o sonho das cinco mulheres envelhecidas, fechadas para o amor, entre as paredes da casa.

17. Um túmulo branco

Cléo jamais iria descobrir sobre a força dos sentimentos e que não se deve brincar com eles, principalmente quando se é jovem e linda. Se o amor nunca é definitivo, a dor pode ser sorrateira e destruir vidas de forma irremediável. Viver quase sempre é trágico, nunca ameno e nas noites solitárias, muitos devem chorar uma existência desperdiçada. Aos quinze anos Cléo possuía um corpo que chamava atenção por uma harmonia tão perfeita que chegava a causar espanto. O rosto era esculpido em linhas delicadas como as de um camafeu, os olhos verdes pareciam esmeraldas incrustadas no dourado da pele colorida pela morenice ancestral. Os louros cabelos, cor de ouro antigo, desciam em cascatas pelas costas, capturando os raios do sol, fartos e brilhantes. O sorriso bailava constantemente em lábios macios e cheios, naturalmente vermelhos e os dentes possuíam a perfeição das pérolas. Era mimada e voluntariosa, sempre convencia os pais a realizar seus caprichos. De natural precoce e mais maduro que as meninas de sua idade, iniciava Laura nos segredos guardados do amor e do sexo, contando-lhe o que sabia e ouvia, embora pincelado de romantismo e ingenuidade. Os meninos do ginásio giravam ao seu redor como mariposas atraídas pela luz, como lobos uivando para a lua. Ela os mantinha prostrados, de joelhos, adorando sua voz, seu jeito, o modo como jogava os cabelos para trás e sacudia os ombros ao rir. A beleza do lugar, a desejada das gentes, a amada desde a infância. Laura era sua sombra muda, em constante adoração, a que compartilhava os segredos todos, as apalpações em noite de lua de São Jorge. Também sabia guardar todos os segredos cochichados sob os cobertores no inverno e no balanço da varanda nas noites perfumadas de verão.

****

Laura e Serena caminham pela alameda principal do cemitério em busca do túmulo branco. Carregam nas mãos flores que ainda se mantêm frescas por causa da chuva que não pára de cair. O túmulo, antes pintado de branco, agora é cinzento, sujo, sem flores, há muito abandonado. Fica num cantinho afastado dos demais, como se na morte tivesse que continuar o resgate das culpas da vida. *Aqui jaz uma filha adorada, saudades de seu pai e de sua mãe*; a homenagem no epitáfio é encimada por uma foto que não consegue refletir a beleza do passado, num tom sépia que entristece a cor das faces outrora cheias de vida. *Fotos envelhecem como gente*, Laura pensa com um arrepio dolorido.

Rever o túmulo trás de volta o sentimento de terror, a mágoa intensa, a solidão dos dias depois daquela noite que marcou sua vida e de todos os demais em Manduri; que agora se afunda nas sombras de um passado inquieto e cheio de mistérios. Laura lembra novamente como Cléo não gostava de aranhas porque tinham muitas pernas, mas gostava de vagalumes que brilhavam em verde cintilante, como seus olhos. Na época ainda não sabia que sentimentos podem cortar como lâminas, principalmente quando somos nós que os ferimos.

Serena está ocupada em colocar as flores num vaso desbeiçado:

– *Não sei porque não arrumam isto*, resmunga. *Porque não há ninguém mais para cuidar dela, para lembrar como era linda, como seu riso alegrava os pássaros, como era amada, como foi desejada, tão desejada que morreu por causa disso*, Laura tem vontade de dizer. A irmã parece não se lembrar do terror daqueles dias da infância, das perguntas do policial de olhos tristes com uma verruga na testa e os bigodes amarelos de nicotina, que girava entre as mãos um chaveiro em forma de ferradura, dourado e com pedrinhas brilhantes. Uma peça barata da qual Laura não conseguia despregar os olhos e a única coisa que fazia era pensar em como era bonita. As pedrinhas faiscavam e as perguntas vinham de longe, escorregavam como lagartixas sobre paredes nuas e voltavam embrulhadas nos retalhos de tempo que sua mente ainda insiste em aprisionar.

–Você sabia o que ela andava fazendo? Por que não contou aos seus pais? Ou aos pais dela? Por que não disse nada? Por que nunca contou a ninguém? Por quê? Por quê?

Os bigodes se moviam como taturanas escorregando de galhos de amoreira; a boca úmida abria e fechava, mostrava os dentes manchados e despejava sobre Laura as farpas agudas da culpa. E ela pensava apenas no chaveiro dourado e que Cléo gostava de amoras; *vamos comer amora, Laura?* Lambuzava os dentes, a língua ficava arroxeada e ria com seus olhos de musgo, os cabelos a se sacudir como água num riacho.

Laura carregou por anos uma culpa que martelou sua mente nas noites de insônia, ao relembrar o terror dos dias que restaram de sua infância perdida. Ainda agora, parada sob a chuva em frente ao túmulo de Cléo, seu corpo treme e tem as mãos geladas.

O policial era muito alto, alto demais para seus treze anos e Laura sentia a dor na garganta, enquanto engolia os soluços, as mãos geladas, o corpo trêmulo, as lágrimas escorrendo pelo seu rostinho aterrorizado. Na boca, o gosto de vômito devolvido, revolvido, azedado na Noite do Terror e nos dias que se seguiram. O pai a olhando em fúria e a voz de doçura calada sob o peso da sua dor particular. Desta vez estava sozinha; nem mesmo Maria Clara estava ali com os braços abertos em aconchego, perdida entre lençóis perfumados com alfazema, sem o odor de bolo de laranja que consolava todas as tristezas e espantava todos os males. Apenas o rosto distante de Serena, muda, a espiar de longe, negando-se a responder qualquer pergunta.

****

Nesse momento sob a chuva constante de Manduri no verão, quando enfrenta seu passado, não existem barreiras entre seu corpo pequeno de outrora que permanece escondido no corpo da mulher madura de hoje e as lembranças que chegam vorazes são como feras soltas do cativeiro. A dor vem em ondas frias. Ouve ainda, com clareza, a voz que emerge de um túmulo escuro e ainda fere, acusa, insiste, estraçalha o que sobrou da infância no fundo poço sombrio da culpa.

****

Naquela noite, quando Cléo falou baixinho no seu ouvido e lhe contou o segredo, Laura sentiu que o coração se lhe apequenou dentro do peito e que sua alma soltou um grito dolorido. Era jovem e inocente, mas sabia o que era certo ou errado; aquilo que a amiga lhe disse era muito, muito errado, inconcebível e apertou as mãos de Cléo que estava com as unhas compridas e pintadas de rosa cintilante e lhe disse que não devia, que não podia, que não estava certo. Cléo soltou o riso delicioso que fazia o encanto de quem o ouvisse e jogou a cabeleira dourada para trás como um potro selvagem sacudindo as crinas soltas ao vento, ávido por sol e liberdade; e se fez surda aos seus apelos. *Se eu a tivesse impedido, gritado que não fosse, chamado sua mãe, talvez perdesse uma amiga, mas teria salvo sua vida,* recorda a culpa que torturou sua alma por anos a fio, que a levou às confortáveis cadeiras de psiquiatras e terapeutas, aos anos de antidepressivos inúteis e às insônias aterradoras da sua vida adulta, quando o rosto de Cléo surgia dentre as trevas de seu sofrimento e a olhava com olhos acusadores e tristes, *por que não me impediu, Laura?*

18. A festa de noivado

Quando Maria Clara e César Augusto completaram dois anos de namoro, a família dele decidiu voltar para São Paulo. O pai tinha concluído seu trabalho e precisava retomar o trabalho no escritório, a filha mais velha casou e se mudou para lá, a segunda filha obteve um cargo na prefeitura e tinha acompanhado a irmã, pois queria fazer faculdade. O rapaz foi trabalhar com o pai enquanto aguardava o noivado com Maria Clara; após o que pensava em casar-se o mais breve possível e impacientava-se com o namoro prolongado, com a escassez de carícias, a eterna vigilância familiar que o impediam de conseguir um beijo mais longo ou um abraço estreito. Rígidos e moralistas, os membros da família não poderiam cogitar de maior liberdade para dois e, enquanto isso, Maria Clara continuava dando aulas e bordava o enxoval, ajudada pelas irmãs, excitadas pelo casamento por fim tornado quase certo para uma delas. Com a volta da família para São Paulo e a conclusão do trabalho de reflorestamento, César Augusto também teria de ir, embora o agoniasse deixar Maria Clara a quem, verdadeiramente, dedicava seu afeto. Passou a vir a cada quinze dias, para o fim de semana, uma viagem de oito horas de ida mais oito de volta em um trem sacolejante, *é por pouco tempo*, pensava cheio de esperanças.

Finalmente, a família concordou que estava na hora de realizar o ritual do noivado, a troca de alianças e, sob as bênçãos da parentela, oficializar o futuro casamento, anunciar o compromisso. Decidiram que seria realizado em dezembro perto do Natal. Porém, uma semana antes da data aprazada, a mãe de César Augusto teve uma angina de peito que a mandou para o hospital, com necessidade de repouso absoluto por trinta dias; o pai teria que ficar com ela. A irmã mais velha acabara de ter seu terceiro filho, num parto de cesariana complicado; a outra

170 | O Sangue das Almas

irmã estava no exterior fazendo um curso de especialização relacionado com a faculdade. César Augusto teria de ir sozinho para sua festa de noivado, preparada com alvoroço pela família de Maria Clara. Pediu para não cancelar a festa, *eles virão para o casamento,* ansioso que estava para consolidar seu compromisso e apressar a data. A contragosto, a família concordou, não acharam muito certo, mas...

O destino sabe arquitetar muito bem seus planos. Plácida, serena, alheia à confusão das irmãs atarefadas em fazer doces, limpar a casa, preparar a festa, Maria Clara continuava no quarto a bordar sossegadamente seus lençóis de cambraia, enquanto aguardava a hora de colocar as alianças de ouro na mão direita. César Augusto escrevia-lhe cartas semanais nas quais reafirmava seu amor, *logo depois do noivado, no máximo dois ou três meses, nos casaremos e viremos morar em São Paulo, estou à procura de apartamento perto da minha família, um apartamento de dois quartos, com sacada e armário embutido, economizei para isso e poderei comprar um lugar para vivermos.* Maria Clara sonhava, enlevada com seu ditoso futuro, diferente das pobres irmãs, acabadas no serviço doméstico, envelhecidas sem nunca terem provado o gosto do amor a não ser a pobrezinha da Açucena, que mesmo assim, coitada, pouco pode desfrutar. Na última carta, ele dizia: *Chegarei no trem das oito horas da noite, pois tenho coisas para deixar em ordem aqui no escritório, pode marcar a festa para as oito e meia. Ficarei até o domingo, depois voltarei a São Paulo, mas antes marcaremos a data do nosso casamento, não aguento mais essas viagens de oito horas de trem. Quero estar com você todos os dias, encontrá-la em casa quando chegar do trabalho,* e continuava nesse tom, com juras de amor, aquelas coisas comuns aos enamorados para deleite dos olhos e do coração da futura noiva. Ela sabia que depois do noivado o pai não colocaria mais obstáculos ao casamento; o enxoval estava completo, o vestido de noiva começou a ser costurado, cetim branco bordado em pedrarias no peito, cinco metros de tule para fazer o véu de virgem que deveria arrastar-se pelo chão na nave da igreja, no ritual tão conhecido e aguardado; o padre avisado, flores compradas de antemão, os padrinhos convidados; faltava apenas marcar a data definitiva, em abril o mais tardar. As irmãs, de coração ainda romântico, queriam que fosse em maio, o mês das noivas, mas César Augusto reclamou. O pai achou melhor não contrariar o jovem impetuoso, cheio de impaciência embora não gostasse nada dessa atitude; achava arrogante, denotava falta de respeito, mas também não podia colocar obstáculos sem sentido. Um pouco contrafeito, não estava acostumado a ser assim contestado, concordou.

O dia do noivado amanheceu cheio de sol, perfeito, fresco sem muito calor, como costuma acontecer em dezembro. A chuva da semana limpou o céu e o ar recendia a flores de laranjeira, agitadas pelos zumbidos excitados das manduris em busca do pólen. Os passarinhos agitados reconstruíam os ninhos ainda molhados e borboletas de todas as cores voltavam a visitar as flores do jardim. O outro jardim de dentro de casa, formado pelas irmãs com nomes de flores, estava ainda mais agitado. As coxinhas de galinha a serem fritas na última hora estavam prontas num tabuleiro; os pastéis de queijo e palmito esperavam a hora de entrar no forno; pequenos pães recheados cresciam; esculpiam-se primorosos barquinhos de massa folhada, recheados com creme de milho verde; enrolavam-se bolinhas de queijo, empadinhas de palmito de massa crocante, molhos e maionese para acompanhar. Ainda havia os doces; quindins dourados de pura gema; balas geladas; brigadeiros; olhos de sogra; beijinhos açucarados; e o enfeitado bolo de noiva, branco, como convém a toda donzela, finamente recheado, em três camadas redondas, de diferentes tamanhos e, no topo, um buquê de flores de laranjeira. As irmãs se desdobravam, diligentes, incansáveis; punham no noivado de Maria Clara os seus derradeiros sonhos e suspiravam como se fossem elas as noivas, estavam velhuscas; os cabelos grisalhos, as faces murchas, olhos de desilusão, bocas frias que nunca provaram beijos de amor, os corpos feiosos, virgens, embora a contragosto. O vestido de noivado de Maria Clara, rosa claríssimo com toques em branco estava arrumado em cima da cama, os sapatos de verniz ao lado, pequenos sapatos de cinderela, de saltos não muito altos, também brancos. Tinha os cabelos presos com grampos, em pequenos rolos, com o que ela esperava ficassem encaracolados. O creme no rosto, as unhas feitas, aguardava o apito do trem na estação que traria o bem amado com nome de imperador e olhos negros de cigano, o coração em sobressalto, a boca num sorriso de antecipação.

Em São Paulo, César Augusto viu que não ia dar para tomar o trem para chegar a tempo, o trabalho no escritório se acumulou em demasia com o pai ocupado no hospital para cuidar da mãe doente. Decidiu pegar o carro do pai, assim pouparia quase três horas de viagem; ainda não tinha seu próprio automóvel, pois poupou tudo o que ganhava para a compra do apartamento. Estava cansado, trabalhou duramente a semana inteira, o escritório estava indo bem, ele e o pai eram sócios e tinham muitos clientes, pedidos de consultoria, ganhavam bastante dinheiro. No caminho foi traçando seus planos, iria acelerar o casamento, quer o futuro sogro concordasse ou não, afinal ambos eram adultos, podiam dispor da sua própria vida. Estava farto de ficar sentado na sala de visita segurando a mão de Maria Clara, sucumbido ao desejo e ávido de carinho, vigiado severamente pelas irmãs, tendo de ir embora antes das dez horas da noite, em nome do decoro familiar. Nunca podiam estar a sós e César Augusto queria acariciar a noiva, beijar seus lábios puros, sentir a maciez de seu corpo intocado. Imerso em seus pensamentos e com seus planos traçados, mal se deu conta da viagem e chegou quase três horas antes; ficou animado, poderia descansar antes da festa. Não avisou a noiva que iria de carro, pois queria fazer uma surpresa e talvez pudessem ficar um pouco a sós antes da festa de noivado. Com a família ocupada com os preparativos, quem sabe ganharia um beijo mais prolongado ou poderia estreitar por alguns segundos o corpo bem amado, sentir o perfume dos cabelos. Sem passar por dentro de Manduri, foi diretamente para a casa de madeira que o pai construiu na chácara nos arredores, junto aos pés de eucalipto. A casa ficava distante uns cinco quilômetros da cidade, o pai a manteve com os móveis, para o filho ter um lugar onde ficar quando fosse visitar a noiva, pois não ficava bem se hospedar na mesma casa da jovem, nem o pai dela permitiria. Guardou o carro na garagem sem ser notado por ninguém e foi tomar um banho; estava empoeirado, suado, os cabelos em desalinho, não queria que Maria Clara o visse assim, com a barba apontando no rosto moreno; iria lavar-se, perfumar-se, escanhoar-se, colocar o terno azul escuro e a camisa de seda branca, a gravata que combinava com a cor do terno, os sapatos pretos novos e aí sim iria ao encontro do seu futuro a dois, tão longamente planejado. Após o banho, o corpo ainda enrolado na toalha, os cabelos molhados, as faces barbeadas, decidiu descansar um pouquinho, sentia-se entorpecido pelas horas na direção. Preparou uma bebida para relaxar e deitou-se no sofá; em poucos minutos adormeceu, o lindo perfil delineado na sombra da tarde que se findava, embalado pelo canto dos pássaros e pelo perfume dos eucaliptos.

Enquanto isso, os preparativos para a festa do noivado estavam prontos. Doces e salgadinhos arrumados meticulosamente em bandejas enfeitadas, o bolo reinava triunfante, uma montanha de massa e doçura posta em cima da mesa da sala de visitas, a casa limpa, reluzente, com cheiro de alfazema. Maria Clara, fresca, perfumada, unhas esmaltadas de rosa, faltava apenas tirar os grampos dos cabelos, colocar um pouco de pó de arroz no rosto, um leve traço de ruge e um toque de batom cor de rosa, discreta como convinha a moças solteiras e como o namorado, quase noivo e futuro esposo gostava. O pai, enfiado no terno preto mandado fazer para a ocasião, o colarinho duro da camisa apertava o pescoço magro, de pômulo saliente, o bigode grisalho bem aparado, cabelo lustroso de brilhantina, vigiava as bebidas, assegurava-se que estivessem à mão os abridores de garrafas, os copos. A mãe, Dona Assunta, gorda e imensa, suarenta num vestido de tafetá azul marinho com uma grande gola e mangas bufantes que escondiam os braços que se sobressaíam em dobras, não cabia em si de contentamento. As irmãs ultimavam os preparativos para poderem banhar-se e enfiarem-se nos vestidos discretos de solteironas. Faltavam alguns minutos para as oito horas quando começaram a aparecer os parentes mais chegados. Primeiro vieram as velhas tias solteironas, vigilantes, olhos argutos a examinar tudo; ávidas por encontrar algum defeito, rolavam os olhos pela casa, atentas a limpeza e ao capricho, passando-os pelos quitutes lindamente dispostos nas bandejas de prata, pelo bolo primoroso, as roupas das sobrinhas, se havia decotes ou saias muito curtas, pintura demais nas faces e lábios. Com tudo em ordem, sentaram-se nas melhores cadeiras, os corpos secos arrumados em vestidos escuros de linho, reluzentes de tão bem passados, reservados para as festas familiares, enquanto aguardavam o início da festa e o repassar das comidas, perguntavam pela noiva, pelo noivo. Depois vieram os tios casados, as mulheres gordas trazidas pelo braço, das caras escorria maquiagem, os cabelos duros de fixador, presos em penteados ridículos, escandalizando as velhas tias solteironas. Em seguida as primas, alegres, assanhadas, falavam alto, flertavam com os rapazes, riam muito e sem motivo; em seguida, os primos, os sobrinhos barulhentos. Em pouco tempo a casa estava cheia, as conversas se faziam animadas, a bebida passava em copos limpíssimos; Maria Clara, resplandecente de felicidade ia e vinha ansiosa para a varanda para espiar a chegada do bem amado. Os cabelos haviam ficado encaracolados como ela queria, de perfume apenas uma colônia leve, discreta, que lembrava o cheiro do jasmim, sorria o tempo todo. Estava atenta ao apito do trem das oito horas e este chegou havia dez minutos; em breve veria o rosto adorado, sentiria o cheiro fresco da loção de barba, o toque dos lábios quentes nas faces, sob os olhares complacentes da família reunida e poderia começar a sonhar com a vida que a aguardava em São Paulo, o apartamento novo de dois quartos, a chance de sair da cidadezinha acanhada, da vida monótona de todos os dias: – *Vou continuar lecionando sim, em São Paulo há muitas escolas, não quero parar de dar aulas, gosto de ter meu próprio dinheiro para ajudar na casa.* Os parentes concordavam: –*Moça de juízo, hoje em dia a mulher precisa trabalhar para ajudar o marido e não ficar em casa engordando e enchendo a cabeça de minhocas;* os tios olhavam de soslaio paras as esposas obesas com mal disfarçado desdém, examinando com desgosto as caras rechonchudas, os seios imensos, os quadris estofados de gordura, os pés inchados metidos em sapatinhos apertados, os risinhos agudos, acomodadas na segurança do casamento

A festa de noivado | 175

para toda vida, sem preocupações de sustento; comilonas, cheias de vontades e de dores para justificar sua preguiça.

Naquela noite, da qual Laura se lembraria para sempre como a Noite do Terror, que seria seguida por dias de dor e culpa, Cléo penteou seus cabelos de ouro velho e passou batom nos lábios, não precisava de mais nada para emergir em beleza como uma deusa; na sua cabeça, apenas um rosto moreno de cigano dançava uma música que a tornava surda e cega para tudo que não fosse ele: –*Estou louca por ele, Laura! E ele vai ficar comigo e não com ela!* Dizia isso quando estavam na janela, nas noites de verão, a espiar a lua de São Jorge, com os olhos de esmeraldas tão determinados que Laura ficava espantada com a força de sua vontade e a ardência de seus sentimentos. *Eu vejo como ele me olha, como demora seu olhar no meu quando passa por mim para ir ao encontro dela; seu sorriso me acompanha como uma luz de vagalume e um dia me acariciou o rosto, verdade, acredite em mim!*

Envolvida com as conversas, pulando de roda em roda de parentes curiosos, Maria Clara não se deu conta que o tempo passava e que César Augusto não chegava. Açucena, a irmã virgem e viúva, vestida de negro, sempre ausente e calada, a chamou num canto e lhe cochichou ao ouvido: – *Você não vai ficar noiva, nem se casar Maria Clara, não é seu destino; também estou vendo o anjo negro esvoaçando na noite!* Desde o malfadado dia em que lhe morreu o noivo tornou-se o arauto das desgraças e Maria Clara estremeceu; um suor gelado principiou a lhe umedecer o rosto. Apesar de tolerar as esquisitices da irmã desventurada com certa bonomia e um pouco de descrédito, sabia das vezes em que ela acertou as previsões; lembrou-se das mortes ocorridas após seu sussurro de lábios frios cerrados, das chuvas repentinas, das doenças que se manifestavam apenas poucas horas depois em que ela as anunciava, como um negro corvo agourento, crocitando infelicidade e dores. Com o passar dos minutos ficou ainda mais apreensiva, evitava as pessoas, queria ir ao quarto para ficar a sós com seu medo e sua angústia. As horas passavam, os parentes começavam a ficar inquietos, os primos foram à estação ferroviária, *sim o trem chegou pontualmente*

176 | O Sangue das Almas

às oito horas, não desceu ninguém vindo de São Paulo. Telefonaram para a casa de César Augusto em São Paulo, o telefone não respondia, o do escritório também não; foram até a chácara, a casa estava fechada, às escuras, não tinham o telefone da irmã casada, ninguém sabia o que fazer. Às nove horas a família começou a ficar em pânico; a mãe se abanava em falta de ar, o pai andava pela casa humilhado e furioso, tinha bebido mais do que devia e rosnava entre os dentes sentindo-se logrado com o atraso do futuro noivo e desconfiado de uma traição, de falta ao compromisso assumido. As irmãs tremiam, serviam os salgadinhos com ares apalermados, os lábios brancos, davam sorrisos amarelos e desculpas esfarrapadas. Sentada numa cadeira distanciada dos demais, Açucena tinha o ar triunfante de pitonisa da dor que, mais uma vez, viu realizadas suas profecias. Às onze horas, os parentes e amigos foram se dispersando, falando em murmúrios, as tias gordas escandalizadas, *coitada da Clarinha, coitada da Assunta...* Os vizinhos arriscavam hipóteses, *esse rapaz não deve ser boa coisa para fazer isso com a moça,* as vizinhas, maliciosas, cochichavam, *será que ele aprontou com ela e agora vai dar o fora?* As primas solteiras suspiravam e se angustiavam, lamentando a sorte de Maria Clara que, calada, foi ao quarto onde sonhou durante dois anos, enquanto confeccionava sua tessitura de ilusões. Lentamente, despojou-se do vestido cor de rosa, descalçou os sapatinhos de Cinderela de verniz branco, colocou a camisola de algodão, lavou o rosto, escovou os dentes, deitou-se na cama e fechou os olhos. Não pronunciou mais nenhuma palavra, apenas tremia, mas os olhos estavam secos.

Maria Clara pensava em coisas distantes da infância como a boneca grande de papelão que ganhou no Natal quando tinha cinco anos, a primeira da sua vida, o deslumbramento que sentiu com a cara pintada de um bebê gordo, os dentinhos entre a boquinha entreaberta, os olhos azuis que abriam e fechavam; os braços rechonchudos, a linda roupinha de tricô. Depois de brincar a tarde toda, ao entrar para o banho e o jantar, excitada pelo dia cheio de coisas boas, esqueceu a boneca no quintal, sobre o banco debaixo da laranjeira. A noite caiu uma chuva forte, daquelas que costumam vir inesperadamente nas noites de verão. De manhã lembrou-se da boneca, correu ao quintal e ali estava ela, uma massa de papelão derretido, a cara deformada, os olhos azuis imensos e abertos, a roupinha encharcada, coberta de formigas e lama. Suspirou ao rememorar a tristeza, o pranto incontido, a sensação de perda irremediável. Nessa noite de perda irremediável, pensou no pouco sentido da vida, no vazio dos sonhos e ilusões, em como o amor era enganoso e não necessário para as mulheres, diferentemente do que elas acreditavam. Disse a si mesma que havia outras coisas na vida além de uma aliança de ouro, de um vestido de noiva para ser usado por algumas horas, de um baú de madeira repleto de coisas lindas e inúteis, bebidas, doces e salgadinhos feitos trabalhosamente para serem engolidos, devorados por velhotas empertigadas e faladeiras, mulheres gordas indolentes e jovens despreocupadas. Provavelmente, deveria haver na vida algo mais do que um homem lindo e moreno, com olhos negros de cigano, cabelos lustrosos e bigode bem cuidado sobre lábios perfeitos; e que tinha nome de imperador. Adormeceu horas depois, os olhos ainda secos, abraçada ao travesseiro como fazia em menina, os cabelos, agora lisos, espalhados pelo rosto juvenil, muito pálido; não teve sonhos aquela noite, possivelmente nunca mais viria a tê-los.

19. A menina que brincou com os sentimentos

Na noite do noivado de Maria Clara, Cléo estava inconsolável. Pretextou dor de cabeça e disse que não iria à festa; na verdade não suportava a ideia de assistir os noivos trocando alianças, o anúncio do casamento, como se faz nos noivados. Ficou na janela de seu quarto espiando a chegada dos convidados, apenas para vê-lo, aquele que acreditava ser seu amor. Lembrava com emoção a única vez que falou com César Augusto e do leve carinho que ele fez na sua face; um carinho amigo, de um homem para uma criança, fascinado pela textura dourada de sua pele perfeita. Como todos no lugar, a achava uma beleza sem igual, mas só isso; era um rapaz sério e prático, decidido a ter um casamento sólido com Maria Clara; um enlace com filhos e segurança. Para ele Cléo era a linda garotinha da casa do outro lado da rua, que foi aluna de sua noiva; uma jovem que ainda iria enlouquecer muitos rapazes antes de assentar a cabeça pelo casamento, assim como ele.

Acostumada a ter todos seus caprichos satisfeitos; Cléo entendia, na sua imaturidade adolescente, que César Augusto também estava apaixonado por ela e precisava manter o compromisso com Maria Clara por uma questão de honra. *Mas não é assim*, insistia com Laura, *ele gostaria de casar por amor; o amor que sente por mim! Eu o tirarei dela! Seremos felizes longe daqui, deste lugar pequeno e sem graça.*

–Mas, e seus pais? Laura argumentava, também certa que era verdade, afinal quem não iria amá-la? Se fosse com ela, magrinha, morena, corpo de criança, poderia ser, porém Cléo era a rainha do lugar, a beleza invejada, a desejada por todos, como não querer uma deusa de ouro e olhos de esmeraldas?

Na decepcionante do quase noivado de Maria Clara, Cléo cumpriu em parte com sua promessa. Ficou por horas na janela aguardando que ele chegasse, iria falar com ele, declarar o seu amor; e seu amado não resistiria, juntos fugiriam de Manduri, iriam para São Paulo começar uma vida a dois plena de felicidade e amor verdadeiro. Estava ansiosa, as mãos frias, o coração galopava no peito; os lábios abertos deixavam o ar passar em haustos curtos, *ele vai ser meu, ele vai ser meu;* e suas mãos apertavam o peito para acalmar as batidas do coração. Os pais estavam na festa, Laura também, pensavam que estava um pouco gripada, com dor de cabeça. A mãe não queria ir, mas ela insistiu: – Pode ir, mãezinha, eu já tomei remédio e logo vou dormir, acho que são as cólicas do mês, vá se distrair um pouco, eu estou bem melhor, apenas quero ficar deitada na minha cama. Olinda se assegurou que estava bem, que não tinha febre ou nada grave e foi pelo braço de Enrico, avisando que assim que fosse anunciado o noivado, voltariam para casa. Cléo ficou na janela lhes dando adeus, um belo sorriso, o último, iluminando seu rosto rodeado pelos longos e dourados cabelos; *como é linda nossa filha,* pensaram os dois ao mesmo tempo e atravessaram a rua com um sorriso nos lábios; o tempo cura muitas feridas e, passados quinze anos, esquecidos os rancores, eram um antigo casal que se confortava mutuamente e se comprazia na companhia um do outro; até podiam ser considerados um matrimônio feliz.

Cléo aguardava a chegada de César Augusto para sair ao seu encontro e falar com ele sobre seus sentimentos. O tempo passava, as horas escoavam lentas como gotas de sangue de um ferimento, e o rapaz não chegava. Ansiosa, ela não tirava os olhos da rua, espiava a casa em frente, as pessoas entrando alegres com a perspectiva de uma boa festa, deliciosa comida, abundante bebida. Quando se deu conta, já passava do horário do noivado e ele não havia chegado. Começo a notar um alvoroço no outro lado da rua, rapazes que saíram e pegaram o carro, voltavam em seguida, saíam novamente. Vislumbrou as irmãs torcendo as mãos, nervosas; viu a carranca do pai de Maria Clara quando saiu para fumar um cigarro; as primas que cochichavam na varanda, o sorriso das amigas invejosas. Percebeu que as coisas não saíram como planejado; se alegrou, mas um sobressalto a fez ficar apreensiva, *será que lhe aconteceu algo ruim?* Os minutos se escoavam, lentos, o burburinho aumentava, as pessoas saíam para olhar os arredores e logo entravam.

Aos poucos, notou as pessoas saindo com ar perplexo, o pai parado na varanda andando furioso de lá para cá, ouviu o choro de Dona Assunta, o alvoroço das irmãs para acudi-la na falta de ar; no quarto de Maria Clara uma luz se apagou e a casa ficou imersa na escuridão e no silêncio.

Decidida, saiu pela porta dos fundos que dava para a rua do outro lado para que não a vissem, antes que os pais voltassem; iria até a chácara ver se ele estava lá, quem sabe, arrependido do compromisso decidiu não comparecer; não cogitava que ele não veio, era impossível, sentia no ar as vibrações de sua presença, como o cheiro dos jasmins que se desprendia do jardim de Rosa, ele chegou sim, cantava seu coração e deve estar esperando por mim! Na sua ingenuidade e vaidade de menina mimada, não duvidada do interesse do rapaz por ela, aliás, teve certeza disso desde o dia que ele lhe fez aquele ligeiro afago no rosto. Urgia agora encontrá-lo, declarar sua paixão, propor que fugissem juntos como se a vida fosse uma novela repleta de aventuras. Sem que ninguém a visse, ainda estavam quase todos na festa, caminhou por uma estrada de terra ladeada por árvores de eucaliptos. Não percebeu que olhos a seguiam e brilhavam como os de um lobo em busca da presa; olhos que se reviravam nas órbitas sem conseguirem sufocar os soluços de desejo e loucura; o rosto sombrio, com uma boca que se abria em busca de ar e dela escorria saliva ao contemplar a figura iluminada pela lua de prata que surgiu no intervalo da chuva que ameaçava cair, que colocava luar nas árvores, no caminho de terra e pedra, nos olhos verdes sedentos, nos cabelos de ouro.

****

César Augusto não havia fugido do compromisso, nem tampouco deixou de amar Maria Clara; apenas adormeceu profundamente, deitado no sofá confortável, cansado da viagem e do trabalho; quando acordou, com o barulho de um cão latindo ali por perto, passava das 23 horas. Desesperado vestiu-se, com o que tinha à mão, pegou

A menina que brincou com os sentimentos | 181

o carro e voou para a casa de Maria Clara; as ruas estavam desertas, apenas uma lua desamparada ainda teimava em brilhar no céu, um ou outro cão vadio lhe uivava canções maliciosas como a apontar o vexame a que expusera todos e principalmente a si mesmo; as cidades do interior dormem cedo, mas nunca se sabe o que por trás das frestas das venezianas. Na casa de Maria Clara, nem uma luz acesa, apenas um silêncio triste banhado pelo luar do verão, grilos cricrilando e nenhum sinal da festa. A chuva que ameaçava cair enviava o aviso dos relâmpagos e das trovoadas; o ar estava abafado e não se ouvia nem o cricrilar dos grilos na noite de verão; os vagalumes haviam fugido e uma ou outra mariposa noturna se debatia ao redor dos postes de luz, que desde a morte do prefeito poeta exibiam lâmpadas fracas, que pouco iluminavam as ruas. O jovem, desalentado, ficou longo tempo parado olhando a casa da jovem, o coração acelerado, as mãos frias, uma dor no peito, os olhos ardiam, ainda pesados de um sono sem sonhos; sabia que o que fizera era imperdoável, ninguém aceitaria suas explicações, dissesse o que dissesse. O futuro sogro, homem antiquado, atento à honra e à palavra empenhada, não era homem de perdoar, de esquecer a humilhação causada em presença dos parentes. Maria Clara, mesmo se explicasse o acontecido, jamais o aceitaria de volta, ferida pelo que julgava um abandono; que homem dorme no dia da sua festa de noivado, quando uma jovem o espera, cheia de ansiedade? Sentindo uma horrível e definitiva sensação de perda, desalentado, voltou ao carro, dirigiu mecanicamente até a chácara, a dor lhe apertava o peito, a vergonha queimava suas faces. Entrou com pés que pesavam como se houvesse grilhões nele acorrentados; na casa, embrulhado em papel celofane, o terno escuro de noivado, as alianças de ouro gravadas: *eu te amo, eternamente. Amanhã*, pensava, *amanhã explicarei tudo a ela; amanhã lhe falarei de novo de meu amor, ela vai acreditar, ela vai perdoar, não faremos mais festa nenhuma, ficaremos juntos os dois e enfrentaremos a família toda, a maldade desta cidadezinha infame, a língua venenosa das solteironas; amanhã.* Sentou-se no sofá, a cabeça entre as mãos, tentando encontrar uma forma de consertar o estrago,

182 | O Sangue das Almas

sabia que foi imperdoável o que aconteceu, mas, um resquício de esperança se abrigava em seu peito, talvez ainda fosse possível. Arrancou as roupas e as atirou no chão, nu, serviu-se de um copo de uísque que tomou num único gole; a chuva por cair tornava o ar abafado, dentro do quarto estava quente como uma caldeira; abriu as janelas para o ar fresco entrar; lá fora os relâmpagos riscavam de azul o céu e a lua se escondeu a medo; a escuridão era palpável como uma nódoa. No seu desalento não notou a figura parada na porta; quando Cléo entrou e se sentou ao seu lado, estava atordoado demais para entender porque aquela menina, com quem costumava brincar e apertar as bochechas, estava ali àquela hora da noite olhando para ele daquela forma; chegou a pensar que Maria Clara veio com ela, para falar com ele e perdoá-lo. Olhou para as sombras na varanda, onde não mais havia o luar que acompanhou os passos da jovem; não viu os olhos sombrios que penetravam pela janela, para o quarto envolto pela escuridão, apenas quebrada pela luz dos raios que começavam a cair sobre os pés de eucalipto e atirá-los ao chão, quebrados, agonizantes, como estava sua alma. A chuva que principiou a cair em pingos grossos como jatos d'água, envolveu a terra e o ar em intensa escuridão, espantou os grilos para seus esconderijos, calou a voz das cigarras e matou as mariposas. Lágrimas desciam de seus olhos e soluços sufocavam sua respiração; suspiros profundos gritavam no seu peito, na maior das dores que é a dor do arrependimento sem culpa; a dor do remorso sem justificativa e mesmo assim, imperdoável. Cléo se aproximou dele mansamente como uma deusa da noite; passou os dedos sobre seus cabelos negros, como as asas de um corvo, macios como seda, num toque terno, não mais menina, uma mulher desejável surgida de uma noite prateada, olhos verdes brilhando sob o luar e cabelos de ouro a reluzir na escuridão. Os braços dela o envolveram e seu hálito bafejou seus lábios, antes que ele pressentisse; uma boca tão doce, *meu Deus, tão maravilhosamente doce,* pressionando a sua. Caiu em vertigem naquele beijo, incapaz de pensar, de se conter, arrasado de dor e vergonha precisava de consolo, precisava de mãos ternas; precisava de aconchego para atenuar a culpa, para

A menina que brincou com os sentimentos | 183

espantar a dor da vergonha e da humilhação. Frágeis são os homens nesses momentos; frágeis e desamparados desmoronam ao mais leve lampejo de ternura; mergulham no vórtice do ansiado esquecimento, sem pensar no amanhã, querem apenas se esquecer da dor e da culpa.

A partir do beijo, o corpo se aproximou mais do corpo dele, que ainda tentou repeli-lo; as mãos que empurravam encontraram os seios, os bicos endurecidos pela friagem da chuva furaram suas palmas e elas, como se tivessem vida própria, se fecharam em torno deles, alisaram a suavidade inenarrável que dali se desprendia e a partir dessa carícia nada mais foi impossível; não haveria força no mundo que pudesse impedir César Augusto de abraçar aquele corpo perfeito e quente, enquanto o vento úmido dançava sobre suas costas nuas. Nesse abraço ele encontrou consolo e suspirou com força enquanto seus lábios buscavam a pele que se expunha num estremecimento. Deslizou os lábios pelos ombros que pareciam uliquefeitos ao clarão dos relâmpagos, iluminados pela chuva que escorria prateada e olhava pela janela, afundou o rosto na curva macia do pescoço, buscou novamente a boca, desceu pelo colo arfante e aspirou o perfume dos seios. Num resquício de sanidade, tentou parar, mas ela desabotoou lentamente a blusa e ele viu o inesquecível, o irresistível, dois seios perfeitos como esferas convexas, os bicos eretos, firmes, maravilhosamente oferecidos. Tomou-os entre os lábios, quase religiosamente, a princípio, depois os abocanhou como um homem morrendo de sede e os sugou um depois do outro, enquanto ela gemia e apertava seu rosto contra o peito. Não havia mais volta possível; um estrondo, um incêndio, uma tempestade não separariam seu corpo daquele abismo, daquela perdição. Ela tirou o restante da roupa e se deitou sobre a cama, uma estátua de ouro que atraiu seu corpo para o inferno; ele desceu os lábios pelo ventre que tinha a textura da seda e esfregou a barba áspera nas coxas trêmulas, como aves caídas do ninho e sentiu seu cheiro, de violeta, de lírio, de madressilvas. Quando sua língua afagou a penugem alourada do seu sexo, ela deu um pequeno grito que o fez hesitar, mas em seguida puxou novamente seu rosto contra sua pele em chamas e ele procurou sua intimidade, a língua se enroscando como uma serpente e se ela, a princípio, hesitou entre o pudor e o desejo, este falou mais forte e abriu as pernas em convite enquanto ele sugava aquele local secreto, como uma abelha suga o mel de uma flor; ela prendeu a respiração para aquele toque nunca suspeitado, nunca sentido, o corpo a tremer violentamente de um prazer tão intenso que parecia morrer a cada toque da língua dele, a cada invasão mais profunda. O rosto dele entre suas pernas, a aspereza da barba magoando a pele fina da parte interna de suas coxas; os cabelos dele, macios, roçavam seu ventre; o corpo dele se ergueu e caiu sobre o seu, o membro duro e quente procurou o local molhado de saliva, o sabor dela na sua boca, a dor e o prazer inesperados, quando ele a penetrou. O rosto na janela espiava da escuridão e embaçava o vidro com seu hálito; está silencioso como uma serpente e como uma serpente tem veneno nos olhos; estremece ao ouvir o grito sufocado de Cléo e seus dentes mordem os lábios até que estes sangrem, enquanto o veneno invadiu seu sangue irremediavelmente. A lua escapou das nuvens de tormenta e entrou por um momento; iluminou as duas figuras agora imóveis, nada mais se ouvia. César Augusto se perdeu definitivamente no abismo do corpo de Cléo, observado pelo rosto vestido de ódio que olhava pelos vidros da janela. Não conseguia parar e a cada vez que se satisfazia, começava de novo, e de novo, como se nesse ato, quase sacrílego, se colocasse no limiar do sacrifício e buscasse dessa forma insana se redimir de seu pecado, de seu gesto, de seu esquecimento. A cada vez que recomeçava, e era como mergulhar num abismo, um rosnado cruel repuxava os lábios pintados de sangue dos olhos em fogo parados a olhar pela janela, num longo e convulsivo delírio.

∗∗∗∗

Dois anos depois da frustrada festa de noivado, o pai de Maria Clara morreu de câncer, doença que costumava atacar pessoas da família ao longo das gerações. Vinha inesperadamente e rapidamente levava. Sem ter ninguém para tomar conta do negócio, inexperientes para a vida fora de casa, ficaram as sete mulheres desorientadas. Um tio ajudou a mãe a vender a loja e aplicar o dinheiro, assim poderiam viver parcimoniosamente, ajudadas pelo salário de Maria Clara. Caiu-lhes o padrão de vida, tiveram que trabalhar redobrado. Rosa e Margarida, exímias no forno e fogão, passaram a vender salgadinhos e doces, aceitavam encomendas para aniversários, casamentos e batizados. Ganhavam o suficiente para manter o velho casarão de seis quartos em bom estado e garantir a alimentação da família. Violeta, asmática e cada dia mais débil, inútil para a casa e a cozinha, de raro em raro, conseguia bordar iniciais em lenços de cambraia para as primas e amigas presentearem noivos e namorados. Dália continuou assídua frequentadora de asilos, orfanatos e cemitérios, ajudava de vez em quando as outras irmãs, encarregando-se da limpeza da casa que tinha os assoalhos brilhantes, as paredes imaculadas, nada fora do lugar. Era obcecada por limpeza, esbravejava quando uma simples poeira ou um fio de linha maculavam o chão, obrigava as outras a caminharem em silenciosas chinelas de feltro dentro de casa; se saíam à rua, o que raramente acontecia, tinham que descalçar os sapatos logo na porta de entrada e calçar as chinelas ali deixadas por Dália, onde estava bordado os nomes de cada uma. Dália também se encarregou dos cuidados com a mãe que, depois da malfadada festa de noivado, recolheu-se definitivamente ao leito, a comer como nunca, devorando quilos de doces, fartando-se de bolos e coxinhas de galinha; uma imensa montanha de carne e gordura, os olhinhos perdidos na cara balofa, a boca úmida e ávida encimada por bochechas balouçantes, pernas e braços grandes como toras de madeira, ocupava a cama inteira de casal. Dália, diligente, a lavava todos os dias; polvilhava de talco as costas, para não se esfolarem ao roçarem no leito e trocava os lençóis diariamente; escovava os dentes cheios de cáries, empoava a cara e o pescoço escondido entre as dobras de gordura, cortava suas unhas, penteava os cabelos, depois os trançava e prendia no alto da cabeça. Levava-lhe as cinco refeições diárias, café da manhã com leite, bolos, pão feito em casa e manteiga, sucos de frutas e pudins; ao almoço não faltavam o arroz e feijão bem temperado, bifes grossos e tenros, tortas de frango e palmito. À tarde, o chá com leite e broas de fubá; às vezes, panquecas com geléia e mel, mais frutas do quintal e queijos gordos que faziam em casa. Ao jantar, quase sempre, sopa com ossobucos bem cozidos a boiar gordurosos no caldo de legumes; doces em calda de sobremesa. Antes de dormir, após assistir as novelas do momento, ela ainda tomava o seu chá com bolachas, sequilhos crocantes, um pedaço de cuscuz. Dona Assunta comia, arrotava ruidosamente, soltava gases barulhentos, pedia desculpas com um sorriso cândido, bocejava e logo caía num sono feliz e satisfeito, ressonando alto, a boca entreaberta. Açucena, cada vez mais magra e mais desvairada, de nada se ocupava; passava dias inteiros no quarto a rezar e jejuar, em intermináveis conversas com o espírito de Ariovaldo que estava cada dia mais atrevido e caminhava pela casa em plena luz diurna, como um velho habitante. Encontravam-no inesperadamente na cozinha onde olhava o conteúdo das panelas, ou a cochilar na rede debaixo da mangueira do quintal; se acostumaram com sua presença, era o único homem na casa. Vez ou outra lhe dirigiam a palavra, mas ele nunca respondia, falava apenas com Açucena; ouviam os dois à noite a soltar risinhos no quarto fechado e se pensavam ser indecente tal intimidade para pessoas não casadas, nada diziam e ocultavam tudo da mãe para não alterar sua saúde e desgostá-la.

****

Naquela noite, a chuva forte de verão, quase uma tempestade, havia deixado um cheiro de terra fresca e o perfume dos eucaliptos entrava pela janela do quarto impregnado de outro perfume, o de corpos suados enlaçados num amplexo sem fim. Quando, por fim, se soltaram, ela com um suspiro de prazer, ele com um gemido de horror, a lua surgiu resplandecente; era noite de lua cheia que iluminou o leito em desordem e o desespero de um homem que não sabia como lidar com a traição. Ela deslizou ao seu lado para beijá-lo e ele a empurrou tremendo: – *Vá embora, não a quero aqui!* A jovem recuou como se picada por uma víbora, com os olhos marejados de dor e desilusão, repentinamente envergonhada de sua nudez, tão evidente, encolheu

A menina que brincou com os sentimentos | 187

a mão que se estendia para mais uma carícia e pareceu, ela também, entender a enormidade do que fizera. Na janela, os olhos de ódio haviam desaparecido; logo a chuva escureceu o céu novamente e apagou os últimos raios de prata da lua, enquanto Cléo corria pela estrada de terra vermelha que se tornara escorregadia, as lágrimas quentes escorrendo sob os pingos frios. César Augusto permaneceu imóvel sobre o leito que ainda guardava o cheiro dos dois corpos; os lençóis amarrotados mostravam o resultado das horas de um embate carnal ao qual foi impossível resistir.

Os olhos de ódio aguardavam Cléo na curva de estrada; braços fortes agarraram sua cintura e a arremessaram à lama vermelha, por sobre a enxurrada que borbulhava como se tivesse vida. Não havia lua para iluminar o horror de seus olhos quando reconheceu seu atacante; tentou resistir, mas ele era forte, tinha ódio e muito desejo. Rasgou suas roupas deixando seu corpo exposto à chuva, mordeu seus ombros nus, apertou cruelmente seus seios que ainda guardavam as marcas dos lábios do homem que a possuíra; jogou-se sobre ela em uma arremetida brutal, enlouquecido de ciúme e paixão; a penetrou com violência enquanto emitia sons que pareciam rosnados. Ela tentou gritar e arranhou suas costas por sobre a camisa e conseguiu escorregar o corpo de sob o dele, o que ainda mais acirrou seu ódio e seu desejo. Ele conseguiu agarrá-la novamente e enquanto a penetrava e entrava em sua carne com a sua carne, que parecia ferro em brasa, colocou a mão sobre sua boca que se abria num grito de dor e sufocou seus gemidos. Quando terminou, ela permaneceu imóvel, os cabelos louros sujos de barro boiando na água da enxurrada e a chuva parecia lavar de seu corpo o calor e a vida; foi assim que a encontraram na manhã seguinte, uma boneca nua quebrada, as roupas rasgadas, os olhos fitando o vazio do céu luminoso, apagados para sempre. Uma formiga madrugadora entrava e saía por sua narina, um besouro caminhava pelos seus seios; nos cabelos emaranhados e sujos, um caramujo deixava seu rastro prateado. Ao vê-la de vestido branco, deitada serenamente no seu esquife, Laura lembrou que Cléo gostava de azul; os olhos dela

188 | O Sangue das Almas

olharam para ela por alguns instantes e neles havia amargura, antes de se cerrarem para nunca mais. No cemitério, enquanto a desciam à sua sepultura, o silêncio estarrecido dos presentes era rompido pelos soluços e gritos desesperados de sua mãe e pelos gemidos de seu pai cujos cabelos embranqueceram para sempre. Uma mulher morena se abraçou a Olinda e seus gemidos dilaceravam a alma de quem as ouvia; novamente juntas, Nena e Olinda, desta vez na morte da pequena Cléonice Felícia. Pequenas aranhas se enroscaram nas flores que Laura trazia nas mãos e os vagalumes não vieram se despedir. Nos meses seguintes, Laura sonhava que seu espectro chegava à noite e batia em sua janela; ficou cada vez mais transparente e, finalmente, se foi, não sem antes sussurrar um segredo no ouvido de Laura que, depois dessa noite, viu morrer sua infância para sempre.

20. Murcham as flores

Os anos passaram lentamente. Maria Clara prosseguiu lecionando no Grupo Escolar, dedicava-se às crianças filhas das primas e amigas que se casaram e procriaram; o seu salário completava o que necessitavam para viver. Depois da noite de sua infelicidade não apresentou mudanças externas no seu comportamento, recusou-se a proferir uma palavra sequer acerca do noivado ou do quase noivo, era como se o tivesse banido de sua vida. Nunca a ouviram chorar ou lamentar-se; ia à escola, era paciente e bondosa com os alunos, educada com as colegas, respeitosa para com o diretor e os funcionários. Passava as tardes em companhia da mãe e das irmãs. À noite viam televisão, comentavam as novelas, iam dormir silenciosamente, os pés calçados nas chinelas de feltro, os cabelos soltos nos ombros, envoltas em camisolas brancas de algodão de golas e punhos bordados em flores miúdas, pequenos fantasmas solitários desfilando pelos corredores sua solidão e desesperança. Quando Maria Clara se aposentou, fizeram-lhe uma homenagem que ela recebeu com um sorriso modesto. Estava emocionada, mas como sempre e para sempre, os olhos permaneceram secos. As irmãs foram morrendo uma a uma, pobres flores nunca colhidas, murchas, simplesmente deixaram de viver. A primeira a ir foi Açucena; depois da malfadada festa de noivado, raramente saía do quarto, quase não comia, os olhos desvairados, sempre falando com o fantasma do noivo e a anunciar desgraças. Num final de outono a encontraram deitada na cama, as mãos postas, um olhar aberto e sereno, o semblante melancólico e encovado, fitando, talvez, Ariovaldo a lhe aguardar em outro mundo para poderem, por fim, noivar e casar. A segunda foi Rosa, a mais velha, a que cantava dia e noite como uma cotovia, a que deixou de falar para cantar. Com a idade, atacada de artrite, as mãos curvadas

190 | O Sangue das Almas

em garra, os pelos sobre os lábios cada vez mais densos e escuros, sofreu um ataque do coração enquanto se esforçava para levantar um imenso cesto de roupa lavada; mesmo seus últimos gemidos saíram em notas musicais e no esquife, o corpo em repouso emitia sons apenas audíveis que muitos juravam ser música. Poucos anos depois, morreu Violeta, o peito afundado pela asma, os lábios arroxeados na falta de ar, a pele transparente e os olhos toldados pelo sofrimento, enquanto tentava, inutilmente, alcançar o vidro de remédio que poderia tê-la salvo. Dália, a temperamental, morreu de câncer como o pai e foi embora entre dores intensas que duraram quase um ano, deixando extenuadas as que ficaram porque até o fim prevaleceu o jeito ríspido, a língua ferina, com raiva da vida e revoltada com a morte. Ao ficarem sós, Margarida e Maria Clara se encarregaram da mãe cada vez mais gorda e velha, imóvel na cama arqueada ao peso da gordura, exigente e comilona consumia quase tudo o que conseguiam ganhar. Num dia em que a chuva não cessava de chicotear o telhado e a melancolia escorria como água pelas paredes, a cara de Margarida, deformada pelas espinhas da juventude, contraiu-se num rito de dor quando cozinhava os apetitosos pratos exigidos pela mãe. O ar faltou e tombou sobre o caldeirão de cozido, queimando gravemente o torturado rosto. Sofreu uma tontura causada pelo cansaço e tristeza, talvez por alguma doença prestes a se manifestar, que não houve tempo de ser anunciada por Açucena. O rosto queimado sarou, mas ficou repuxado em vários lugares, o olho direito meio cego, os lábios carcomidos, atravessados num sorriso tétrico, uma aparência de assustar que a fazia esconder-se no quarto se por acaso alguém chegava para uma rara visita. Acordava às cinco da manhã e ia para o tanque, depois para o fogão, uma diligente formiga de cara feia e coração de ouro, poupava a irmã mais nova do trabalho pesado da casa que se tornara grande demais. Num domingo, Maria Clara acordou às nove horas, como sempre o fazia, e sentiu a ausência do cheiro forte do café vindo da cozinha. Levantou-se, o fogão estava frio, a mesa vazia, ouviu a mãe chamar, irritada e faminta, nenhum sinal de Margarida. Encontrou-a no quarto, o rosto negro, apavorante, a língua de fora e no chão, o copo com o resto do veneno de ratos que ingeriu durante a madrugada, no corpo, uma camisola do enxoval; no rosto deformado, traços de lágrimas muito choradas em noites de insônia e solidão.

A mãe, inexplicavelmente saudável entre as dobras de gordura, avançada em anos e Maria Clara estavam sós. A parentela havia se dispersado por morte e mudança. Os tios mais velhos e as tias gordas jaziam no cemitério do lugar, os primos venderam os negócios e se mandaram para a cidade grande, as primas e amigas casaram-se, tiveram filhos e se esqueceram do lugar, ocupadas com afazeres e vidas novas, nunca mais voltaram. Maria Clara dedicou-se devotadamente à mãe. Aos ucinquenta e seis anos ainda conservava as faces frescas, sem rugas e sem sombras; viviam do dinheiro da sua aposentadoria e da magra renda da venda do negócio do pai. A grande casa, com a maioria dos quartos fechados, se deteriorava e ela usou o pouco poupado para uma reforma. Cuidava do jardim, aprendeu a cozinhar, continuava amável e gentil, não saía nem para ir a missa, o que era motivo de comentários. Com o tempo foi deixada em paz; não tinha sonhos, não tinha desejos, não sentia falta de companhia, a mãe lhe bastava. Quando Dona Assunta, aos cento e oito anos, morreu de indigestão, após ter devorado no Natal dois frangos inteiros e metade de uma leitoa, acompanhada de virado de feijão com torresmo e de uma dúzia de salgadinhos e doces, engolidos com uma garrafa de vinho tinto Maria Clara, beirando os setenta anos, ficou definitivamente só. Logo após a morte da mãe, passado um ano em que mergulhou no mais profundo e silencioso desgosto, embora ausente de lágrimas, pois, desde o noivado não realizado, nunca mais chorou em sua vida, num dia quente de dezembro, que ela lembrava como o mês da tristeza, abriu o baú do antigo enxoval, contemplou longamente as peças bordadas, amareladas pelo tempo e pela falta de uso, os lençóis de linho, as toalhas de mesa, os panos de prato, os aventais, as camisolas de cetim, a roupa íntima de seda e cambraia em bordados discretos. Pegou o vestido do noivado, alisou o tecido macio, sentiu o cheiro da colônia que lembrava a jasmim que usou naquela noite longínqua, ainda impregnando o decote; retirou da caixa de papelão o vestido de noiva inacabado, a grinalda de flores de laranjeira e pequenas lantejoulas, os cinco metros de tule que haviam adquirido um tom bege; dobrou com carinho e cuidadosamente peça por peça, examinou se não havia traças, alisou pregas profundas, arejou ao sol para retirar o cheiro de naftalina. Sentiu a presença das irmãs, reviu seus rostos debruçados sobre os bordados infindáveis, a gastar os olhos e a vida nesse labor. Viu Rosa sentada na cadeira de balanço de palhinha, o rosto severo, o coque preso na nuca, o buço escuro sobre os lábios, sentiu sua tristeza, sua solidão, os suspiros impregnando cada ponto de agulha; ouviu a respiração arfante de Violeta, as mãos ágeis sobre o tecido, os olhos afundados nas órbitas, a boca sempre entreaberta buscando ar, sentiu seu desconsolo com a perda do único pretendente, o sentimento de rejeição; olhou para Açucena em sua cama de virgem; os dedos finos ainda esculpiam em linha e lã flores tímidas como ela. Bateu-lhe no peito a mesma dor por ela sentida com a perda do noivo amado, quando enxergou o vulto de Ariovaldo ao lado dela, o sorriso aberto e franco, o rosto quase esmaecido na sua lembrança. Ao lado da porta, Margarida com um avental e um lenço na cabeça, a pobre cara feia, deformada pelas espinhas e pelas queimaduras, pintava centenas de panos de prato com motivos de flores e frutas, panos que nunca iria usar na sua própria cozinha, como sempre soube desde o inicio, a amargura de colocar cores alegres em peças que não iriam enfeitar sua vida cinzenta. Entendeu o mau gênio de Dália que a espreitava do fundo do corredor, sua recusa em participar do ritual sagrado de bordar infinitamente lençóis de casal que nunca seriam usados, enfeitar com pontos minúsculos camisolas inúteis, calcinhas de seda nas quais nenhum homem jamais tocaria naquele instante fugaz da passagem de virgem a mulher.

Maria Clara levou todas as peças do enxoval vagarosamente para o jardim dos fundos. Acariciava uma a uma, como se, por fim, se despedisse das tristes mulheres que o bordaram com infinita paciência ao longo de suas vidas. Amontoou-as numa pilha imensa, encharcou-as com álcool e, dando uma gargalhada alegre, a única nos últimos anos, riscou um fósforo e ateou fogo. Ficou ali, cuidando para que nem sequer um retalho escapasse de ser queimado, até que anoiteceu e as peças se consumiram totalmente. Nesse momento, após mais de meio século, as lágrimas finalmente desceram por suas faces, como rios numa enchente correndo em busca do mar. Varreu as cinzas com cuidado e as atirou ao vento que se levantava forte naquele final de primavera. Com um suspiro de alívio entrou lentamente em casa, ao encontro de seus fantasmas; tinha ainda um pouco de vida por viver e eles lhe fariam companhia, enquanto aguardavam pacientemente.

****

Na Noite do Terror a chuva escondeu os gritos sufocados de uma menina violada numa vala, com os cabelos na enxurrada e os olhos verdes arregalados a implorar ao seu agressor, enquanto sua vida se esvaía lentamente em morte dolorosa. Laura, em sua cama sem conseguir dormir; espiava constantemente para a casa em frente para ver se ouvia a chegada de César Augusto. A mãe não a deixou ficar até mais tarde, pois tinha de acordar cedo e a levou para casa junto com Serena, apesar de seus protestos. A irmã menor de quase três anos já estava dormindo em seu berço, os cabelos encaracolados e negros soltos sobre o travesseiro; sentada na sala, na velha cadeira de balanço, a mãe esperava o pai chegar. Ele tinha ido viajar e disse que chegaria mais tarde; ela, preocupada com seu ciúme, ficou apenas um pouco na festa de noivado de Maria Clara e ainda não sabia que àquela hora o noivo não havia chegado. Cansada, adormeceu ao embalo da cadeira e não o viu chegar com as roupas molhadas de chuva; algumas horas se passaram sem que sentisse, até que deu um salto, aterrorizada, quando ouviu o grito vindo do quarto. Eunice, o rosto congestionado, a boca aberta tentava respirar, sufocando em desespero pela falta de ar; correu até lá e ele, molhado, o corpo frio, a tinha nos braços e soprava na boquinha que ia ficando arroxeada, enquanto ela gritava de pavor; em segundos a menina pendeu a cabeça e deixou de respirar. Estava morta. Os gritos

194 | O Sangue das Almas

de Aída acordaram a vizinhança, os retardatários voltaram sobre seus passos, janelas se abriram, pessoas despertaram em toda vizinhança; na casa silenciosa de Maria Clara as luzes se acenderam e as irmãs acorreram envoltas em discretas camisolas de algodão, enquanto Dona Assunta lutava para sair da cama. Laura, parada na porta do quarto, tremia como se tivesse febre, aterrada com os gritos da mãe, agarrada às mãos de Serena que chorava ao seu lado. Na casa de Cléo, a mãe procurou a filha e viu a cama intocada; atônita começou também a gritar e na confusão que se seguiu ninguém percebeu César Augusto parado no final da rua, dentro do carro, escondido sob a sombra escura de uma árvore. Em pensamento se despediu de Maria Clara, a doravante perdida e sepultou seus sonhos como quem escava um buraco na terra, *adeus para sempre, amor da minha vida; adeus minha amada, fui infiel e pecador, não a mereço por minha covardia.*

Aquela noite foi para Laura a Noite do Terror; um terror maiúsculo, nauseante, que lhe levou embora de uma única vez a mãe, a irmãzinha e amiga querida; uma noite que destroçou suas vidas ainda tenras, quando a chuva caía em torrentes do céu e formava grossas enxurradas pela escuridão; uma noite que corrompeu sua vida; não havia vestígios de compaixão na terra das abelhas silvestres. Na noite em que César Augusto se perdeu nos braços, na boca, no corpo dourado de Cléo; quando viveu algumas poucas horas da mais sublime felicidade, seguida de medo e culpa, que se transformou em verdadeiro horror quando, dentro do carro, sob a escuridão da sombra da árvore, escutou os gritos na casa da jovem; gritos de uma mãe perante seu pior pesadelo, ao encontrar vazio o leito de uma filha muito amada; seguidos por outros gritos de outra mãe, destroçada perante uma pequena vida que se extingue inexplicavelmente. Percebeu que na casa de Cléo e nas ruas as pessoas gritavam pelo nome dela e se assustou; jamais poderia encarar Maria Clara novamente e nunca teria coragem de voltar àquele lugar. A lembrança do corpo macio na escuridão de seu quarto, seu cheiro e sabor ainda impregnavam sua boca e suas mãos; sabia que nunca mais se livraria dessa lembrança e que estava irremediavelmente perdido.

Nessa noite, César Augusto também descobriu a dor dos sentimentos, aqueles que são tão profundos que cortam como afiadas lâminas. Girou a chave do carro e dirigiu silenciosamente sob o fragor da chuva que engrossava e dos gritos nas casas vizinhas, para ele nada mais havia a fazer. Um fio de cabelo louro esvoaçou pelo interior do carro, brilhando como ouro à luz prateada da lua; sentia ainda no corpo o cheiro dela e guardava nos lábios o seu sabor, como um veneno que iria persegui-lo para sempre. Sua alma sangrava quando iniciou sua longa jornada por uma vida que agora lhe parecia sem sentido, para longe da tragédia que se implantou como uma pesada e negra nuvem de chuva, cheia de raios e terrores, na calma Manduri, pelas mortes que seriam choradas; partiu com a dor invadindo sua alma, sabia que era definitivo. Na terra molhada, não muito longe da estrada por onde César Augusto passou velozmente, os dedos agarrados ao volante, o corpo de Cléo esfriava rapidamente sob a chuva que caía em gotas geladas.

Ao chegar a São Paulo era um espectro, um arremedo do homem que dali saiu em busca de sua felicidade. O destino é um senhor cruel e quando estamos frágeis, por estarmos felizes, nos estende suas garras famintas e nos devora; a morte, a doença, os desencontros, a amargura, a infelicidade fazem parte das canções que nos canta. Envia para nossas almas a insônia, a solidão, o desespero e as mergulha em sangue; assim sangram as almas, gota a gota ou em cascatas, em jorros vermelhos desencadeados pela paixão. Quando a notícia da morte brutal de Cléo saiu nos jornais, César Augusto teve a inevitável certeza de que sua vida estava destruída para sempre. Pensou em voltar a Manduri e explicar, mas explicar o quê? Contar que fez amor com uma menina, quase uma criança, na noite em que ia ficar noivo da mulher com quem pensava em construir um lar? Como explicar que essa menina apareceu morta, os cabelos molhados cheios de formigas e caracóis, os olhos verdes, as antigas esmeraldas faiscantes, abertos fitando o céu onde estava impresso o mais absoluto terror? Como poderia explicar isso, se no corpo dela ainda estavam impressas as marcas de seus beijos? Como poderia fitar os mansos olhos castanhos de Maria Clara e lhe renovar

196 | O Sangue das Almas

o seu amor? Seria acusado de sua morte, pois tudo poderia depor contra ele; não teve forças, na sua covardia de jovem com a vida pela frente, de se expor àquilo, ficar sob os holofotes da imprensa ávida por tragédias, a desconfiança obscena da polícia, os olhares de acusação, a dor da família. Sentiu que era incapaz de enfrentar tudo isso e nunca mais voltou; mergulhou fundo na sua dor, como um pássaro ferido, com o corpo decadente e a alma, envolta na aura vermelha do sangue, que acusa, que condena. Muitos anos depois, quando os fios brancos haviam substituído os lindos cabelos negros, num acesso de solidão, debruçado numa sebosa mesa de bar em São Paulo, escreveu uma carta a Maria Clara, quem sabe ainda suas vidas poderiam dar certo? Contou a ela de seu amor e de sua traição, reafirmou sua inocência e lamentou a morte da menina; implorou que acreditasse nele e que viesse ao seu encontro, ainda poderiam ser felizes. Esperou a carta por meses a fio, depois por anos, e quando ela não chegou, atirou-se de vez à bebida e ao desespero. De qualquer forma, sua vida havia acabado naquela noite de trovoadas e chuva forte, quando uma deusa dourada se atirou em seus braços e o fez provar o mais proibido, infame, inigualável prazer.

21. A solidão dos mortos

A morte de Eunice enterrou a sanidade de Aída para sempre; Laura e Serena ficaram sem mãe e desta vez sabiam que não havia volta. O pai fechou-se num silêncio aterrador que só era rompido com um grito irado quando uma delas, na voracidade de vida da infância que termina, elevavam a voz ou deixavam escapar o leve ruído de um riso, que ecoava pela casa como um tambor num cemitério; ali não era mais permitido rir, nem cantar, nem assobiar, nem brincar. Até as antigas bonecas tinham um ar lúgubre em suas carinhas de louça; nunca mais houve presentes, festas de aniversário, doces ou sorvetes; nunca mais houve Natal, ou qualquer dia festivo. A triste infância se enterrou num poço de melancolia que escorria pelas paredes como sangue saindo de veias abertas; as veias de Aída costuradas a tempo e que deixaram cicatrizes sobre a pele branca. *Sentimentos são como lâminas afiadas, cortam fundo e deixam marcas.*

No ano anterior àquele que se encerrou em uma noite escura de dor, morte e separação, haviam vivido seu último Natal. No ano da Noite do Terror as janelas se fecharam, as luzes não se acenderam, não houve festas, cânticos, nem mesmo Missa do Galo. O menino Jesus não dormiu na manjedoura, nem árvores brilharam com as lâmpadas coloridas. Aquele ano, ainda não sabiam, foi o último Natal de sua infância perdida; um dia para lembrar para sempre no poço fundo e escuro dos anos vindouros. Durante um longo voo para Paris, Laura narrou para Serena a lembrança do último Natal de sua infância, quando ainda podiam rir: – No *ano anterior a grama que cortamos para o burrinho do Papai Noel permaneceu intocada debaixo da cama, você estava com oito anos e abriu o berreiro. Eu entendi; aos onze anos já sabia demais sobre as dores da vida e as feridas da alma. Naquele ano não houve árvore enfeitada com bolas coloridas, nem ceia, nem presentes. Papai tinha o semblante carregado e as idas e vindas do médico à nossa casa revelava um medo ao qual não queríamos dar nome. O Natal passou branco como os natais dos cartões de outras terras, embora sem luzes e toque de sinos; o Ano Novo surgiu sem se anunciar e nós abraçávamos as nossas velhas bonecas para buscar nelas um conforto que não veio. Naquele ano o dinheiro foi escasso e deixamos a grama para o burrinho do Papai Noel e ela continuou no mesmo lugar. Mas, o Natal do qual quero falar foi diferente; houve depois muitos natais, mas nenhum como aquele, dois anos depois. Passamos o dia inteiro ansiosas, olhando o relógio, esperando a noite e após ela, a manhã. O dia passou lentamente e as horas deslizavam com pés idosos, se arrastando quase imóveis perante nossa esperança. Como sempre, fomos colher a grama mais verdinha, o burrinho sempre chegava com fome; ele saía de mansinho do presépio onde cuidava de Jesus Menino e o aquecia com o vapor de sua boca; saía do presépio para acompanhar com os olhos a figura de Papai Noel que passava na sua longa viagem celeste distribuindo presentes para as crianças boazinhas. Tínhamos certeza que fomos boazinhas; houve um ou outro deslize, mas no geral acho que podíamos ter esperanças. A grama verde e fresca era nosso tributo. A noite chegou mansamente, como sempre chegam as noites de Natal; fomos à Missa do Galo e depois comemos a pobre ceia. Falamos baixinho e rimos educadamente; mamãe olhava carinhosamente para papai e ele tinha os olhos ternos; nos olhos dela havia vida novamente. De manhã, pulamos da cama a grama havia desaparecido. No seu lugar dois embrulhos oblongos atestavam nosso bom comportamento durante o ano. Rasgamos o papel com o coração aos pulos e ali estavam; duas belas sombrinhas coloridas, com desenhos de bichinhos, o cabo curvo e lustroso. Afagamos a seda presa firmemente nos arames, sentimos sua textura e saímos para o sol daquela manhã de Natal como duas borboletas, girando as sombrinhas, girando, girando. Nesse girar nossa felicidade foi derradeira; nos sentimos o centro das atenções; parecia que todos na rua nos olhavam, até mesmo os passarinhos que compunham nos fios de luz dos postes as suas canções de gorjeios e trinados. Duas meninas que se achavam ricas princesas a deslizar sobre tapetes macios com sapatinhos de cristal. Nossos pés calçados em velhos chinelinhos de borracha se empoeiravam nas ruas da cidadezinha, mas nossos olhos eram luminosos como diamantes. E no girar das sobrinhas baratas redefinimos nosso destino. Tomamos as nossas mãos que sempre se aconchegavam e corremos sob o sol, desejando que chovesse. Subimos e descemos a única rua de nossa cidadezinha, aspiramos o perfume dos eucaliptos e as sombrinhas eram nossas asas, nossos vestidinhos de chita estampada eram os vestidos de baile. Ainda não sabíamos, éramos apenas duas menininhas pobres encantadas com seus pobres presentes de Natal. Mas, um dia iríamos voar, voar e voar.*

✳✳✳✳

Laura e Serena ficaram cada vez mais dependentes uma da outra, não se separando um minuto que fosse. Andavam pela casa, cada vez mais sombria, de mãos dadas, os olhos arregalados, as bocas trêmulas, assustadas com a dor que pairava em cada aposento e espiava pelas janelas como uma vizinha curiosa. Pareciam dois pequenos fantasmas perdidos, naufragados em desesperança e incompreensão; estavam magras, as pernas finas pareciam espinhos espetados em corpos estéreos, os cabelos ficavam dias sem ver pente, até que Laura se dispunha a lavar os dela e os de Serena, movida pela necessidade e desamparo. Com dificuldade desembaraçava os nós dos abundantes cabelos negros da irmã, cheios de cachos como uvas pendentes. Comiam pouco e o que havia disponível, ora frutas no pomar, ora bolos que lhes trazia Maria Clara, às vezes alguma carne já pronta que o pai comprava, um pedaço duro e seco que engoliam sem vontade. Aída, estraçalhada pela dor, seguia uma tendência latente de depressão profunda; nela a melancolia era como uma segunda pele. Mergulhou de vez na insanidade, trancada no quarto por dias a fio; recusava-se a comer e a ver quem quer que fosse, prostrada como um animal ferido para quem não mais existe esperança. Numa tarde de calor, Laura espiou pela porta do quarto como sempre fazia; levava um copo de leite para ver se ela bebia e a viu largada sobre uma poça de sangue, os pulsos abertos, as veias a esguichar como chafarizes, os olhos vazios fitando o teto, entregue definitivamente ao ato extremo de desistir da vida. Laura gritou, e nesse grito deixou que a dor da orfandade jorrasse dela como o sangue jorrava dos pulsos da mãe. Atrás dela, Serena, os olhos vidrados de terror, incapaz de dar um gemido, a boca aberta numa surpresa sem fim. Aída foi salva a tempo, mas ficou definitivamente imersa na loucura de um mundo sombrio, de sólidas paredes. As meninas deram adeus aos olhos pensativos e acariciantes, à voz de doçura, à beleza naufragada e perderam para sempre os sonhos infantis. Nessa perda, aprenderam que lâminas cortam fundo, assim como os sentimentos. A mãe foi levada, inerte como um vegetal, ao hospício em Franco da Rocha. Nunca mais voltou. Conseguiu que uma lâmina a cortasse fundo, como a haviam cortado os sentimentos e deixou que dor escorresse junto com seu sangue. A encontraram no leito, branca e linda, os olhos negros abertos, a camisola branca de pano grosseiro empapada de sangue. Só assim conseguiu paz.

Uma prima distante do pai, solteirona e carola veio para morar em sua casa. As duas irmãs pareciam dois pequenos náufragos perdidos na tempestade que assolou suas vidas ainda por viver. Serena não conseguia mais emitir nenhum som; Laura tinha nos olhos o Terror, impresso em sangue e uma raiva que a cada dia crescia mais e mais. Depois da partida da mãe Laura foi acometida de uma sede que nada conseguia aplacar; ingeria quantidades espantosas de água como se buscasse alívio para a dor quente que a consumia. Eram litros e litros diários que desciam por sua garganta permanentemente seca, umedeciam por segundos os lábios ressecados, a língua dolorida e novamente vinha a sofreguidão, o desatino, a necessidade. Em casa debruçava-se sobre um balde e bebia, como os animais, goles imensos, ruidosos, ávidos, numa sede que não tinha fim. Ninguém percebia. A prima estava velha e indiferente, preocupando-se apenas em cozinhar um arroz e feijão com gosto de coisa velha, acrescentando vez por outra um pedaço duro de carne, jamais uma verdura fresca, uma fruta, um doce tão do agrado de crianças. O pai, cada dia mais calado e arredio, ficava fora de casa a

A solidão dos mortos | 201

maior parte do tempo, pouco se importava com as filhas, era como se elas não existissem. Nunca lhes dirigia a palavra, nunca as acariciava ou ria com elas, era uma não-presença que as atemorizava e as fazia suspirar de susto quando ouviam o ruído de seus passos pesados abrindo o portão que dava para a rua. Era a senha para correrem a refugiar-se em seu pequeno quarto, onde ficavam em silêncio, atentas ao menor som, ao movimento aterrador de vê-lo abrir a porta de seu refúgio, o que nunca acontecia. Desde a morte da menina e posterior loucura de Aída, ele se tornou ainda mais taciturno e calado; tinha nos olhos uma dor tão insana que só não o corrompeu para sempre porque era antes de tudo duro como uma pedra. Nessa dureza não havia lugar para sentimentos, nem sequer para suas filhas que cresciam lenta e dolorosamente num mundo de paredes tão espessas que poderia destruí-las tal a amplitude de seu abraço. Se não fosse Maria Clara, sempre constante, trazendo doces que ela mesma fazia, pequenas bonecas de pano feitas de retalhos que sobraram do enxoval que parou de ser bordado, talvez as duas tivessem sucumbido. Os anos passaram em horas lentas se arrastando por caminhos sombrios. Ambas percorreram os passos necessários para crescer e ingressar na vida adulta. Laura nunca revelou o segredo de Cléo, o segredo sussurrado no quarto, na noite em que os mortos passaram a fazer parte de seus sonhos. Nem o primeiro segredo, quando faiscante de vida e beleza, tremeu ao confessar sua paixão por César Augusto; uma paixão de menina, que a levou à morte. Durante anos o fantasma triste de Cléo perseguiu Laura em seus sonhos; acordava durante a noite com seus olhos verdes fixos nela e as mãos em um pedido mudo, *ele arrancou minha juventude Laura, eu tinha uma vida por viver e a tiraram de mim. César Augusto foi um desejo passageiro que me preparou para o que viria na minha vida. Eu não sabia que sentimentos podiam ser assim tão poderosos. Nada vai me dar paz agora a não ser que o meu algoz venha ao meu encontro e fique ao meu lado amenizando minha solidão.* Laura tapava os ouvidos para não escutar a voz lamentosa, fechava os olhos para não ver os cabelos molhados e os olhos pedintes; em vão, a voz de Cléo a perseguia noite adentro, tocava em seu rosto com seus dedos frios, soprava nos seus ouvidos e chorava nos cantos quando ela se recusava a lhe responder. Às vezes sonhava que o fantasma se enraivecia, quebrava coisas pela casa e sumia com um grito espectral pela noite, um grito terrível que apenas Laura ouvia. Quando, finalmente, ela deixou de assombrar seu sono, o único sentimento que teve foi de alívio; não sentiu saudades, nem mais tristeza; apenas uma atroz solidão submergiu seus dias e noites. Despediu-se da sua infância com um adeus displicente; não mais queria ser criança, nem menina; urgia que o tempo passasse para que, ao crescer, seus pesadelos fossem embora.

Desde a morte de Aída, o pai chegava sempre tarde em casa, cheirando a bebida, tropeçava nos móveis, praguejava. As duas meninas se agarravam uma à outra tremendo de medo do homem que entrava em casa como uma fera enraivecida procurando alguém para devorar. Quando a raiva passava, ouviam-no chorar no quarto que um dia compartilhara com a esposa, no quarto onde a supliciara em noites infinitas, quando as vozes sussurradas ecoavam pelas paredes finas e a doçura da voz dela se quebrava em gemidos doloridos que deixavam Laura nauseada de ódio. Em uma dessas noites, a chuva caía grossa como uma esteira prateada, uma chuva como a da Noite do Terror, a noite que a deixou sem mãe, sem a irmã e a amiga. Foi quando Laura decidiu que não iria mais ter medo. Estava com dezesseis anos. Entrou no quarto, um quarto cuja porta nunca mais havia transposto e a primeira coisa que sentiu foi o perfume de Aída ainda a impregnar o ar. Na parede sobre a cama, o antigo crucifixo de madeira, onde um Cristo de braços abertos olhava para cima em agonia; sobre uma cadeira o velho roupão da mãe repousava como um corpo cansado. Pareceu-lhe ouvir a voz de doçura demonstrando temor, um toque delicado acariciou sua cabeça e um suspiro lhe pediu paciência. Laura havia decidido que bastava de medo e de paciência. Ao vê-la ele berrou que saísse e ameaçou lhe jogar a garrafa de bebida que tinha nas mãos. Ela continuou a fitá-lo com rancor até que ele percebeu que alguma coisa estava acontecendo. Os cabelos de Laura pareciam flutuar ao redor do rosto e uma luz verde iluminava o quarto ao seu redor. Ela lhe apontou um dedo que estava firme e lhe disse em voz apenas sussurrada, um som que lembrava a voz de Aída nas intermináveis noites de tortura: –*Você matou Cléo, eu sei, sempre soube, você estava louco por ela e ela brincava com seus sentimentos, fazia você acreditar que também o queria. Cléo queria apenas viver e seduzir, isso estava nela, ela não sabia dos sentimentos que cortam como lâminas e deixam marcas e isso a matou. Você a matou naquela noite em que chovia, na noite que Maria Clara esperou em vão, na noite em que Eunice nos deixou, na noite em que minha mãe desistiu de viver, a noite em que eu e Serena perdemos nossa infância e nossos sonhos!* O pai a fitou perplexo e as lágrimas corriam pelo seu rosto sem ele perceber. Laura saiu silenciosamente do quarto. Na manhã seguinte ele permanecia lá dentro, por volta do meio dia ainda continuava lá, à noite ainda não abriu a porta. No dia seguinte a velha prima chamou em voz baixa e não houve resposta. A chuva havia parado e o calor voltou, as moscas começaram a zumbir em frente à porta, enlouquecidas. Os vizinhos arrombaram a porta e o encontraram de braços abertos em cruz, de onde o sangue havia sido drenado em dois profundos cortes que encharcaram os lençóis brancos bordados de Aída.

****

Laura está abraçada com Serena e ambas contemplam o túmulo de Aída. Depois de tantos anos, a saudade bate com a força de punhos em portas fechadas numa madrugada silenciosa. A mulher forte e altiva em que Laura se tornou aperta as mãos de Serena, enquanto as duas contemplam o túmulo de granito marrom; colocam flores frescas nos vasos, amarelas como ela sempre gostou. Ficam longos minutos em silêncio.

–Nós vamos ao túmulo dele?

Laura estremece e cerra os lábios como fazia em menina quando os fantasmas a atormentavam nas longas noites depois que Aída se foi. Nunca, jamais poderia dizer à irmã que para ela era impossível pisar a terra onde os restos mortais dele estavam.

–Você nunca me contou o que foi fazer no quarto dele aquela noite! *Nem nunca contarei*, responde Laura em pensamento, *você não precisa passar por isso. Deixe que eu carregue o fardo sozinha.*

Laura permanece calada.

–Antes de irmos, gostaria de visitar Maria Clara, não a vemos há muito tempo e ela deve estar muito velha. Soube que ainda vive na velha casa de seus pais.

A irmã concorda e saem do cemitério. As velas foram acesas nos túmulos solitários, menos no dele, são túmulos demais para acender velas e colocar flores.

Maria Clara as recebe com surpresa e um contentamento contido como tudo o mais na sua vida sempre igual. Uma vida de tonalidades cinzentas e que já dura tanto tempo que nem se lembra mais quantos anos tem. Os fantasmas, seus velhos companheiros, cansados de esperar por ela, há muito se foram. Deixaram a velha casa vazia, como braços de mães que perderam seus filhos. Os cabelos estão cinzentos, as faces cinzentas, as roupas cinzentas. A única cor em toda a casa é um pequeno cão amarelo que mal consegue abanar a cauda antes de cheirá-las por instantes e voltar ao seu sono intermitente. Na sala, no canto mais escondido entre os móveis empoeirados, uma antiga arca de madeira coberta por uma toalha de crochê branca parece gritar de solidão. Dentro dela dormiram por décadas um sono sem sonhos as peças do antigo enxoval. Bordados e costuras que abrigaram sonhos e suspiros de moças com nomes de flores e que se tornaram cinzas em um dia longínquo ao entardecer. Moças que penderam sobre eles seus cabelos e seus rostos enquanto sonhavam o dia em esses tecidos iriam enfeitar móveis, cobrir camas e mesas e vestir corpos. O baú está morto como os olhos de Maria Clara, despido de sonhos, envolvido em abandono. Ainda ali permanece como a lembrar da transitoriedade da existência e a perenidade dos objetos. A luz não penetra nos cômodos e a casa toda cheira a coisa velha. *A morte deve cheirar assim*, pensa Laura. Serena parece um pouco amedrontada e inconscientemente se agarra nela como o fazia quando criança e sempre tinha medo. Sentam com cuidado num velho sofá onde as molas rugem sob o tecido esfiapado, em frente de um retrato de uma mulher tão gorda e grande que parece saída de um quadro de um pintor de exageros. Uma mulher que as fita com olhar severo, as bochechas balofas pendendo em recriminação. Nas paredes em volta, várias fotografias amareladas mostram mulheres apenas, mulheres de olhos tristes e rostos desamparados, faces marejadas de umidade e melancolia, abotoadas em vestes escuras, cabelos presos em coques severos. Tudo ali está apodrecido como um mausoléu centenário. Não existem plantas, não existem cores, não existe vida. Apenas uma mulher que se move como uma pluma ao vento, o corpo frágil embrulhado num vestido antigo onde as traças fizeram buracos. E que as recebe como as filhas que nunca teve, embora parcimoniosa em seu afeto.

Laura se demora mais do que gostaria. Não se viram durante quarenta anos e nesse tempo coisas demais aconteceram em sua vida para que possa resumi-las numa simples conversa num final de tarde em que a chuva cai torrencialmente; anos em que esteve simplesmente vivendo e tentando tirar Serena da mesma loucura que acometeu Aída. Loucura que a fez reviver o dia mais terrível da sua infância e da sua vida, em que charcos de sangue molharam os lençóis. Nota que o tempo não passou naquela cidade e naquela casa. Tudo permaneceu igual, estático e as pessoas foram perdendo as cores como antigos quadros expostos ao sol e à chuva, levando vidas em branco e preto, vivendo um dia de cada vez. A casa em frente tem nova fachada e está pintada de branco com janelas verdes, diferente da antiga casa que dava para a rua. Lembranças demais que fazem sofrer. Não falam do passado em Manduri, ele deve ficar sepulto como tudo aquilo que morre para sempre. Maria Clara pede que Laura e Serena falem de sua vida depois que foram embora. Laura conta que a partir do momento que morreu a menina cheia de medo e que sonhava com os mortos, nasceu uma mulher que soube como conduzir a própria existência e administrar os seus terrores. Fala de seu trabalho como executiva de uma grande empresa, o sucesso financeiro, as viagens constantes, a vida sempre cheia de compromissos; se enternece ao mencionar o companheiro com quem partilha os mesmos caminhos e que a trata como uma rainha; refere com orgulho aos dois filhos e suas carreiras brilhantes e de outro, empresário, casado, que lhe deu um neto, o grande amor de seus dias. Serena diz da sua incapacidade de amar os homens e como eles lhe lembravam o pai; que durante anos, trocou de homem como quem troca a cor dos cabelos. Não fala da dor que quase a levou ao mesmo destino de Aída, mas conta que agora não se sente infeliz, nem solitária, apenas enfastiada com sua conversa sempre igual, seus desejos infantis, seu egoísmo. Quando se cansa de um deles o manda embora, sem medo da solidão, pois a ela estava acostumada desde sempre. Não conta da noite terrível em que Laura a encontrou com os pulsos a jorrar sangue. Eram muito jovens e ela não sabia lidar com seus medos. Anos de terapia a curaram da dor da vida; agora tenta ser feliz. Falam de Cléo, a pobre Cléo que se foi tão cedo e de como nunca descobriram quem a matou. Relembram Aída, sua voz de doçura e seu sofrimento pela morte de Eunice; recordam D. Assunta e as irmãs com nome de flores: Rosa que cantava como uma cotovia e que de tanto cantar desaprendeu de falar; Violeta e seu chiado no peito, sussurros de desejo ampliados nos abraços no portão; os vaticínios macabros de Açucena; a tristeza de Margarida e seu sofrimento pela pele em erupção; o mau gênio de Dália e sua dedicação aos santos. Só não falam da noite do noivado de Maria Clara, a Noite do Terror em que as duas meninas perderam a infância e a inocência, e Maria Clara perdeu a capacidade de chorar.

22. Mortos sem luz

O primeiro morto que apareceu nos sonhos de Laura foi sua irmã. Veio mansamente na manhã de chuva em que Serena estava resfriada, com febre, recolhida ao leito, em um domingo poucas semanas antes do Natal. Laura lia um conto de fadas para Serena; ler se tornara para ela um refúgio contra o sofrimento e a saudade; ao mergulhar nos livros fugia da sua vida solitária e sem alegrias. Ficava por horas a fio no quarto, rodeada de livros, de uma jarra de água para aplacar sua sede perene e lia como se nada mais no mundo houvesse para fazer. Manduri tinha uma pequena biblioteca de livros doados à Prefeitura pelos moradores e ela os havia descoberto mal aprendeu a ler. Primeiramente leu toda a coleção de histórias infantis, de contos de fadas, estórias de bichos falantes e lindas princesas. Quando ainda tinha uma infância, Aída lia para ela em sua voz doce, dramatizava as falas, imitava os personagens e, encolhida junto ao seu ombro, ela se deixava ficar confortável como um pássaro no ninho enquanto a voz dela a transportava para longe daquela cidade pequena, sem luz e sem vida. Aprendeu a ler com uma rapidez surpreendente e depois era ela quem lia para a mãe e Serena nas longas horas de espera quando o pai viajava e Aída tinha de esperá-lo acordada, sentada na velha cadeira de balanço. Conforme Laura foi crescendo, descobriu novas leituras, livros de aventuras, ficção científica, romances de amor e seu gosto foi se tornando cada vez mais apurado, mais exigente e em princípios da adolescência já lia os clássicos com facilidade. A partida de Aída, sua depressão e os gestos de loucura não tiraram dela esse prazer, talvez o único, e era o que a salvava de mergulhar num mundo sem sons como os de Serena. Um mundo que se manteve cerrado por anos, enquanto crescia em desesperança; um mundo que quase acabou mergulhado

208 | O Sangue das Almas

em sangue, destino profetizado na sua família. Depois de anos sem falar, Serena cometeu o gesto de loucura, o mesmo da mãe e do pai, para conseguir fugir da dor. Salva por Laura submeteu-se por longo tempo a tratamentos médicos e um dia emergiu das cinzas de sua vida, lentamente, recuperando aos poucos, o interesse pela vida. Voltou a falar como quem reaprende e ainda hoje fala com parcimônia, sempre pensativa, calada, olhar ausente, uma vida que quase foi desperdiçada de forma tão infame. Eunice apareceu para Laura numa madrugada fria; parada ao lado de sua cama olhava para ela e parecia lhe perguntar onde estava a mãe. Seus olhos estavam imensos, a pele tão branca que era transparente, os lábios lívidos e os sons que emitiu eram ininteligíveis. Laura não teve medo, apenas compaixão e levantou-se para tomá-la nos braços, mas ela fugiu soltando um soluço estrangulado. Não era ela quem queria e voou pela janela como um pássaro de penas brancas e deixou o ar do quarto frio como gelo. Serena choramingou e ela lhe deu água e um pouco de xarope, voltou ao seu sono, como se nada tivesse acontecido. O pequeno espectro apareceu mais vezes e em todas elas somente chorava e perguntava com os olhos, nenhum som saindo da boquinha arroxeada. Depois vieram outros mortos, pessoas do lugar, das redondezas, todos querendo perguntar coisas, enviar mensagens ou simplesmente chorar suas mágoas e sua saudade. Ela nunca lhes deu muita atenção e lhes dizia para procurar Açucena, da casa ao lado, não era o arauto das desgraças, nem a mensageira da dor. Os mortos saíam cabisbaixos, carregando o fardo de uma solidão tão incomensurável que pareciam arrastar grossas bolas de ferro presas aos pés por correntes e atravessavam a rua para falar com Açucena que se rejubilava com sua presença, chamando Ariovaldo para participar das lúgubres reuniões, anotar recados, encaminhar notícias e consolar, pois os mortos sentem solidão e muita saudade dos vivos.

Quando Cléo apareceu, quando Laura tinha quinze anos, lhe contou em detalhes das horas de amor com César Augusto e dos olhos envenenados que a perseguiram pela estrada mergulhada em chuva e relâmpagos. Contou da outra boca, que beijou e que mordeu seus lábios, das mãos que afagaram seu corpo, que ainda estava com o cheiro de César Augusto. Do corpo que a possuiu brutalmente e depois a deixou na valeta na beira da estrada, os cabelos louros emaranhados nos galhos e nas folhas secas trazidas pela enxurrada. Chorou ao lhe contar da dor e do medo que sentiu, da carne que rasgou sua carne com força, tão diferente da doçura e da gentileza de César Augusto. Soluçou ao seu lado durante uma noite interminável e suas lágrimas caíam sobre o rosto de Laura que viu a sua sede espantosa diminuir e diminuir cada vez mais. Quando o dia amanheceu, Cléo beijou o rosto de Laura e pediu vingança, *senão jamais terei paz*. E foi o pior pedido que uma garota morta poderia fazer a uma que permaneceu viva. Novamente o Terror que parecia estar amansado se instalou no peito de Laura; com isso seus olhos novamente ficaram mergulhados em agonia e insanidade. À noite acordava com a voz de Açucena falando com o fantasma de Ariovaldo e ouvia a conversa sussurrada cheia de malícia e desejos insatisfeitos. As vozes atravessavam a rua escura e seu som penetrava pelas venezianas fechadas e se infiltravam por debaixo das cobertas e pelo travesseiro que Laura apertava contra os ouvidos. Tinha vontade de chamar pela mãe, de gritar pela voz de doçura que nunca mais iluminou seus dias e que detinha o poder de espantar os espectros noturnos; se fechava os olhos, eles invadiam a escuridão por trás de suas pálpebras e se lamentavam em vozes tão tristes que ela despertava em lágrimas que perduravam por dias e dias. Tornou-se cada dia mais estranha, arredia; moldou um caráter tão fechado que parecia que nunca alguém conseguiria penetrar a couraça inconsútil que revestiu seus sentimentos durante toda sua infância e adolescência. Na juventude essa couraça se partiu por força de um afeto muito grande e foi na idade adulta que Laura morreu para renascer transmudada numa mulher que finalmente decidiu ser feliz.

Os mortos, com seus olhos vazios e suas peles pálidas, surgiam em seus sonhos a qualquer momento, ainda presos nas mortalhas ou nas roupas que vestiam quando se foram, algumas sujas de sangue e empapadas de lágrimas, com cadáveres de flores murchas presos nos fios de cabelos que restaram. Sempre que chegavam, podia sentir o arrepio nas costas avisando sua presença ou, quando lhe tocavam as faces com dedos frios, fazendo-a acordar sobressaltada e irritada com sua intromissão em seus sonhos. Quando isso acontecia, os dias seguintes lhe eram penosos e, provavelmente, em breve, teria de prantear alguém querido. Implorou seguidamente para irem embora, não apreciava esse dom não desejado e mesmo quando ela ignorava suas súplicas em vozes lamentosas, eles continuavam atrás dela em lamentos doloridos. Às vezes se irritava e sonhava que lhes batia com a porta do armário nas caras brancas e tristes quando por acaso encontrava algum lá dentro, entre as roupas; não que isso lhes importasse, mortos não podem sentir dor. Mas, sentiam mágoa e ficavam pelos cantos do quarto com um olhar comprido de cão que apanhou, lançando-lhe olhares e suspiros até que ela, compadecida, voltava a sonhar para lhes dar atenção. O dom indesejado de Laura foi o legado de uma avó, que há muito havia morrido; uma jovem que cantava como uma cotovia e foi aprisionada numa gaiola de ciúmes. *Beleza demais faz sofrer,* aprisiona as mulheres muito belas em uma teia de infelicidades, fruto da inveja e da maldade do mundo. Foi o que aconteceu com Angelina, a avó de Laura, num lugar perdido na poeira dos anos.

Na noite da mais forte tempestade já vista no lugar em que as árvores da floresta estalavam e se vergavam sob a força da natureza, uma criança foi abandonada na varanda da casa de uma fazenda, distante de Manduri. Os proprietários, pessoas simples, estavam sentados pacientemente à mesa de jantar iluminada apenas pela luz de um candeeiro quando um relâmpago terrível em ruído e violência cruzou os céus. Logo em seguida, uma luz esverdeada penetrou pelas frestas da porta e das janelas clareando tudo como se fosse dia. Temerosos correram para a porta e ouviram um leve gemido seguido de um soluço; abriram-na a tempo de verem uma mulher de longos cabelos negros flutuantes no ar, apesar do aguaceiro, correr sob a tempestade e de seu corpo se desprendia um fulgor que se destacava na escuridão da noite. Um brilho que se confundiu com o verde-negro das árvores que balouçavam loucamente sob a fúria do vento. A mulher corria e soluçava tão alto que era possível ouvir o som acima do furor do vento e da chuva e não olhou para trás, nem mesmo quando a criança que deixou na soleira da porta começou a chorar aos gritos. A menina possuía enormes olhos escuros; era pequena, não devia ter dois anos e os cabelos longos lhe emolduravam o rostinho e flutuavam ao redor do seu corpo como cortinas; era tão linda, que o homem e a mulher a fitaram embevecidos, sem nenhum temor. Uma rajada de chuva os fez voltar a si; apressaram-se a entrar para cuidar da estranha criança que, com um ar maduro e fatalista, os examinou com seriedade e se aquietou em seguida como que resignada ao seu destino.

Antenor e Lucinda possuíam outros filhos e ponderaram que poderiam dedicar-se à criança e criá-la como sua.

–Temos de dar-lhe um nome para poder batizá-la. Antenor disse à esposa.

A menina olhou para eles e falou numa voz que mais parecia uma flauta ao anoitecer:

–Meu nome é Angelina, assim devo ser chamada.

Imediatamente adormeceu. As longas pestanas negras encobriram a escuridão dos olhos. No dia seguinte os pais apresentaram Angelina aos filhos, três meninos e uma menina. Estavam no jardim da casa, apreciando o amanhecer sacudido pelos gorjeios dos pássaros. Os dois meninos mais velhos a olharam com curiosidade e logo saíram a cuidar de suas brincadeiras. O menino menor, possuidor de imensos olhos verdes, a fitou com assombro e adoração. Cacilda, a menina mais velha, chorou e disse que não, que ela não era sua irmã e muito menos da família. Teve uma crise de raiva ciumenta, atirou-se ao solo num acesso de mau humor e foi um custo acalmá-la.

–Nunca falarei com ela, nem lhe darei minhas bonecas para brincar e não a quero no meu quarto!

A criança olhou para ela com olhos solenes e grossas lágrimas escorreram dos seus olhos e caíram no chão. No dia seguinte, hastes brotaram onde as lágrimas tinham caído. Imensas flores amarelas cresceram no jardim e desabrocharam em cor e perfume. Ali permaneceram por anos, sem nunca murchar, enchendo o ambiente da sala acanhada de uma luz tão peculiar que quem a ali entrava saía com a sensação de que o mundo poderia ser um lugar bom para viver. Os pais receberam aquilo como uma revelação, um sinal divino e concluíram que estavam predestinados a amar e proteger a menina como um presente dos céus.

Ao verem Angelina chorar após as palavras de Cacilda, os pais reclamaram com a filha, deixando-a de castigo no quarto para que aprendesse a ser mais afetuosa com a menina.

–Ela agora é sua irmã, quer queira ou não, e nós já a amamos como se fosse nossa.

Cacilda olhou Angelina com ódio, num esgar que lhe deformou as feições perfeitas. Possuía um rosto desenhado como um camafeu, com olhos azuis profundos, pele branca e acetinada, cabelos louros cheios de cachos como o dos anjinhos nas igrejas. Gritou novamente que não a queria e foi se trancar no quarto de onde somente saiu três dias depois, após súplicas dos pais e dos irmãos e premida pela fome. Nunca dirigiu sequer uma palavra amigável à irmã impingida, nem jamais lhe dedicou um gesto de afeto enquanto viveu.

A menina adaptou-se rapidamente, em poucos meses andava pela casa saltitando e seu riso, como o dos passarinhos, era de gorjeios. Encantava quem a via pela beleza dos magníficos olhos profundos e pelos cabelos negros que flutuavam ao redor do corpo mesmo com o ar parado, sem nenhuma brisa. Nunca mencionou de onde veio, nem quem eram seus pais. Aos seis anos, contou à mãe que sonhou que morreria a avó materna num acidente doméstico e a mãe a repreendeu. No dia seguinte a avó, que estava de visita há algumas semanas, escorregou no quintal; caía uma chuva fina e gelada naquele começo de outono quando saiu para alimentar as galinhas; bateu com a fronte no degrau da escada do galinheiro e morte instantânea. Durante a comoção que se seguiu, a mãe e as tias desesperadas, não se lembraram dela ter falado, *sonhei que a vovó Celestina saiu de manhã na chuva para encher os bichos com penas de grãos; a pedra da chuva lisa quebrou a cabeça; a água ficou vermelha e nunca mais será ela.* Num só fôlego, a boca flácida deixou escapar as palavras, enquanto os olhos permaneciam estáticos, fitando alguma sombra que permanecia escondida de todos atrás de alguma porta ou esgueirando-se colada à parede. Era um detalhe que devia confundir as pessoas, pois tal como uma pequena pitonisa falava por enigmas na sua linguagem infantil, o que melhorou com o tempo. Poucos meses depois do acidente com a avó, levantou-se no meio da noite, sonolenta e parada na porta do quarto dos pais que sempre ficava aberta, à luz fraca do corredor da velha casa, balbuciou: – *Os olhos verdes vão se apagar.* Após falar isso desmaiou nos braços do pai que correu para acudi-la, enquanto seu corpo se contorcia em convulsões. A família ficou apreensiva na semana que se seguiu, falavam em murmúrios, sobressaltavam-se ao menor ruído; a mãe chorava escondida ao pé do fogão, o pai com um músculo contraído no rosto, não tirava os olhos dela, num misto de amor, receio e compaixão.

As profecias dos sonhos de Angelina não demoravam a se realizarem. Os irmãos, com exceção do mais novo que a adorava, tornaram-se cada vez mais distantes; afinal, ninguém gosta de ter por perto olhos que anunciam os malefícios que consomem os seres humanos quando se descobrem mortais.

O irmão mais novo era um menino calado e introspectivo que olhava o mundo através de uma janela de fantasia. Contemplava solenemente a natureza como se lamentasse um dia ter de abandonar a visão do azul do céu, o cheiro de chuva na terra molhada, o barulho do vento zumbindo no telhado nas noites de inverno. Possuía uma grande ternura pelos animais. Em pequeno chorava a cada vez que a mãe tinha de matar um frango para o jantar. Pior ainda quando era um pequeno leitão, criado ali mesmo no quintal ou um peixe pescado na represa da fazenda, que vinha no embornal dos irmãos mais velhos, rabeando, as escamas prateadas brilhando ao sol. Santiago chorava ao vê-los morrer e se recusava a se sentar à mesa. Ia até o pomar em busca de frutas, à horta atrás de legumes e à floresta para apanhar o mel que as abelhas depositavam em suas mãos sem nunca picá-lo. Amou a pequena irmã desde que a viu; o rostinho molhado de chuva, indefesa, parada na

214 | O Sangue das Almas

varanda de sua casa naquela noite de tempestade tão forte que derrubou até velhas árvores, os olhos brilhando na escuridão e os cabelos, mesmo molhados, flutuando ao redor do corpo. Tomou-se de um amor tão devotado como se fossem do próprio sangue. Indiferente para com os irmãos mais velhos e para com a linda irmã de olhos azuis, sempre à frente do espelho, olhando-se e penteando-se, embevecida e enamorada da sua beleza, Santiago vivia apartado dos membros da família. Cuidava dos animais na fazenda, salvava formigas de morrerem afogadas nas poças d'água após a chuva, libertava besouros e mariposas da luz do lampião a querosene. Costumava tirar passarinhos das armadilhas, limpar as feridas dos cães que giravam ao seu redor durante todo o dia, e à noite, impedidos de entrar em casa, soltavam uivos tristes de saudade que só paravam quando ele vinha pacientemente falar com ele e afagar suas cabeças instando-os a se calarem. Era o amor maior de Lucinda que tinha por ele uma afeição tão profunda que poderia até provocar ciúmes nos outros filhos, se estes não estivessem tão voltados aos seus próprios interesses. Os gêmeos João e Joaquim brincavam juntos a inventar novas travessuras; Cacilda sempre a escovar os cabelos em frente ao espelho ou fazendo cremes de mel e limão para clarear ainda mais a pele, colocando rodelas de pepino no rosto, compressas de água de alfazema sobre os olhos para deixá-los brilhantes e sem olheiras.

Santiago tinha nascido quando Cacilda estava com dez anos e os gêmeos oito, sendo quase da mesma idade de Angelina; um nascimento inesperado, quando o casal não pensava mais em ter filhos. Lucinda amava os filhos com um amor distante, incompleto; eles não eram o que ela precisava para derramar seu amor irrestrito. Distantes dela e de seu natural afetuoso e meigo, mesmo a filha era álgida, deslumbrada desde pequena com a própria beleza, esquecida de outra coisa que não de si mesma, tal qual um pequeno narciso pendendo a haste delicada para mirar-se no lago. O menino não esperado veio atender àquele afeto derramado que as mães costumam ter para alguns filhos; inundou seu coração de um amor intenso desde o dia que lhe colocou os olhos pela primeira vez e se debruçou sobre a ternura daqueles olhos verdes. Sentiu crescer dentro de si um amor tão envolvente, tão genuíno que a partir desse dia perdeu o sossego e a paz com medo de perder a razão de sua vida. O amor em excesso traz em si o germe da inquietação e instala no peito de quem ama demasiadamente a aflição pela segurança e pela vida do ser amado. Lucinda rodeava o menino de cuidados, de afagos, de amor total, esquecia-se dos outros filhos e do marido, embevecida com a criatura que gerou e que veio preencher sua vida; mesmo a chegada inesperada de Angelina na família não removeu um centímetro suas preocupações com Santiago e era com agrado que os via juntos, salvando pequenas criaturas e se alimentando de frutas e mel.

✳✳✳✳

Maria Clara tem os olhos apagados e sua cabeça está pendida sobre o regaço. Está tão quieta que parece dormir. Laura e Serena ficam na dúvida se devem sair e se despedir.

–Continue! Laura pede com voz trêmula.

–Nunca me visitam e vivo muito solitária. Rever vocês é como recuperar os tempos em que era possível ser feliz. Por estou falando tanto, me perdoem.

Fica um tempo calada. Depois diz:

–Sua mãe, Aída, veio de um lugar muito distante, sabia? Ela nunca foi uma de nós. Era como um tesouro que tinha de ser mantido escondido. Seu pai sempre foi louco por ela.

–Pode ser. Na voz de Laura há rancor e Serena a fita curiosa.

–Acredite em mim, Laura, ele sempre a amou, mas era um homem devorado pelo ciúme.

O coração de Laura bate forte no peito. Será que iria descobrir alguma coisa a respeito de seus pais? De entender por que tudo aconteceu? De por que perdeu a infância naquela noite de trovões e morte?

Serena parece pálida e Laura aperta sua mão. Pede para pegar um copo d'água; quando volta, Serena está perguntando a Maria Clara o que havia sido feito do famoso enxoval, que tanto apreciaram em crianças. Laura a olha com advertência; não sabe se Maria Clara quer

216 | O Sangue das Almas

tocar nesse assunto, após tantos anos. Mas, também está curiosa. O baú de madeira permanece ali num canto da sala, coberto com uma colcha de crochê e vários porta-retratos antigos parecem vigiar seu conteúdo, fotografias onde rostos também antigos fitam o nada, vindos de um passado que virou poeira.

****

Havia chovido muito durante a noite e Santiago levantou-se muito cedo; precisava cuidar dos animais, como sempre fazia e depois iria arar a lavoura com o novo trator adquirido pelo pai. Pela primeira vez Antenor permitira que ele o fizesse, pois era tarefa dos irmãos. Os gêmeos não gostavam de acordar cedo, nem da vida no campo; esperavam apenas ter idade para saírem em busca de emprego e aventuraras. Antenor decidiu que o menino mais cedo ou mais tarde teria de substituí-los na lavoura; dirigir o trator era tarefa fácil, mas cuidadosa. Santiago era prudente e confiável, assim permitiu que naquela manhã chuvosa ele cuidasse de revolver a terra para o plantio do milho, aproveitando que o solo molhado recebesse as sementes e as abrigasse para a futura colheita. Santiago estava feliz; sentia-se bem ao despertar para o amanhecer e ver o dia se abrindo em cores e vida. Sentou-se no trator e alegremente, o colocou nas trilhas escorregadias; a chuva havia parado e o dia límpido tinha cheiro de mato e umidade. Após duas horas, parou o trator e desceu para descansar a sombra de uma árvore para comer o almoço preparado com carinho pela mãe. Distraído com o canto de um pintassilgo num galho baixo, esqueceu-se de puxar o freio de mão; parada num pequeno declive, a máquina começou a mover-se lentamente. Santiago comeu o almoço embevecido com a beleza ao seu redor e deitou-se por alguns instantes, o chapéu sobre os olhos para um rápido cochilo. O trator deu um solavanco e a roda pulou sobre seu peito. Ficou preso por horas a fio, enquanto o sangue corria lentamente, alternando períodos de inconsciência e lucidez, até que a mãe, no final da tarde, preocupada com a demora, foi procurá-lo. Bastou ela chegar para que os magníficos olhos verdes a olhassem com amor antes de se apagarem com um suspiro. A mãe ficou ali aos gritos, com o avental ensanguentado, amparando a jovem cabeça sem vida até que os outros chegaram. Continuou gritando nos meses que se seguiram, sem comer e sem sair do quarto, onde as janelas permaneceram fechadas, para a chuva e para o sol, para o dia e para a noite, para o frio e para o calor. Gritou ininterruptamente e só parava quando, exausta, dormia sem perceber nas benditas e raras horas de alívio para todos; assim que voltava à realidade e instantaneamente lembrava-se do acontecido, mal saía do abençoado esquecimento do sono, recomeçavam os gritos. Quando completou dois anos da morte do filho, seu amado e preferido dentre todos, ela levantou-se do leito onde jazia em prostração e foi para a cozinha cuidar do serviço doméstico. Estava magra e abatida, mas os olhos permaneceram secos e nunca mais chorou enquanto viveu, apesar do que ainda viria a sofrer nos anos que lhe restaram. Nesses anos, fechada na escuridão do quarto, sem nunca abrir a janela e ver a luz do sol, havia perdido todos os dentes e os cabelos, antes negros e luzidios, tornaram-se brancos e opacos. Em seus olhos, um furor demente a fazia maltratar a todos que dela se aproximavam e assim permaneceu até sua morte.

Angelina passou esse período do luto e do recolhimento da mãe, calada, brincando com suas bonecas e sonhando com seus amigos do além, que após a morte do irmão passaram a lhe fazer companhia, compadecidos dela e de si próprios, exigindo atenção, querendo saber notícias dos vivos. Ela não lhes fazia muito caso, ocupada em plantar sementes de flores no jardim, nos vasos, na sepultura do irmão, nos caminhos onde ele andava e no lugar onde havia morrido. Fazia isso para chamá-lo e lhe reafirmar o seu amor. As flores inundavam todos os lugares de beleza, mas ele nunca veio, sofria demais com os gritos da mãe a chamá-lo e com suas lágrimas que escorriam pelo vão da porta, desciam pelos degraus da varanda e iam, como um pequeno rio, lentamente até sua sepultura, penetravam pela laje e lhe molhavam o corpo que ficava com frio, cada vez mais preso a terra, amarrado pela dor da mulher em luto, imune a qualquer consolo, a qualquer lampejo

218 | O Sangue das Almas

de conformação. As lágrimas de Lucinda, ao molharem as flores que Angelina plantava, punha nelas um toque de irrealidade e estas, além do perfume, também emitiam sons sussurrantes que se infiltravam pelas paredes nas noites quentes de verão e se elevavam acima do barulho das chuvas. Num dia claro de primavera, as vozes das flores chegaram até Lucinda prostrada no seu leito de desconsolo e ela ouviu a voz do filho que lhe implorava: – *mãe, eu preciso descansar e seu pranto é tão triste que não me deixa dormir, me deixe mãe no meu sono com os anjos do além, eu quero escutar suas trombetas e seus soluços me fazem também chorar, me deixe mãezinha, seu amor está aqui comigo e nunca sentirei fome ou frio, me deixe mãe, não chore mais, em breve nos veremos, você vai me tomar nos braços como quando eu era pequenino e vai apertar meu rosto em seu seio e juntos dormiremos em paz, mas, pare de chorar, eu lhe imploro, preciso ter forças para ficar aqui esperando por você, para não desatinar e me perder no umbral onde vão as almas sem luz.* Quando Lucinda reviveu e saiu do quarto, onde deixou enterrada sua dor, após ouvir a voz do filho sussurrada nas flores, Angelina voltou a ser alegre e falante como sempre. A mãe passou a olhar para ela com estranheza e tornou-se arredia ao seu contato, como se sentisse arrepios ao toque de seu corpo. Morta de saudades, não conseguia esquecer-se das palavras que lhe levaram o filho amado. A menina percebeu a frieza da mãe, os olhos desprovidos de amor, os braços ausentes de afagos e dedicou todo seu afeto ao pai. Enquanto desabrochava numa adolescência perturbada pelos sonhos, acordou de manhã, no dia do seu aniversário de doze anos, e olhou-o fixamente ao tomarem juntos o café da manhã.

O pai perguntou:

–Por que me olha assim, minha filha?

Sem sentir, com o rosto emitindo uma luz própria, as lágrimas a correr prateadas, manchando o vestido e não desabrochando em flores como da primeira vez, falou:

–Longe em breve, onde o afeto não mais existe! Com sua ausência vou viver sempre à noite, o sol não vai mais brilhar, nunca mais amor no meu coração frio.

O pai, que sempre acreditou nela, ficou pálido e largou a xícara sobre a mesa, lentamente. Os dois olharam-se e ele a estreitou num abraço onde já dava para sentir a saudade e a dor da separação. Não lhe fez perguntas, passou o dia pondo ordem nas coisas. Naquela noite, ficou ao lado dela por mais tempo, contou-lhe passagens da sua infância e juventude, como se com isso pudesse manter à distância a inimiga implacável que estava a aguardá-lo. Na manhã seguinte acordaram com os gritos da mãe ao lado do seu corpo gelado na cama, morreu durante o sono, tranquilamente, o coração apenas parou de bater. Após a morte do pai, Angelina recolheu-se ao silêncio, não mais saiu do quarto durante o dia e, à noite, quando todos estavam deitados, ouviam-na mover-se pela casa. Comia as frutas e legumes que apanhava no quintal; não mais fez as refeições junto com a família, nem lhes dirigiu a palavra, era como se tivessem deixado de existir para ela. A mãe, tardiamente, compreendeu o quanto a rejeitara após a morte do filho; a perda do marido a ajudou a se dar conta disso e se arrepender. Procurou de todas as formas reaver seu afeto, mas ela não lhe respondia, apenas a olhava com indiferença, estiveram por tempo demais separadas para que fosse possível preencher o vazio que se formou.

Quando estava com dezessete anos, sonhou com o pai que falou de sua tristeza por ela estar assim; implorou para que saísse da sua solidão e arranjasse alguém com quem ter filhos, para que sua vida não se passasse sem motivo. Quando ela concordou, deu um suspiro e disse que iria ficar por perto, caso ela precisasse; estava bem mais velho, com os cabelos quase totalmente prateados e tinha os olhos translúcidos como os dos cegos. Carregava nas mãos um livro de capa escura e perambulava pela casa, lendo ou sentava-se na rede da varanda e todos a viam balançar, mesmo sem brisa, mas somente ela sabia que ele estava lá, aguardando e velando. Do recolhimento absoluto, Angelina voltou a frequentar a família. Tornou-se uma linda mulher com cabelos negros e compactos que lhe desciam até a cintura e flutuavam ao seu redor, tão finos e abundantes eram. Quando havia brisa, envolviam seu corpo como uma nuvem de seda; seus olhos negros, à luz da lua emitiam um

220 | O Sangue das Almas

brilho tão forte que atraía os insetos e tinham o poder de iluminar os corredores escuros da casa. Os cabelos foram se aureolando por uma luz esverdeada e neles os vagalumes costumavam se enroscar para passar a noite, piscando suas pequenas luzes verdes e ela era toda luz e verdor, enquanto os mortos a acompanhavam, falando coisas em seus ouvidos. A família nada percebeu; nos últimos tempos mal olhavam para ela e quase nunca lhe dirigiam a palavra, temerosos dos vaticínios mortais. A mãe notou alguma coisa diferente, mas desde a morte do filho não fitava mais as pessoas nos olhos, para não relembrá-lo e voltar a sofrer. Deixou-a ficar em sua solidão, acompanhada apenas pelos tristes fantasmas que arrastavam suas mortalhas sujas de terra e davam gemidos queixosos para chamar sua atenção e receber um pouco de seu afeto quando com eles sonhava, que ela ora lhes distribuía generosamente, ora recusava, caprichosa, rindo de seus lamentos.

Os gêmeos casaram e foram morar em outra cidade. Nos primeiros anos apareciam todos os meses para ajudar a mãe com a fazenda. Com o tempo, envolvidos com as próprias vidas, deixaram de vir e foram esquecidos. Na casa, três mulheres desfilavam suas dores. Lucinda vivia pelas lembranças, sempre abraçada à foto do filho morto; Angelina, envolvida com seus fantasmas, imersa em sonhos e vaticínios, mal era vista na casa, sempre no campo, acompanhada pelos animais domésticos e silvestres; Cacilda, aos trinta anos, era uma solteirona ressentida, o corpo sacudido em tremores, os lábios apertados de despeito e amargura com a vida que levava. Linda na infância e deslumbrante na adolescência se tornou arrogante, orgulhosa de sua beleza. Seu maior sonho era casar e ter filhos, mas a famosa beleza de outrora feneceu aos poucos e impediu a realização de seus desejos. Ninguém nunca conseguiu entender como uma jovem tão linda ficou daquele jeito; só ela e Angelina sabiam.

Quando o pai morreu, pouco sentiu a perda, era egoísta e estava enamorada de si própria e do corpo que despontava radioso, para prantear quem quer que fosse. Fitou o pai indiferente no caixão de madeira escura e quando seus olhos se cruzaram com os de Angelina, que sofria desatinadamente, esta sentiu a sua indiferença e a odiou por sua vaidade e insensibilidade. Na noite do velório de Antenor, havia um luar maravilhoso, como ele gostava; Cacilda não quis macular sua beleza no interior sufocante da sala, nem manchar os cabelos louros com a fumaça das velas e saiu para o jardim. Fitou a lua, deixou os raios de prata inundarem de luz seu rosto perfeito e, esquecida do ser que a gerou, deitado morto num caixão, murmurou: *serei mais linda do que você está nesta noite!* Angelina ouviu seus murmúrios, nos quais não havia sequer laivos de dor pela perda do pai; deixou que sua raiva caminhasse em seu encalço e a enleasse como uma névoa fria. Embevecida consigo própria e com seus sonhos, Cacilda pouco sentiu o frio que a atingiu. Um fio de névoa se embrenhou por sua pele de marfim, deslizou pelas costas acetinadas e penetrou nos músculos, nos ossos, em todo seu sangue. Nas semanas seguintes sua beleza foi se acabando e desbotou como madeira ao sol. Os olhos azuis como safiras perderam a cor e diluíram-se num cinza indefinível, opaco e sem vida; os cabelos cor de ouro se pintalgaram de branco enquanto rareavam e caíam em profusão; ela toda ficou cinzenta, das unhas dos pés às orelhas, aos membros e todo o corpo. Seu coração, que nunca fora compassivo, endureceu ainda mais; o fel da amargura, a cada noite em que se revirava na cama, tentando entender a estranha metamorfose, lhe subia ao rosto e continuava a destruição. A melancolia e a revolta punham manchas escuras na pele, tiravam a cor das faces, o torneado dos lábios, a harmonia do corpo; acordava a cada manhã para um pesadelo renovado. No momento em que se olhava no espelho, procurava ansiosamente o rosto antes maravilhoso e deparava-se com a imagem grotesca, incongruente, o nariz imenso numa cara onde a pele era grossa e salpicada de imperfeições. Soltava uivos lancinantes como um cão para a lua e mergulhava no mais profundo e desesperado pranto. Alimentava com seu ódio os fluidos malignos que circulavam por seu sangue, fortalecendo-os ainda mais, deixando-os cada vez mais vorazes a se fartarem dos últimos vestígios de sua antiga beleza.

Na manhã em que Angelina, cada vez mais radiosa após seu longo confinamento em luto pelo pai, saiu do quarto, a irmã, esparramada numa cadeira, olhou para ela assombrada. A garota chorosa de anos atrás se havia transformado numa mulher incrivelmente bela; sua presença acentuava ainda mais sua feiúra e, imediatamente, passou a odiá-la com maior crueldade, a pele verde pela inveja, o coração duro de ciúme. Para Lucinda, repelida por Cacilda e sem notícias dos filhos, restou apenas a menininha que acolheu numa noite de tempestade na porta de sua casa. Assim que se abraçaram, Angelina percebeu que a mãe iria embora logo depois do Natal. Conseguiu disfarçar a tristeza que dela se apossou; dedicou-se em rodear a mãe de afeto e atenção nos meses que se seguiram, o que despertou ainda mais a inveja da irmã, seu ciúme doentio e ódio, que a cada dia se tornavam mais mortais. Em novembro, quando os dias já estavam insuportavelmente quentes, a irmã avançou para ela, inexplicavelmente, as unhas em riste, no intento de rasgar-lhe a pele e furar-lhe os olhos, enlouquecida com seu semblante de sonho em contraste com o pedaço de horror que ela se tornou. Angelina apenas ergueu as mãos e permaneceu parada, olhou-a fixamente, os olhos negros emitindo sua luz peculiar. A irmã parou a poucos centímetros de seu rosto e num grito rouco, saiu em louca disparada pelos campos, arrancando as vestes e os fios de cabelos que restaram no crânio quase nu; enquanto corria esmagava sob os pés flores e insetos que soltavam gritos de dor. Atirou-se na represa que fornecia água potável à fazenda, envenenando-a com seus maus fluidos; os animais que beberam da água ficaram doentes e morreram. Naquela manhã, Angelina disse para a mãe: – *A maldade é feia e se limpa na água, mas causa males aos que a bebem.* A mãe estava velha e meio surda, se entendeu não deu mostras disso e continuou a amassar o pão com as mãos onde veias grossas se sobressaíam na pele, cada dia mais indiferente à vida e às suas dores. Quando, no dia seguinte, trouxeram o corpo inchado da irmã, a mãe ficou em silêncio, incapaz para sempre de derrubar lágrimas e pensando no seu íntimo que foi melhor assim.

Após o Natal, que nunca foi tão quente, sem uma gota de chuva ou uma brisa que refrescasse a noite, a mãe mais uma vez recolheu-se ao quarto. Os dois irmãos, que haviam se tornado quase estranhos, vieram para ver a mãe. Não sabiam bem o que fazer com a velhinha excêntrica, meio louca e com aquela irmã adotiva de radiosa beleza e tão estranha. Uma noite, permaneciam calados e desconfortáveis na sala de estar, enquanto aguardavam a hora de recolher-se, os irmãos viram que Angelina empalideceu e lágrimas profundas escorreram por sua faces. Na manhã seguinte, a mãe não desceu para acender o fogão, como o fizera durante todas as manhãs da sua vida. Os irmãos entraram no quarto e encontraram-na deitada na única cama que conheceu após adulta, as mãos em cruz sobre o peito e um meio sorriso nos lábios. Angelina, soluçante aos seus pés, derramava lágrimas que empapavam os lençóis. Após o funeral, os irmãos permaneceram alguns dias agoniados, hesitantes quanto ao destino a dar à irmã adotiva. Descobriram que não podiam levá-la com eles; as esposas, assim que a viram, foram tomadas de um ciúme violento e não ousaram contrariá-las, com medo das faces retorcidas de inveja. Angelina disse-lhes para sossegarem, venderiam a fazenda e dividiriam entre os três; ela iria embora para alguma pequena cidade, pois queria mudar de vida e esquecer tudo. Aliviados, os dois concordaram e, dias depois, com tudo resolvido, foram cada um para seu lado e nunca mais se viram pelo resto de suas vidas; não tinham mais nada que dizer um ao outro, todos os laços haviam se rompido em definitivo.

Angelina arrumou as malas, pegou fotografias do pai, da mãe e dela própria quando era menina, queimou as restantes e todas as lembranças da família; foi embora sem um único olhar para uma parte da sua vida que se encerrava. Os velhos fantasmas ficaram perdidos no interior da casa, vendo-a partir. Angelina estava com dezoito anos, tinha dinheiro suficiente para viver razoavelmente bem e sentia-se livre pela primeira vez na vida. Sabia que não havia volta. Olhou para a estrada à sua frente, decidiu que tinha demasiadas coisas para fazer e partiu com os cabelos negros flutuando ao vento quente de janeiro, sentada confortavelmente na pequena charrete que lhe coube como parte da herança, puxada por um alazão robusto. Deu um sorriso feliz, enquanto respirava avidamente o ar úmido da manhã, esforçando-se para não cantar de alívio por conta do luto recente; o rosto estava belo como jamais o fora e parecia cada vez mais jovem.

****

– Quando seus pais chegaram a Manduri vocês eram ainda muito pequenas, mas devem se lembrar da mudança, disse Maria Clara. Serena disse que não lembrava, a não ser quando chegaram e viram aquele pomar tão cheio de pássaros e frutas. Laura tinha marcado na memória os dias de dor e desespero de uma mulher que ia ser abandonada; se lembrava da voz de doçura e das mãos macias afagando seu rostinho magro, a tentar lhe dar consolo e afastar seu medo. Lembrava-se da estrada de poeira amarela, do caminhão de mudança que sacudia e desprendia uma fumaça negra e oleosa; das mulheres esquálidas na Rua do Sapo e das crianças com ar faminto que seguiam o caminhão; lembrava-se da beleza da mãe que encantava a todos que perto dela chegavam e, lembrava-se ainda mais, *que sentimentos são como lâminas, que cortam fundo, que beleza demais faz sofrer.*

– Ainda não entendi quem era Angelina, murmurou Laura. Nem o que sua história tem a ver comigo e Serena. E essa coisa maluca de sonhar e falar com os mortos que anunciam desgraças, me arrepia, que lúgubre! Não sei se posso acreditar nisso!

Não tinha memória de seus dias de infância, os havia enterrado muito fundo. Ela não mais acreditava em espíritos, em mortos ressurgidos, em fantasmas em mortalhas, em anjos ou demônios; como não acreditava, eles não existiam. Sua vida era indefinível; suas crenças eram reais, não era mais inocente das coisas do mundo. Sob sua pele dura e sua fé errática, havia uma mulher que se recusava as ilusões; nisso era diferente de Serena.

– Tenha mais paciência, menina, respondeu Maria Clara, num tom que lembrava a antiga professora de crianças; já lhe contarei tudo e você saberá mais sobre seu passado e o de seus pais, esta é sua única oportunidade. Ouça o que tenho a lhe dizer, certamente nunca mais nos veremos, estou velha, doente, em breve irei ao encontro de minhas irmãs.

****

Após deixar entre ela e a fazenda a maior distância possível, Angelina chegou à uma pequena cidade que não tinha mais do que dois mil habitantes, contando a zona rural nos arredores. O lugar chamava-se Vila do Rio Dourado, por conta de um rio piscoso que contornava o lugar e era tão cheio na época das chuvas, ali sempre chovia, que isolou o povoado do resto do mundo. A jovem vivia sozinha e estava feliz numa casa rodeada de varandas e de flores, onde abelhas e borboletas pousavam durante o dia, e desprendiam um perfume intenso à noite; que penetrava pela casa toda e a fazia dormir um sono sem sonhos. A casa possuía dois quartos; na porta da frente ela dependurou uma tabuleta de *aluga-se*, para algum viajante esporádico. No seu aniversário de vinte e seis anos sonhou com o pai pela primeira vez, desde que o vira na janela da fazenda a consolar a irmã feia encharcada pela água verde da represa. O pai a olhava e percebeu que estava aborrecido com sua solidão. No sonho ela lhe disse, *amanhã terei alguém comigo, não se apoquente por minha causa*. O fantasma do pai sorriu e ela sentiu o beijo frio na testa, antes dele afastar-se.

No dia seguinte logo pela manhã, ela ouviu baterem à porta. Um homem alto de olhar sombrio perguntou-lhe educadamente se tinha algum quarto para alugar, chegara havia pouco e queria um lugar para ficar até que achasse uma casa. Ela disse que sim e ele entrou, para nunca mais sair da sua vida. Chamava-se Eduardo e foi o único homem que poderia ter amado. Eduardo era encantador, apesar de taciturno, se é que essas duas qualidades podem coexistir ao mesmo tempo num homem. Mantinha-se calado a maior parte do tempo, o olhar distante, um ar amargurado como se alguma coisa muito o entristecesse. Não falava sobre si, nem o que fazia, nem de onde vinha, porém pagava pontualmente pelo quarto e pelas refeições que ela lhe preparava com cuidado, um pouco temerosa com seu jeito fechado. Possuía uma beleza viril e dura, os lábios finos, a testa alta, ombros largos, cabelos negros ondulados, o sorriso raro e, por isso mesmo, muito atraente. Acordava pelas manhãs, calado; conforme o dia avançava relaxava e até sorria algumas vezes; após o almoço ia caminhar até o rio que descia preguiçosamente entre as margens distantes coalhadas de árvores densas. Sentia-se fascinado pelo rio e em pouco tempo começou a pescar, talvez isso o tenha impedido de atirar-se nele nos dias de maior desgosto. Era um homem melancólico por natureza, a perda dos pais em tenra idade o fizera vaguear de um lar para outro acolhido por parentes contrafeitos com mais uma boca para alimentar; cresceu sem afetos, sonhos e esperança. Assim que foi possível saiu de casa do último primo da mãe; um homem cruel que o acolheu de má vontade e costumava espancá-lo. Tinha concluído o primário com dificuldade, pulado de uma escola para outra, mas conseguiu aprender a ler e escrever, o que aperfeiçoou com o tempo. Adquiriu alguns conhecimentos que lhe permitiram trabalhar em serviços diversos até chegar a Manduri. Em pouco tempo conseguiu emprego num escritório de contabilidade local e foi adaptando-se ao lugar, retraído ao extremo. Encontrava o maior prazer em passar os domingos à margem do rio com a vara de pescar na mão, o cigarro dependurado dos lábios e uma garrafa de água para ajudar a descer o pão com uma grossa fatia de queijo de cabra que Angelina lhe preparava. Voltava ao cair da tarde quando os pernilongos tornavam impossível permanecer perto do rio, com uma cesta de vime carregada de peixes que lhe entregava silenciosamente; ela, imediatamente os limpava, salgava, colocava bastante alho, limão e os fritava na frigideira no fogão a lenha; o servia sobre a mesa de tábuas nuas, sentava-se com ele e comiam os peixes num silêncio confortável, à luz do lampião de gás rodeado de insetos. Ao terminarem davam boa-noite e se recolhiam, cada um com seus pensamentos, Eduardo imerso em melancolia por terminar um dia perfeito, Angelina rodeada pelos vagalumes e mariposas de asas negras que, principalmente aos domingos, grudavam-se a ela e acompanhavam-na até a hora de dormir.

Passaram-se vários meses e Eduardo mantinha a mesma rotina, sem falar em procurar casa; pagava Angelina pontualmente e era respeitoso para com ela, não dando margem às más línguas. Se os vizinhos achavam estranha aquela coabitação, não se manifestavam, afinal estavam acostumados às agruras da vida. No último domingo antes de se iniciarem as chuvas de dezembro, Eduardo foi pescar e estava animado como nunca, chegou mesmo a ensaiar alguns desajeitados assobios enquanto se dirigia ao seu lugar favorito à beira do rio que lhe correspondeu a animação e deu-lhe os peixes maiores e mais difíceis de pegar, o que o animou ainda mais. Voltou à noitinha e Angelina o esperava como sempre. Assim que os peixes ficaram prontos sentaram-se para comer num quase silêncio, como sempre o faziam. Ao final, quando ela preparava-se para lavar os pratos, ele disse simplesmente: – Quero *que se case comigo;* ela respondeu: – Falaremos *amanhã.* Deram-se boa-noite e foram aos seus quartos; casaram-se dois meses depois. Eduardo encomendou ao carpinteiro uma grande cama de casal e trocou o colchão; ela renovou as penas de ganso dos travesseiros, costurou novos lençóis, prendeu cortinas de rendas nas janelas e encerou o assoalho de madeira de toda a casa. Angelina aconchegou-se nos braços do marido e fizeram amor, ele terno e ávido, ela ofegante de um prazer jamais sentido. Os cabelos se esparramaram pelas almofadas e os olhos jorravam a sua luz mais profunda; enlaçou o corpo do marido com pernas de cipós, fortes e firmes, apertou-o de encontro ao corpo, fundiu-se nele num abraço único até sentir sua semente jorrar dentro de seu ventre e ali se aninhar, formando uma nova vida.

As noites de amor se sucederam e foi um período feliz para Angelina e Eduardo. Quando ela anunciou que esperava um filho, pela primeira vez, desde que se conheceram, o viu dar uma alta risada e até assobiar durante o dia. Com o passar dos anos, Eduardo voltou ao seu natural estado taciturno; ignorava a mulher e a filha pequena, passava as horas de folga na beira do rio, sentado nas pedras com seu permanente cigarro, atormentado pelas lembranças da infância que se agarravam a ele como nódoas escuras. Na volta para casa parava no bar da vila e tentava esquecer sua dor na bebida. Angelina tinha que sair da cama para lavá-lo, colocar-lhe o pijama limpo e acomodá-lo no leito para um sono sem sonhos, pesado de álcool. No dia seguinte ele acordava com os olhos inchados e vermelhos, chorava arrependido e prometia não mais beber. A promessa durava apenas enquanto ainda sentia os efeitos do álcool, ao final da tarde, de novo lá estava ele, olhando para o rio, o desespero no olhar, nas mãos o tremor das poucas horas de abstinência. Uma noite não voltou para casa e no dia seguinte, seu corpo inchado boiava na água, meio comido pelos peixes, os olhos atormentados a fitar o céu que não mais veria. Naquele ano, o rio transbordou do seu leito, inundou casas, plantações, matou animais e arruinou o povoado. O verdor do mofo impregnou as casas, rompeu assoalhos e rachou as paredes que desabavam inesperadamente durante a noite. As pessoas desconsoladas olhavam o céu de onde não caía uma gota de água e mesmo assim o rio subia, até que subitamente cessou, quando trouxeram um padre da cidade vizinha e ele despejou no rio trovejante um litro de água abençoada e recitou orações em latim. Quando trouxeram o cadáver inchado de Eduardo, Angelina olhou o corpo amado; o rio havia soprado em seus ouvidos palavras de desesperança que falavam da inutilidade da existência, do vazio dos dias na vida dos homens e lhe acenou com o repouso no seu leito, numa cama confortável de areia, ouvindo apenas o barulho das águas e o borbulhar dos peixes. Aída, a filha dos dois, tinha apenas seis meses quando isso aconteceu.

****

Maria Clara levantou-se com dificuldade da cadeira para lhes fazer um chá; Laura e Serena estavam mudas. A história da avó, cujo lindo rosto estava perpetuado numa foto desbotada, mantida escondida entre as roupas da mãe, sempre foi para elas um mistério. A irmã estava trêmula e em seus olhos as lágrimas iniciaram seu indeciso bailado antes de caírem. Maria Clara voltou com lindas chávenas antigas repletas de um líquido quente e perfumado.

–Vocês precisam ouvir toda a história antes de irem embora para viver suas vidas. Principalmente você, Laura, para que possa entender. A minha vida acabou, pouco tempo me resta, mas preciso lhes contar tudo.

Sentou-se novamente com um gemido. Precisava terminar a história que há anos guardava presa em sua alma. Ainda havia mais, muito mais.

Antes de nós, houve duas existências delicadas, pensou Laura, que mal tocaram essa vida. Não tiveram nada, a não ser a dor; viveram num vácuo, onde nem havia fôlego para pensar. Vidas inventadas para servir, vidas que não desabrocharam e nem terminaram como devem terminar as vidas de todos, sem luto, sem mágoa; vaga existência vazia sem o abraço do aconchego da velhice, das almas habitadas. Vidas apenas supérfluas, sem sons apocalípticos, sem a grandeza que deveria habitar cada alma humana; almas em sangue encharcadas, lutando para sair de si.

****

Após enterrar Eduardo, Angelina continuou sua vida. Precisava criar sua filha. Quando Aída tinha dois anos, ela conheceu Latércio Gonçalvez, o maior plantador de café da região, homem rico e habituado a conseguir o que queria. Apaixonou-se por Angelina assim que a viu numa festa do santo padroeiro, à qual havia destinado uma enorme soma de dinheiro. Aquela mulher séria, vestida de negro, tendo nos braços uma filhinha, o atraiu irresistivelmente. Rodeou-a de atenções e presentes, quanto mais ela resistia, mais se enamorava. Disse a ela que não poderiam casar-se oficialmente, pois, foi casado por muitos anos atrás e a mulher sumiu um dia sem deixar rastros. Queria lhe oferecer um lar, segurança para ela e a menina. Os dois nunca se amaram verdadeiramente, mas pensavam que poderiam costurar os retalhos de suas vidas e viver em paz. Um plano que se revelou desastroso.

Latércio, traumatizado pela fuga da primeira mulher, projetou em Angelina seu ciúme e insegurança. Fosse ela menos bela, talvez fosse possível a vida em comum. Porém, a beleza de Angelina resistia ao passar dos anos e se tornava cada vez mais esplendorosa; inocente, ela caminhou para sua gaiola dourada que era como uma armadilha. Rodeada de riqueza, sentia saudades da linda casinha onde viveu com Eduardo, seu maior amor. Chorava sozinha no quarto que compartilhava com aquele homem rude e tão pouco amado. Preocupada com o futuro da filha, deixou-se envolver pelos seus apelos de homem solitário.

Um homem que odiava o mundo e as mulheres; rapidamente sucumbiu ao inferno da vida em comum.

Quando Aída completou sete anos, Latércio mandou-a para o colégio interno na cidade grande, apesar das súplicas de Angelina; nunca aceitou com bons olhos aquela filha de outro homem e queria, no seu ciúme possessivo, que Angelina fosse só dele. Iniciaram um embate, quase um duelo, que antes era refreado pela presença da menina; ele a desejava e espancava com a mesma intensidade; numa noite de álcool e ciúmes enfiou profundamente o punhal em seu peito. Livrou-se da prisão graças a caros advogados; a memória de Angelina foi enlameada, pois lhe atribuiu as mais torpes traições. Ao sair do colégio, moça feita, Aída voltou para a fazenda. Durante meses o olhou com ódio; seus olhos negros seguiam o padrasto por toda parte. Não pronunciava palavra, mas o rancor destilava de seus olhos como um miasma venenoso, até que ele o aspirou e feneceu entre dores, até que amanheceu cadáver; o cheiro nauseabundo que se desprendia de seu corpo impregnou a casa e seus arredores. Aída ficou sozinha, mas odiava a casa que, aos poucos, foi se desmantelou, envelheceu como uma pessoa, até quase virar ruína. Aos vinte anos conheceu Anselmo, funcionário do governo, que estava realizando uma medição de terra naqueles lados; em breve estavam casados. Mal sabia Aída, herdeira indiscutível da beleza da mãe que, assim como ela, também seria sufocada pelo monstro que habita o coração dos homens.

****

– O resto da história você já sabe, Laura. A vida que sua mãe levou com ele, a tortura do ciúme, a desconfiança que corroeu suas vidas até que ela não aguentou mais.

Maria Clara tinha os olhos molhados e seu rosto era quase cinzento. Percebia-se que estava doente e cansada. Era como se estivesse viva apenas para contar essa história, como se esperasse que um dia as duas irmãs chegassem, como realmente chegaram a Manduri; quarenta anos depois que suas vidas foram destroçadas e sua infância perdida.

Laura finalmente entendeu porque sentimentos são como lâminas que cortam fundo e fazem doer.

–Por que tantos ciúmes? A voz de Laura se estrangulava na garganta. E como sabe tantas coisas sobre nossos pais? Coisas que nós até hoje ignorávamos?

–Anselmo era um homem cheio de paixão; como todos os homens passionais, era prisioneiro de um ciúme doentio que o fazia cruel. Era sério e correto, mas o monstro do ciúme devorava sua alma e a fazia sangrar. Não podia confiar em ninguém, lhe sussurrava seu coração implacável; as mulheres traem e pecam, suspiravam os demônios em seus ouvidos. Aída e eu éramos grandes amigas; um dia ela me contou tudo, quando não suportava mais; e eu nada pude fazer para salvá-la. Maria Clara ficou alguns minutos em silêncio, como se lhe custasse tomar uma decisão. Como se as palavras fossem chamas que iriam queimar:

–Apesar do amor que sentia por sua mãe, ele desejava Cléo.

Ao dizer isso, suas mãos, onde grossas veias azuis se cruzavam, ficaram pálidas; como o rosto de Laura, como os lábios de Serena.

–Preciso lhe contar tudo, Laura, para poder morrer em paz.

Maria Clara iniciou um relato que guardou no fundo de sua alma por quatro décadas. Um relato que corroeu seu coração por anos a fio, enquanto vivia parcamente e esperava pela volta das duas meninas a Manduri. Sabia que um dia elas voltariam para visitar o túmulo de granito marrom e fazer as pazes com seu passado, se possível fosse. Quando terminou, Laura e Serena tremiam e dos seus olhos corriam grossas lágrimas.

23. O relato de Maria Clara:

Cléonice Felícia era filha de uma mulher que ficou famosa pelos lados das fazendas de café, Nena Pereira, uma mulata que se deitou com quantos homens quis. Antenor e Olinda vieram para Manduri para cortar os laços com o passado e preservar a menina. Todos nós pensávamos que era filha dos dois, embora nos espantasse sua beleza, tão em desacordo com a insipidez de Olinda. Vocês talvez se perguntem como eu sei de tudo isso. Muito simples; na noite em que ela morreu, enquanto os homens a procuravam entre os pés de eucalipto, Olinda soluçava em meus braços. No dia do enterro, Nena chegou de longe e pranteou com ela; no dia seguinte, no seu desespero, me contaram tudo. Passei com as duas a primeira noite após o enterro da menina e assim fiquei sabendo de uma história que nunca contei a ninguém. O que Olinda não sabia era que a filha tinha no sangue os mesmos desejos de sua mãe natural; não podia ver um homem bonito, que não o desejasse, mesmo sendo tão jovem. Quando Aída esteve no hospital para ter Eunice, lembra-se que Cléo foi dormir com vocês por várias noites, até que ela voltasse? Numa dessas noites, Cléo saiu silenciosamente da sua cama, sem que você e Serena percebessem e foi ao quarto de Anselmo. Deitou-se nua em sua cama, a cama que ele compartia com Aída. Que homem resistiria àquele corpo de deusa, àqueles olhos, àquela boca atrevida? Mesmo amando sua mãe, Anselmo não conseguiu; como sei de tudo isso? Sempre fui insone e nas minhas noites brancas, eu caminhava pelo jardim de casa para ver se me acalmava e conseguia dormir. A janela do quarto de seu pai estava entreaberta, fazia um calor terrível e a lua cheia iluminava cada canto das casas com sua luz prateada. Vi quando Cléo abriu a porta do quarto, e era linda como uma visão, com o luar iluminando seu corpo magnífico. Guardei para mim esse segredo. O que poderia fazer?

O relato de Maria Clara | 233

Contar à Aída, que já sofria tanto? Às minhas irmãs, cada qual envolvida em suas dores privadas? Falar com seu pai que sabia de seu pecado? Minha desgraça foi ter me calado, talvez hoje tudo fosse diferente. Ninguém, nem mesmo Açucena que a tudo via, soube o que se passou e após aquela noite, Anselmo entrou no seu inferno particular. Naquela noite de chuva, a Noite do Terror, em que ela morreu, que sua irmãzinha não acordou no seu berço, ele a seguiu pelo caminho de terra que levava à casa de César Augusto. Sim, César Augusto, meu noivo, o homem com quem eu iria casar. Como sei disso? Eu também a segui. Ah, a maldita festa de noivado, com todos murmurando ao meu redor, os olhares de compaixão, a maledicência mal disfarçada, os olhares sorridentes das minhas primas solteiras, os ais escandalizados das tias, as palavras carrancudas dos tios e primos, a tristeza de mamãe e de minhas irmãs. Pudesse eu apagar essa noite de minhas lembranças! Ainda hoje acordo tremendo quando me lembro do meu vestido singelo, dos rolos nos cabelos, do cheiro da comida, das peças do enxoval expostas à curiosidade e inveja de todas sobre minha cama de solteira. Maldita noite, maldita festa de noivado. Por que simplesmente não fui embora com ele para viver minha vida? Por que tive de querer contentar a todos? Não sabia que o feitiço de Cléo poderia tirar meu noivo de mim, como tirou Anselmo de Aída! Naquela noite, deixei todos na sala aventando mil explicações para o sumiço de César Augusto e fui para meu quarto. Tirei as peças do enxoval de sobre a cama e as guardei uma a uma no antigo baú de madeira. As toalhas, os lençóis bordados, as lindas camisolas de cambraia. Guardei as peças como quem se despede de sonhos acalentados; envolvi-as no papel celofane e as depositei no fundo do baú, sabendo que nunca seriam usadas. O enxoval eterno onde seis mulheres gastaram as mãos, os olhos e as esperanças; a tessitura de Penélope! Peças para sempre amaldiçoadas, panos sem serventia alguma. Tirei meu vestido, limpei o rosto do pó de arroz, escovei os cabelos; parecia que tudo fazia numa fluidez de sonho. Deitei-me e meus olhos estavam secos, sabia que mais uma noite branca me esperava, talvez agora todas minhas noites fossem assim, eternamente insones. Em dezembro faz sempre calor, mesmo com a chuva. O ar do quarto estava abafado pelas minhas lágrimas não derramadas; sobre meu peito um monstro verde fazia seu ninho. E na minha garganta seca havia pedras. Minha cabeça doía, era um martelar contínuo, assim como a dor na minha alma em sangue. Sim, as almas também sangram quando somos assim feridas, nós as mulheres, que tanto somos cortadas pelas lâminas dos sentimentos. O sangue, rubro, subia em gorgolejos das minhas veias e ricocheteava no meu peito, escorria pelas minhas pernas, pelas costas, latejava nas mãos. Meu corpo seria sempre de ausência. Sabia que ia viver e morrer como uma solteirona seca, que jamais conheceria o amor e o corpo de um homem. No fundo, bem no fundo, uma pequena esperança ainda teimava em surgir sorrateira, como uma minúscula serpente destilando seu veneno. Ah, se ele batesse à minha janela, eu não pediria explicações, eu não diria uma palavra, mas me atiraria em seus braços e iria embora com ele, sem noivado, sem aliança, sem casamento. Deixaria o maldito enxoval apodrecer no seu baú; iria alegremente ao encontro da vida! Minha placidez sempre foi externa, sou uma mulher de paixões que não foi agraciada com a beleza deslumbrante daquela menina, sua amiga, que ainda tão jovem já sabia enlouquecer os homens. No torpor do meu desatino, ao me levantar para beber um copo d'água, foi quando a vi. A chuva havia passado por alguns instantes e a lua surgiu de entre as nuvens para derramar sua luz prateada nas ruas, nas copas das árvores, no caminhar balouçante de Cléo. Uma mulher sorrateira indo encontrar seu amante? Na sua casa, as luzes estavam apagadas; vocês dormiam, sua mãe exausta adormeceu na cadeira, enquanto esperava seu pai; no quarto, Eunice, sua irmãzinha estava, como sempre, doente, com febre alta. Nossas casas sempre foram muito próximas, a rua estreita a tudo permitia ver do outro lado; vi Anselmo sair de um canto escuro silenciosamente em seu encalço. Então era isso? Iam se encontrar em algum lugar escondido, para se devorarem de beijos, enquanto Aída suspirava de preocupação pela filhinha? Meu ódio aflorou como um estranho sentimento, tão novo e tão antigo; iria desmascarar os dois, atirar no rosto de seu pai a sua hipocrisia, o seu desamor pela família; nesse ato me vingaria de César Augusto que me abandonou na noite de nosso noivado. Vesti-me às pressas e saí às ruas, a lua se escondeu e uma chuva fina umedecia meu rosto, sem que me importasse. Com a alma sangrando pela dor do abandono, queria, num arremedo de solidariedade, salvar o lar de Aída, a quem amava, assim como amava suas filhas. Por que arremedo, perguntarão? Porque no fundo eu precisava dar vazão ao meu ódio, eu precisava esquecer-se do destino que me aguardava, eu precisava me embrutecer de rispidez para enfrentar os dias que viriam. Assim, caminhei silenciosamente sob a chuva atrás de Anselmo. Sabia que Cléo estava a esperar por ele mais adiante; onde seria seu ninho de amor? Um quarto obscuro em algumas daquelas casas vazias, algum estábulo em meio ao calor dos animais? Quando me dei conta, estava no caminho que iria dar na casa de César Augusto. Por alguns longos minutos fiquei aturdida? Então era na casa dele que os dois se encontravam? Na cama onde ele dormia? Meu rancor me sufocava o peito e eu enterrava as unhas nas palmas das mãos para não começar a gritar; sentia me enlouquecer. Avistei a casa, envolta em escuridão; a chuva começou a cair com força e os relâmpagos riscavam de azul o céu. Ao meu lado, galhos caíam e o vento soltava murmúrios doloridos; escondi-me ao abrigo das sombras e, a um clarão de um raio, vi Anselmo parado na varanda da casa; em seus olhos havia tanto ódio como nos meus. Molhado como eu, seu corpo era uma estátua de dor e fúria. Aproximei-me pelos fundos à janela que dava no quarto de César Augusto; ao clarão dos relâmpagos, vi dois corpos enlaçados. Como a zombar de mim, o vento afastou as nuvens e acalmou a chuva por alguns instantes; apenas o suficiente para que eu visse o rosto de meu noivo, cheio de desejo, afundado naquele corpo dourado, deitado sob ele, os cabelos esparramados sob o travesseiro, os olhos verdes fechados, a boca aberta num gemido de prazer. Os lábios dele, os lindos lábios e o bigode negro, desciam pelo ouro do corpo dela, desciam lentamente, por horas, minutos? Desceram dos lábios dela, para os seios dela, para a barriga dela, passearam por seu umbigo e se afundaram nos pelos dourados de seu sexo. Ela gemeu mais forte e ele continuou; ela gritou e ele se empenhou ainda mais; ela suspirou e eu vi que seu rosto, que eu tanto

236 | O Sangue das Almas

amava, mergulhou mais fundo dentro dela, que abriu mais e mais as pernas. Fugi dali, querendo gritar, querendo morrer. Entrei no bosque pensando em ficar sob uma árvore para que um raio me matasse e eu pudesse apagar da minha mente aquela cena que ainda hoje me assombra os dias e embranquece minhas noites. Não sei por quanto tempo ali fiquei sob a chuva, tremendo e chorando, arrancando os cabelos aos gritos. Subitamente, um barulho no caminho e eu vejo que é ela, a odiada, que vem correndo, e seu rosto resplandece a lembrança do seu prazer. Atrás dela, Anselmo. Agarra-a pelo pescoço e a empurra para o bosque. Escondo-me ainda mais. Ele arranca suas roupas e se deita sobre ela, viola seu corpo com ódio, a máscara do ciúme coloca em seu rosto os traços de um demônio. Fico ali parada, assistindo. Por que não interferi? Porque queria que sumisse de seu rosto a imagem de César Augusto; queria que outro corpo raivoso substituísse a lembrança do carinho e do prazer que ele lhe dera. Ela gritou, ele a esbofeteou com força e continuou, ela gritou mais e ele apertou seu pescoço até que seus olhos revirassem e ficassem inundados de chuva. Quando acabou, num estertor de agonia, ele olhou seu corpo imóvel ainda com desejo. O medo tomou lugar da admiração e ele fugiu. Ouvi que ela gemia. Anselmo já estava a uma boa distância e não ouviu, provavelmente pensou que a havia matado. Cheguei até ela e permiti que visse meu rosto ao clarão dos relâmpagos. Um olhar de alívio substituiu seu medo e ela me estendeu os braços; abaixei-me sobre ela, não sei o que pensei na hora. Ali estava Cléo, a menina que vi crescer, que foi à escola e ensinei a ler e escrever; a menina linda da casa ao lado, que parecia brincar com os sentimentos. Apertei seu pescoço, fortemente, o sangue da minha alma pingando em grossas gotas como as da chuva; sentei-me sobre seu peito e cobri seu nariz e sua boca; ela estava fragilizada pela violência e pela noite de amor, vejam como são os paradoxos da vida! O amor é como um bom vinho que embriaga divinamente, mas, como todos os vinhos, deixa também a cabeça nas nuvens e a visão enevoada. Enquanto apertava seu lindo pescoço, eu tentava, inutilmente, me esquecer do belo rosto do meu amado, meu lindo homem moreno, beijando seu corpo dourado, deslizando os lábios que eu amava pelo seu corpo de deusa. O ódio me deu forças e eu queria ver a vida se esvair lentamente de dentro dela; dentro dela onde a semente dele provavelmente ainda estava viva e quente. Ela, no entanto, resistia, era jovem, era forte, era saudável. Estendi uma das minhas mãos às cegas, o demônio me fez encontrar uma pedra, ali, tão perto e, munida de meu ódio e sede vingança, louca para apagar a visão que me assombrava, acertei com força na sua testa. O osso estalou na hora que um raio ali perto destroçava uma jovem árvore; ela parou de se mexer, ficou imóvel e eu continuei apertando seu pescoço. Quando ela morreu, meu peito se rejubilou. Ainda agora, depois de tantos anos, sinto a loucura que me invadiu nos minutos derradeiros em que seus olhos assombrados fitavam meu rosto numa última súplica. Nada no mundo me faria, naquela noite, naquele instante, tomado do mais puro e abjeto rancor, poupar sua vida, preferia morrer. Se me arrependo? Talvez, a mulher velha de hoje, repense o que fez quando caminha por este casarão nas suas noites brancas de angústia e negras de solidão. Talvez, talvez.

Maria Clara calou-se e no silêncio que se seguiu, os mortos deslizaram pelas paredes e a fitaram com seus olhos de acusação; as moças com nomes de flores gemeram e esconderam os olhos de sua face. Laura e Serena, com as mãos geladas de espanto e temor se apoiaram uma na outra; não havia mais necessidade de palavras. Saíram da estranha e solitária presença como se lhes faltasse o ar. Estava na hora, mais do que na hora de retomarem a estrada, no lindo carro cinzento, para irem viver suas vidas.

24. Um retrato na sarjeta

Esparramado na sarjeta, bêbado demais para conseguir se levantar e ir para casa, César Augusto brindou a madrugada paulistana com a derradeira garrafa comprada com os últimos trocados. Tentou cantarolar uma antiga canção, mas a língua engrolada sucumbiu ante a memória, como um trem virando a curva do caminho, dando adeus, aos poucos, para quem fica. Fez um esforço para ficar em pé; precisava esperar o correio e uma carta que iria chegar, que deveria chegar. Levantou-se para cair de novo na rua, os braços abertos, as calças molhadas de urina. Voltou para casa e subiu as escadas que rangiam como as brumas do passado, como as vozes nunca caladas dos amargos fantasmas que desde sempre povoaram seus sonhos. O amanhecer o sufocou na dor derradeira da desesperança; o velho corpo e suas lembranças se espatifaram contra o asfalto que se tingiu de vermelho. Os retardatários dos bares, curiosos, depois indiferentes, se afastaram. Apenas mais um bêbado qualquer que morreu na madrugada paulistana. Aos poucos, o sol iluminou a avenida e os garis jogaram baldes de água sobre o sangue que secava. Os que saíram para trabalhar de manhã não veriam os refugos noturnos que são deixados nas ruas. Num canto da sarjeta, um pequeno retrato gasto pelo tempo e pelo manuseio, de uma jovem de rosto singelo e sorriso doce olhava para o nada; a vassoura do gari o recolhe junto com o lixo, que é jogado dentro do caminhão e triturado com restos de alimentos, papel velho, animais mortos, dejetos podres, rejeitados que irão para longe dos olhos das pessoas que passam pela avenida da grande cidade. Para César Augusto, o homem moreno com nome de imperador tudo estava acabado.

Maria Clara ficou sentada na penumbra do quarto ao cair da tarde, onde fiapos de luz dourada invadiam a iminente escuridão. O rosto, sob a luz, parecia esculpido como um camafeu e envolvido por uma doçura inefável, o que lhe amenizava um pouco a solidão do olhar. O corpo estava imóvel sobre a cadeira de balanço de palhinha entrelaçada, que emite um leve rangido que ela não pareceu sentir. Nos cabelos grisalhos repousava ainda a claridade que vai embora com o dia; lágrimas desceram pelas faces e pingaram nas mãos que seguravam um velho papel de carta. No chão, aos seus pés, um pequeno cão de pelo amarelo se deixa dominar pela sonolência e de vez em quando agita lentamente a cauda para avisar a mulher de sua presença. Na casa ao lado, se escuta o locutor do rádio que anunciava o final do futebol na tarde de domingo. Um pouco mais ao longe, uma voz cansada de mulher chamou crianças para jantar e, ao fundo, se ouvia o barulho de louças e talheres. Um cheiro de arroz cozido invadiu o quarto, agora claro-escuro, e veio acompanhado daquele aconchego familiar de pessoas preparando-se para enfrentar a noite, recolhendo-se em suas casas, fechando portas e janelas, protegendo-se das ameaças da escuridão. A mulher continuou sentada, alheia à vida que explodia ao redor; agarrada a um pedaço amarelado de papel onde uma caligrafia masculina um dia desenhou traços, agora borrados pelas lágrimas que continuavam a descer de seus olhos e caíam nas costas das mãos cheias de manchas cor de ferrugem a denunciar a idade avançada. Com um gesto lento, interminável de vazio, ela estendeu o braço, acendeu a lâmpada de um antigo abajur que lançou uma luz mortiça sobre seu regaço e incidiu no papel. Vagarosamente, ela o ergueu à altura dos olhos e isso pareceu esgotar suas energias, pois teve de recostar a cabeça no espaldar alto da cadeira austríaca e soltou um suspiro que pareceu brotar de dentro do peito em ondas de dor. O corpo tremia numa emoção familiar, onde um velho sentimento encontrou novamente abrigo. Baixou os olhos sobre o papel e mais uma vez leu as frases que latejaram como punhais na carne tenra: *"Minha amada inesquecível, preciso reafirmar meu amor, perpetuar as palavras que lhe digo em sonho todas as noites, mesmo arriscando me expor a um risco que temo demasiadamente. Ficar longe de você tem sido o pior tormento e meus dias são de agonia. Estremeço de aflição por ser tão abjeto, por não ousar aparecer em sua presença e me prostrar aos seus pés e pedir perdão. Que deus perverso*

240 | O Sangue das Almas

fez com que nosso encontro se desse em circunstâncias tão infelizes? Ah, minha amada, ainda sinto seu perfume em minhas mãos e o toque de seus lábios nos meus! Como queria uma vez mais estreitá-la em meus braços, ao encontro de meu pobre peito pecador que não soube resistir ao apelo de uma beleza que foi minha perdição! O que fiz, minha vida? Como pude me deixar envolver num desejo pecaminoso, fruto da minha miséria e abjeção? Poderá um dia me perdoar tão infame pecado?"

A carta narrava passo a passo os acontecimentos da Noite do Terror: a vinda de automóvel de São Paulo a Manduri, o seu cansaço, o adormecer em frente à televisão, a chegada de Cléo na noite de chuva e a tentação a envolvê-lo como uma teia de aranha, o anseio da carne sufocando seus sentimentos. Rememorou sua partida, a fuga covarde, apavorado de sua fraqueza e insensatez; falou do medo de enfrentá-la, a descoberta do desaparecimento de Cléo impedindo-o de retornar para não ser acusado injustamente, por não ter um álibi que justificasse sua ausência. E continuava:

"A partir de agora que homem eu serei para você? Perdoe minha fraqueza de homem, perdoe minha covardia, perdoe-me, eu imploro, perdoe essa necessidade que me faz escravo de sua presença. Eu a amo, sempre a amarei e a única coisa que desejo é ficar ao seu lado nos anos que nos restam. Não sei se mereço ainda ser feliz, mas se você me recusar estarei perdido para sempre. Responda-me, responda esta carta e irei buscá-la em seguida, enfrentarei tudo e todos e a levarei comigo para cumprirmos nosso destino. Esperarei o tempo que for necessário, saberei ter paciência até que me possa perdoar, esperarei anos se preciso for, apenas me responda e me diga que posso começar a minha espera e lhe imploro, não a faça ser muito longa. Se você não me responder saberei que não me perdoou e por me saber indigno, me afastarei para sempre de sua vida. Apenas reflita que talvez não seja demasiado tarde para nós dois e poderemos, enfim, buscar a felicidade que eu não sei se mereço, mas que sei o quanto necessitamos. Em breve, meu amor, em breve! Sempre seu C.A."

O soluço que saiu de seu peito não encontrou nenhuma barreira e o pranto jorrou junto com pequenos gritos de dor, enquanto as mãos golpeavam o rosto e se agarravam aos cabelos, arrancando pequenos tufos de fios grisalhos. O cão olhou para ela com um olhar apreensivo, embora um tanto indiferente, estava acostumado a esses rompantes emocionais dos seres humanos e voltou a dormitar; velho demais para preocupar-se por muito tempo. Os sons continuaram pela noite, doloridos como sons de violino. Quando o dia amanheceu ela estava mais calma e um ar de fatalidade emanava do rosto no qual os olhos se afundavam como barcos numa tempestade. Levantou-se da cadeira de balanço que ainda rangia levemente, indiferente ao peso de sua alma e dirigiu-se à cozinha para as tarefas diárias. A carta, dobrada num pequeno quadrado, estava presa junto aos seios.

O encontro com Laura e Serena despertou os velhos demônios que julgava adormecidos para sempre. O ato de lembrar trouxe dos sótãos e porões os antigos fantasmas e com eles a dor ainda mais antiga. Sabia que a despedida foi para sempre, as irmãs nunca mais voltariam; mesmo que voltassem, Maria Clara já não existia. No seu lugar ficou uma velha amalucada, sufocada sob o peso dos anos, da culpa e da solidão. No correr dos dias que sucederam esse encontro seus olhos se tornaram cada vez mais desvairados. Quando, novamente, o entardecer invadiu o seu irremediável silêncio com os mesmos sons familiares de pessoas se reencontrando e o cheiro do arroz cozido de fresco adentrou o quarto solitário, ela, finalmente, conseguiu pensar no que perdeu. A cadeira de balanço a esperava para mais uma noite interminável de lembranças. Veio-lhe à memória a imagem de olhos negros melancólicos, um perfil atormentado e uma voz que acariciava como mãos. *Oh, dor insensata que me aflige após tantos anos*, lamentou e, nesse lamento houve, principalmente, saudade. Levantou-se da cadeira com um movimento cansado como o daqueles que não querem mais viver e pegou um velho álbum de fotografias. Abriu-o até chegar à foto de uma jovem com um sorriso radiante, ainda intocado pela amargura da vida. Os dentes brilhavam num rosto de pele maravilhosamente perfeita, os cabelos desciam em ondas marrom-acobreadas pelos ombros emoldurando um rosto que se não era muito belo, era doce e jovem. Sua juventude era realmente um dom de Deus; na foto era como uma criatura para quem estavam reservadas grandes alegrias, e possuía um corpo destinado à fecundidade e ao amor. Deixou as fotos sobre a cadeira e, lentamente, foi até o grande espelho preso na parede, no qual a fina moldura de madeira mostrava a habilidade das mãos do artesão que desenhou flores e pássaros pregados para sempre em posturas eternas. Indiferente à beleza da moldura contemplou sua figura magra, os seios que não mais existiam, as pernas arqueadas, as costas curvas e os cabelos, antes tão fulgurantes no tom castanho, agora desbotados, salpicados de fios brancos e presos na nuca num coque firme. Um corpo seco que nunca conheceu o amor do homem, que esperou por ele todos os dias de sua vida, enquanto murchava irremediavelmente; tocou a carta presa no corpete do vestido e sua mão tremia. Desabou novamente sem forças na cadeira, fechou os olhos e deixou que o passado, um passado que lhe escapou e lhe deixou sem futuro, sem continuidade e sem sentido, desfilasse atrás das pálpebras enrugadas. Continuou estreitando a carta entre os dedos velhos como a morte; a carta que havia encontrado escondida entre os segredos guardados no baú da mãe, por anos e anos fechado à chave, desafiando suas suspeitas e curiosidade. A maldita carta escondida por meio século no maldito baú de madeira; um baú velho como o tempo que finalmente ousou abrir após a terrível confissão feita às duas irmãs. Lembrou com rancor da maldita mãe que a leu e não lhe entregou, que pousou os olhos perversos e egoístas nas palavras que, para ela, teriam dado a vida! A mãe que lhe infernizou a existência com suas exigências e lhe ensinou que os homens eram maus, traiçoeiros e abandonavam as mulheres. A mãe que no lugar de palavras de consolo na noite de sua perda, do seu infeliz e naufragado noivado, falou apenas sobre a maldade dos homens. *Mas, não este homem, mãe! Nesse grito houve todo o ódio represado por tantos anos, este homem me amava, mãe, e você o separou de mim, agora entendo tudo! Você mentiu, você enganou apenas para que eu ficasse ao seu lado e compartilhasse a insuportável solidão que embranqueceu seus dias e os meus como esta névoa branca que invadiu esta maldita casa-prisão, todas as noites depois que desisti de esperar e de viver! Como você conseguiu afastá-lo de mim é algo que nunca saberei. Também o que importa agora? Você deveria ter queimado esta carta, assim eu nunca a leria e continuaria pensando que fui abandonada, mas você sempre foi meu algoz e quis garantir que um dia, no meu pobre futuro, eu iria descobrir! Hoje tudo poderia ter sido diferente, se não fosse você! Hoje eu poderia estar rodeada de afetos, de gritos de crianças, de vozes dos filhos. Ele me prometeu a vida, me chamou para um futuro e uma possível felicidade; poderíamos ter construído uma vida sobre as ruínas dos acontecimentos, apesar da traição e da morte! Você me tirou essa chance quando escondeu a carta sob a voracidade de seus sonhos e seu medo da solidão. Ele prometeu a luz e eu fiquei na escuridão, ele me amava mãe, ele sempre me amou!* Por alguns instantes seus lábios chegaram quase a sorrir como se um fiapo de felicidade ainda pudesse movê-los, mas foi um momento fugaz. A amargura de sempre lhes imprimiu novamente a cor branca que adquiriram durante os últimos anos em que permaneceu afogada na solidão de seus dias e noites brancas. Arrastou-se até o velho baú de madeira, o baú dos sonhos mortos, que parecia chamá-la como se fosse um antigo e familiar amante de outrora. Abriu a enferrujada fechadura que rangeu como se doesse; traças voaram ao encontro de seu rosto, baratas escaparam ligeiras, só o vazio a aguardava. Empurrou o baú pela porta afora e o jogou na enxurrada. Dentro da casa, os pálidos fantasmas sorriam como se enfim pudessem descansar. Entrou e em seu rastro se formou uma névoa que envolveu móveis, paredes, quadros, louças, roupas; olhou para o velho cão que, com um leve ganido, fechou os olhos amarelos e deixou de respirar; tocou o próprio rosto, abraçou a si mesma e envolveu com os braços o busto seco, o abdômen estéril, as ancas desguarnecidas, as pernas inúteis. A carta desprendeu-se do corpete e dançou entre a névoa como se tivesse vida própria; depois foi consumida numa pequena nuvem de pó, enquanto tudo ao redor tornou-se nada, um nada branco e infeliz, numa noite subitamente branca que perdurou por muito tempo. Quando voltou o sol, as pessoas já haviam se esquecido da existência da velha mulher, que morava na velha casa no fim da rua, tendo por companhia velhos quadros e velhos móveis, e um ainda mais velho cão amarelo que havia muito tempo, não mais sabia como latir para a lua.

25. Epílogo

O corpo passou na frente do carro de Laura e caiu na rua como uma praga do céu. Laura gritou e girou o volante a tempo de não passar por cima; com o coração aos pulos, saiu do carro, evitando olhar o cadáver na poça de sangue e o grupo de curiosos que se formou. Suas pernas tremiam e se apoiou no carro para não desabar, enquanto aguardava o policial que chegou correndo e apitando, fazendo gestos enérgicos para os curiosos se afastarem.

–O que aconteceu? Quem era esse homem? Perguntou ao policial que afastou os transeuntes e chamou uma viatura ao local. O rosto, emoldurado por cabelos castanhos abundantes estava sem cor e a voz saiu estrangulada. O policial, um jovem quase imberbe a olhou com admiração.

–Ninguém, apenas um bêbado que morava ali no cortiço da esquina, respondeu o policial. O corpo não tocou no seu carro, isso é apenas sujeira da poça d'água, nada que uma boa lavada não resolva, é melhor a senhora encostar. O carro pode atrapalhar o trânsito, precisarei apenas de um rápido depoimento.

Laura obedeceu e desviou o carro para a lateral da avenida. Entrou e ficou aguardando, lá fora estava frio e a neblina persistente transformava as pessoas em vultos embaçados, encolhidos em seus abrigos de inverno. Apesar do elegante abrigo de lã negra, tremeu à lembrança da imagem sangrenta do rosto do morto impressa em seu cérebro, assim como a tristeza de olhos que há muito renunciaram. No breve instante que olhou para o cadáver esparramado no asfalto negro e molhado da avenida, viu um rosto que um dia alguém poderia haver amado, uma mãe, uma mulher, uma filha. Uma face que em breve se apagaria para sempre, desfeita na voragem da morte, sem deixar sequer uma lembrança.

Após falar novamente com o policial e ser liberada, Laura saiu dali abalada, *essa foi por pouco, pobre infeliz,* pensou enquanto ligava o Audi prateado e se reconfortou com o ronco silencioso do motor, dirigindo habilmente por entre o trânsito da avenida Ipiranga. Não conseguiu tirar da mente o homem morto que voou ao encontro da morte, como um anjo caindo do céu, mesmo entre o sangue era possível perceber a umidade das lágrimas de quem finalmente se sentiu libertado. *Será que morrer é menos trágico do que pensamos e em vez de dor é liberdade? Porque eu mesma sei o quanto a vida dói, que viver é uma temeridade. Ainda sinto no peito os fundos espinhos da saudade, do medo e da tristeza; guardo em mim as marcas das coisas mal resolvidas, a nostalgia do que poderia ter sido e não foi.*

Laura estava com pressa; um encontro que esperava ser definitivo a estava aguardando; um encontro com dias que ficaram retidos na névoa cinzenta de seu passado, com o Deus amoroso da infância que, apesar das dores, a poupou para viver o tempo que lhe coube. Na poça lamacenta, escura pela poluição, o morto continuava de braços abertos para o sol, um Cristo mendigo crucificado, destinado a uma cova anônima sem flores e sem velas. O sangue coagulava lentamente, como no verso de Augusto dos Anjos: *A cor do sangue é a cor que me impressiona, é a que mais neste mundo me persegue!* Dedicou um último pensamento ao desgraçado, matar-se assim, na crueza do inverno! Lamentou pelo bêbado desconhecido se arrebentando contra o asfalto, coisa comum na grande metrópole paulista. Seguiu em frente, o motor do carro ronrona como um gatinho, o ar interior estável, os vidros herméticos deixam o barulho tonitruante do trânsito preso lá fora. Há uma vida para cuidar, pessoas que ama a esperam, o mundo segue girando apesar da morte, principalmente da morte de um anônimo embriagado e cansado demais para continuar vivendo. Serena a esperava para uma viagem ao encontro de um túmulo de granito marrom; urgia acertar as contas com o passado. Nesse acerto de contas, irá lavar sua alma, até que nem mais uma gota de sangue reste.

FIM